国家社科基金
GUOJIA SHEKE JIJIN HOUQI ZIZHU XIANGMU
后期资助项目

生存的实现

雅斯贝斯哲学的一种理路

The Fullfillment of Existenz

A Thinking Path of Karl Jaspers' Philosophy

李　剑　著

ZHEJIANG UNIVERSITY PRESS
浙江大学出版社
·杭州·

图书在版编目(CIP)数据

生存的实现:雅斯贝斯哲学的一种理路 / 李剑著. —杭州:浙江大学出版社,2023.3

ISBN 978-7-308-23569-3

Ⅰ.①生… Ⅱ.①李… Ⅲ.①雅斯贝尔斯(Jaspers, Karl 1883—1969)—哲学思想—研究 Ⅳ.①B516.53

中国国家版本馆 CIP 数据核字(2023)第 040247 号

生存的实现:雅斯贝斯哲学的一种理路

李剑 **著**

责任编辑 周烨楠
责任校对 蔡 帆
责任印制 范洪法
封面设计 周 灵
出版发行 浙江大学出版社
(杭州市天目山路 148 号 邮政编码 310007)
(网址:http://www.zjupress.com)
排 版 浙江时代出版服务有限公司
印 刷 广东虎彩云印刷有限公司绍兴分公司
开 本 710mm×1000mm 1/16
印 张 12.25
字 数 219 千
版 印 次 2023 年 3 月第 1 版 2023 年 3 月第 1 次印刷
书 号 ISBN 978-7-308-23569-3
定 价 58.00 元

国家社科基金后期资助项目
出版说明

后期资助项目是国家社科基金设立的一类重要项目，旨在鼓励广大社科研究者潜心治学，支持基础研究多出优秀成果。它是经过严格评审，从接近完成的科研成果中遴选立项的。为扩大后期资助项目的影响，更好地推动学术发展，促进成果转化，全国哲学社会科学工作办公室按照"统一设计、统一标识、统一版式、形成系列"的总体要求，组织出版国家社科基金后期资助项目成果。

全国哲学社会科学工作办公室

目　录

导　言 …… 1
第一章　大全视域中的生存实现 …… 18
第一节　大全 …… 18
一、大全的源起与意义 …… 18
二、大全诸样式 …… 22
第二节　生存 …… 27
一、生存的源起 …… 27
二、生存的特性 …… 29
三、生存是哲学思维的原点 …… 32
第三节　生存在大全空间中的充盈 …… 35
一、生存是大全的意义枢纽 …… 35
二、生存对大全诸样式的融通 …… 36
三、大全中的现实 …… 39
第二章　生存实现的自身基础
——自由和历史性 …… 42
第一节　生存的自由 …… 42
一、生存与自由的同一 …… 43
二、作为决断的自由 …… 46
三、作为自我内在确定性的自由 …… 50
四、作为政治共同体的自由 …… 54
第二节　生存的历史性 …… 57
一、历史性的源起 …… 58
二、作为实存和生存相统一的历史性 …… 61
三、作为短暂和永恒相统一的历史性 …… 63
四、技术时代的生存 …… 66
第三章　生存实现的形式条件
——理性 …… 70
第一节　寻求无限统一的理性 …… 72
一、理性与知性 …… 72
二、理性是大全诸样式的联结 …… 75

三、理性是无限交往的联结 …………………………………… 76
四、理性是真理的联结 ………………………………………… 78
第二节 理性对生存的阐明 …………………………………… 80
一、不可知的生存 ……………………………………………… 82
二、否定 ………………………………………………………… 83
三、普遍与特殊的倒置 ………………………………………… 85
四、逻辑循环 …………………………………………………… 87
五、矛盾的肯定 ………………………………………………… 88
第三节 理性与生存的实现 …………………………………… 91
一、理性与生存的辩证关系 …………………………………… 91
二、理性的形式优先性 ………………………………………… 94
三、理性运动与生存实现 ……………………………………… 96
四、理性与民主政治 …………………………………………… 98
第四章 生存实现的现实过程
——交往 …………………………………………………………… 102
第一节 交往的本体意义 ……………………………………… 102
第二节 此在的交往 …………………………………………… 105
一、此在交往的三种样式 ……………………………………… 105
二、此在交往的局限 …………………………………………… 108
第三节 生存的交往 …………………………………………… 110
一、生存交往的源起 …………………………………………… 110
二、生存交往的非客观性 ……………………………………… 113
第四节 生存在交往中的实现 ………………………………… 116
一、交往是生存实现的唯一通途 ……………………………… 116
二、孤独与交往 ………………………………………………… 118
三、爱的斗争 …………………………………………………… 122
四、生存交往中的真理 ………………………………………… 126
第五节 生存实现的社会形式 ………………………………… 129
一、交往与社会共同体 ………………………………………… 129
二、生存共同体 ………………………………………………… 131
三、世界共同体 ………………………………………………… 133
第五章 生存实现的终极依归
——超越 …………………………………………………………… 137
第一节 生存与超越 …………………………………………… 138
一、哲学信仰 …………………………………………………… 138
二、生存是祈向超越的起点 …………………………………… 142
三、临界境况与超越 …………………………………………… 144

四、生存向超越的飞跃 …… 148
五、生存的真理与超越 …… 150
第二节 生存与超越的密码 …… 152
一、密码是超越在世界的显现 …… 152
二、生存对密码的解读 …… 157
三、生存、世界和超越在密码中的统一 …… 161
第三节 超越与生存的自由 …… 164
一、自由与罪责 …… 164
二、超越是自由的扬弃 …… 167
三、超越对自由的包蕴 …… 169
第四节 权威与生存 …… 173
一、权威是超越的历史显现 …… 173
二、权威对生存的确证 …… 175
三、重建崩塌的权威 …… 179
结 语 …… 183
参考文献 …… 185

导 言

一、生平和著述

卡尔·雅斯贝斯(Karl Jaspers,又译作卡尔·雅斯贝尔斯)是现代存在主义哲学的主要奠基人之一,海德格尔称他为“德国存在主义的创立者”。按照雅斯贝斯本人的说法,他的一生主要在书斋中度过,简朴而孤寂,缺乏任何能引起普遍兴趣的事件;但是,他的生平与哲学之间显然还是有关联的。

1883年2月23日,雅斯贝斯出生于德国北部奥登堡的一个新教家庭。他从小身体孱弱,多愁善感,但在父母的悉心照料下,还是度过了幸福的童年和少年时光。在后来的自传中,他回忆道:父亲做过警官和银行董事,为人正派、诚实而独立,影响他的是关键时刻的判断力,是理性、可靠与忠诚的精神;母亲出身传统的农民家庭,她以无限的慈爱荫庇着孩子们的童年,以天赋的智慧激发孩子们的热情。雅斯贝斯对生活的基本信念是受慈爱的双亲所熏陶的。

早在中学时代,雅斯贝斯就有强烈的叛逆精神,不愿循规蹈矩,拒绝服从不合理的校规。他对人为何而活的根本问题有着强烈的兴趣,喜欢阅读斯宾诺莎——这是第一个能让他的思想“插翅飞翔”的哲学家。那时的他还没有想到以哲学为业,而是希望终身从事律师工作。在父亲的建议下,1901年起,他先后在海德堡大学和慕尼黑大学学习法律。在此期间,他也表现出了对艺术史和哲学的浓厚兴趣。

很快,雅斯贝斯决定弃法从医。对于这一转变,他是这样解释的:“对我来说,医学似乎展现了一个辽阔的远景,因为它把一切自然科学和人自身作为它的研究对象,而作为一个医生我也能找到我在社会上存在的理由。”[①]他认为,哲学是高贵的,能赋予生命以内容,能防止科学片面盲目的骄傲;但医学是哲学的基础,它会使哲学更加富有生气,是通向哲学的真正道路。他用这种观点说服了父亲。从此,无忧无虑的青春时代过去了,他开始转向伟大的事业。

---

① 卡尔·雅斯贝斯:《雅斯贝斯哲学自传》,上海译文出版社1989年版,第5页。

1903—1906年，雅斯贝斯辗转于柏林、哥根廷、海德堡等地的大学，专攻医学。读书期间，他形成了从观察出发，按照医学和自然科学的方法进行思考的习惯。在他看来，通过观察和思考，对自然有更深入的了解，能够成为揭示一个人的途径。由于身体虚弱，他每天学习时间有限，但还是挤出时间学习文学和哲学。1909年，他以论文《怀乡病与犯罪》获得博士学位，随后在德国颇负盛名的海德堡大学精神病医院当实习医生。1910年，他与灵魂之交格特鲁德·迈尔缔结姻缘。他们是在对哲学的追求中结合的，共同的哲学生活是他们相互信任的唯一固定点。

1913年，雅斯贝斯出版了处女作《普通精神病理学》。该书用描述心理学的方式，把病人的内在经验变成概念清晰的意识，以理解其动机和意义。精神病理学从此作为一门科学建立起来。随后，雅斯贝斯在精神病方面的研究工作结束。后来，他以此书在文德尔班身边取得心理学专业授课资格，成为哲学系编外讲师；三年后，任心理学副教授。这一时期，雅斯贝斯以亚里士多德"灵魂几乎就是一切"的论述为基础，在心理学的名义下认真研究可能被认知的一切。他为此举办了社会和国民的心理学、宗教心理学、道德心理学和世界观的心理学等系列讲座，同时开设尼采、克尔凯郭尔、康德的伦理学和黑格尔的《精神现象学》中心理学问题的课程。这一时期，他还钻研了心理学家弗洛伊德的思想，赞扬他敢于提出一种对于心理的新解释，以令人信服的方式解释很多关系，并且深入无意识的心灵世界。当然他也认为弗洛伊德眼界有限，只注重性的广泛意义。

1919年，《世界观的心理学》一书出版，这本书后来被称为最早问世的现代存在主义著作。一些基本的存在哲学问题，如世界之于人的意义、边缘状态、时间的多维性、自由的运动、虚无主义和真理等，在该书中均有涉及。这些问题虽然是为心理学而提出的，但也具有哲学意义。雅斯贝斯认为，这本书直接获益于尼采和克尔凯郭尔的一些基本思想。

1922年，雅斯贝斯接受海德堡大学哲学教授职位后，决定心无旁骛，将哲学当作终身志业，以更彻底的方式来研究。文德尔班去世后，海因里希·李凯尔特来到海德堡，雅斯贝斯与之共事二十年，成为对手。雅斯贝斯在李凯尔特身上看到了逻辑思维的敏锐，更看到了"科学哲学"的局限，他认为李凯尔特像个物理学家一样在从事哲学，在空洞的逻辑空间中，将思想推演成为一个僵化的体系。同时期，在与胡塞尔的交往中，雅斯贝斯认为胡塞尔虽然创造了精确分析的工具，使人能更接近事物本身，但缺少了对重大生存问题的观察，背叛了哲学。雅斯贝斯说："我发展了一种对哲学的看法，即把它看作一种完全不同于科学的东西，这种哲学完全殊异于科学的责任，该合理地对待科学所不知道的那一种真理的要求。”①这种将哲学与科学区分开来的思想结晶反映在他的《哲学》三卷本中。该书从1924年开始酝酿，于1932年付梓，堪称呕心沥血的鸿篇巨制。不同于之前的心理学方法，它标示着真正的思想运动。另外，《时代的精神状况》(1931)、《理性与生存》(1935)也是这一时期的主要著作，前者使他成为公众的话题。这一时期，雅斯贝斯的声望达到顶峰。

纳粹上台，令雅斯贝斯始料未及。因为妻子是犹太人，他受到当局的打压，1937年被解除教授职务，勒令退休，剥夺出版权，差点关进集中营。但他坚持与妻子生死与共，为摆脱暴力凌辱，甚至作了共同自杀的准备。在如临深渊的境况中，他仍然作了一系列的演讲，1938年以《生存哲学》为名出版。

1945年二战结束，美国人占领海德堡。雅斯贝斯参与筹备关闭已久的大学并恢复教职。在这段时期，作为大学的代表人物和保护人，他希望实现自己的大学理念。1945年，雅斯贝斯创办杂志《变革》，作为革新政治和伦理的论坛。1947年，《论真理》问世；同年，《德国的罪责问题》出版，探讨德意志民族在纳粹统治下的灾难和战后的复兴问题，但没有引起广泛关注。

1948年，由于对战后德国政治局势的失望，加之不愿意妻子继续居留伤心地德国，雅斯贝斯赴瑞士巴塞尔大学任教，多年后加入瑞士国籍。在瑞士的岁月是安宁而自由的，雅斯贝斯竭尽全力向作为交往哲学的世界哲学进行突破，从事系统性的和哲学史方面的哲学著述，主要有《历史的起源与目的》(1949)、《大哲学家》(1957)、《原子弹与人类的未来》(1958)和《面对启示的哲学信仰》(1962)等。

1965年起，雅斯贝斯的健康状况逐渐恶化，几度中风。1969年2月26日，他在巴塞尔与世长辞。他生前公开出版30部著作，留下3万多页遗稿和几千封书信。

雅斯贝斯是幸运的，与同时代许多一流思想家都有过深交。马克斯·韦伯是他的终身楷模，对他影响最大。他认为韦伯为纯粹精神科学的方法奠定了基础，是那个时代真正伟大的人、伟大的哲学家。他对马丁·海德格尔推崇备至，坦言在同时代的哲学教授中，只对海德格尔感兴趣。二人在一起时毫无顾忌，无所不谈，引为知音，后来因为一些根本性分歧，包括对纳粹

---

① 卡尔·雅斯贝斯：《雅斯贝斯哲学自传》，上海译文出版社1989年版，第35页。

的不同看法,分道扬镳。他与汉娜·阿伦特亦师亦友,亲密的关系在数十年中从未减弱。他与恩斯特·迈尔过从甚密,是哲学上志同道合的密友。此外,雅斯贝斯与文德尔班、马克斯·舍勒、格奥尔格·齐美尔、恩斯特·布洛赫、卢卡奇等人都有过交往。怀特海、罗素和维特根斯坦则是他所神交的伟大哲学家。

对雅斯贝斯影响巨大的先哲有斯宾诺莎、普罗丁、克尔凯郭尔、尼采、康德和黑格尔、谢林、柏格森等人,其中具有决定性影响的是康德和克尔凯郭尔。他认为康德是真正的哲学家,并直接借鉴了康德对于世界的现象性看法;他在一战期间就开始研究克尔凯郭尔,于 1916 年悟出的"生存"(Existenz)概念成为他一生中最重要的哲学范畴。雅斯贝斯的生存哲学仿佛是二者的结合体,当然,没有克尔凯郭尔那种深刻的宗教热情,也没有康德那种对严格的科学哲学的责任感。

二、哲学与生存哲学

雅斯贝斯虽然是当代德国哲学史上一位卓越人物,但他不曾专门研究哲学,不曾师承哲学教师。从法学到医学,到心理学,再到哲学,是他一生的主要轨迹。将哲学作为职业,是他年近 40 岁、作为科学家已经完成了主要工作之后的选择。对他来说,哲学不是专业和理论,而是生活和思想的统一,是每个人的生活的组成部分。以下对雅斯贝斯的哲学观和生存哲学的主要特质作一轮廓性梳理。

(一)哲学

雅斯贝斯认为,哲学是无法定义的。"我们没有哲学定义,因为哲学不能用别的什么来规定。没有一个可以把哲学当作它自己一个种属的高一级的类。哲学只能由自己来规定自己……它的存在不以有什么用处为理由。"①他认为,哲学实质上是一种思维活动或行动,而不仅是凝固的概念和知识,它在提供知识的同时,注重唤醒人,使人回归本源,返回自身;但是,长久以来,哲学已经遗忘了自身,不再胜任自身的使命,不能阐明人们生命的源泉。

雅斯贝斯终其一生关注的是人本身。"在我一生中,识别什么是真正伟大的、不可缺少的和本质的东西是我一直思考的问题。现在,这种对伟大事物的倾慕随着越来越清晰的见解的获得而越来越增强;但在同时,我所关心

① 熊伟主编:《存在主义哲学资料选辑(上卷)》,商务印书馆 1997 年版,第 738 页。

的是作为整体的人性，在那儿基础和标准成为可知的，从而能在今天的世界上坚持自己的人性。”[①]他还说过：“我的领域就是人，对其他一切，我都不可能有如此经久不衰的能力和兴趣。”[②]对人的可以理解且有说服力的探索，贯穿了他全部的思想历程。人是什么以及他能成为什么，这是根本问题；从童年、青年到老年，这一问题在生活中逐渐明晰，通过对世界的认知而丰富起来，从来没有改变信念。

雅斯贝斯认为，哲学是一门追求存在的学问，质言之，也是一门追求人的真实存在的学问，担负着为人寻求安身立命之本的使命。哲学源于生活又返回生活，在生活中发挥作用，通过建立一种思维方式——这种思维方式渴望自由，而且始终希望他人自由——发挥作用。“生存”概念标示着人的本源的可能性存在，作为意义之源，它在实现自我的同时改变着世界。在某种意义上，人就是一切事物，人的存在就意味着世界最终作为整体的存在。一切存在者都是为我们的存在，是现象，而不是自在存在。哲学真理的意义就在于指明生活的方向和目的，在任何具体活动中都要忠实于思想，苏格拉底所阐发的名言“认识你自己”真正揭示了哲学的方向。

雅斯贝斯是从精神病理学和心理学的研究中逐步转到哲学研究中来的，科学是他哲学研究的基础和准备。因为深厚的科学知识和实践的奠基，他的哲学自始至终具有理性、客观和永恒的品质，这是其他偏重内在性的存在主义哲学所不具备的。为准确理解其哲学观，以下从哲学与科学、哲学与宗教、超越性思维三方面加以廓清。

雅斯贝斯认为，哲学与科学的关系既遥远又切近，需要得到正确阐明。科学知识具有不言自明的确定性和客观性，没有科学基础，哲学就是盲目的。倘若不愿把哲学变成火热的激情、狂热的信仰，就必须将其置于科学中加以冰镇，变得冷静。但是，他认为绝不能把哲学归于科学，变成科学的另类表达。科学知识有其局限性，需要由哲学来弥补。科学仅仅触及作为现象的存在物，科学真理通过语言文字来表达，为人的知性和理解力所普遍接受；而哲学真理是存在的真理，借助语言而又超越语言，在自由的心灵中激发印证。

为此，雅斯贝斯反对当时的实证主义思潮，认为它使用科学方法研究科学中的认识问题和逻辑问题时，将哲学建成了一种严格的科学。他也反对

---

① 卡尔·雅斯贝斯：《雅斯贝斯哲学自传》，上海译文出版社 1989 年版，第 102 页。

② 汉斯·萨尼尔：《雅斯贝尔斯》，生活·读书·新知三联书店 1988 年版，第 20 页。

生命哲学，认为它完全拒斥了科学，过度依赖生命的直觉。在他看来，哲学并不对立于科学，也不是超科学，而是与科学息息相关，表现为一种完全不同的思维范式："有一种思维并不具有的科学意义上的约束力与普遍有效性，因而也不具有形式明确、持之有效的认识结论。这种思维我们称之为哲学思维。它令我们认识自身，通过人随之而来的内心行动产生出结果，使我们意识到自身的思想起源，也正是这些思想起源才赋予科学以意义。"①

雅斯贝斯认为，科学并不研究终极存在的问题，而这正是哲学命定的任务。他把这种存在叫作超越存在。超越存在是虚灵的，不能用科学方法加以认知，当然，也不能用宗教信仰的方式去抵达。要触及哲学的本质，必须将哲学与其他事物划清界限，作为其自身而获得新生，不仅要与科学区分开来，而且要与宗教区分开来。

"（哲学）与宗教处于一种绝对的紧张关系之中：真正的教徒可以做神学家，但若不改变想法，便不能做哲学家；哲学家不改变想法，便不能做教徒。"②雅斯贝斯思想探讨宗教与哲学的关系的内容中，这是提纲挈领的一段话。他认为哲学最初与宗教浑然一体，后来分离，但仍有千丝万缕的联系。宗教是哲学研究的基础之一，是哲学无可替代的内容源泉，哲学应当尊重宗教，承认宗教也是真理的一种显现，二者都朝向一个共同的目标——确信超越存在。这一目标从天启的角度来确认，就是宗教信仰；从思维的角度来确认，就是哲学信仰。自由是人的本性。人愈加自由，生命愈加充实，就愈加意识到，这种意义感并不归功于自身，而是来自超越；自由一定会导向对超越的意识。

在雅斯贝斯的体系中，超越与生存相对而生，没有生存，就没有超越，反之亦然。他由此把哲学理解为一种以自身为起源来探寻终极存在的信仰。在此意义上，作为"哲学性"的信仰者，人同超越存在有着某种亲身性、天然性的关联，但这种关联并没有普遍有效性；本质之物是无从证明的，只有在作为个体的信仰者的体验中，才会探求到那不具有客观有效性的证明。这种理路同宗教信仰一样具有本源性，但有实质性的区别。在宗教中，上帝是感性的现实，人们倾向于把它当作世界中的特种事物来看待；在哲学中，超越存在以一种象征性的密码在世间存在。在宗教中，上帝为启示所把握，上帝的语言对一切人都是客观有效的；而在哲学中，超越存在的语言是语焉不

---

① 维尔纳·叔斯勒：《雅斯贝尔斯》，中国人民大学出版社 2008 年版，第 17 页。

② Karl Jaspers. *Philosophy*, *vol.* 1. Chicago: The University of Chicago Press, 1969, p. 294.

明的，超越之路有赖于每一生存个体的内心行为。

因此，在雅斯贝斯看来，哲学不具有科学的客观性，也没有宗教的直接性，哲学思维是迥异于这二者的超越性思维，这种超越性源于人的自由本性。

"'哲学的方法即超越对象的方法，哲学就是超越，但由于我们的思维始终受制于对象，所以我们要借助那被思维活动的进程所扬弃之物来进行超越'，所以说哲学是一种以非对象去联系着对象的认识。"①哲学瞄准的是一片存在的领域，而不是特定的对象，与这种非对象性对应的是超越一切对象性的思维。这种思维不具有科学意义上普遍有效性，也不具有形式上持之有效、客观明确的认识结果，但能让我们认识自身，通过内心行动产生结果，让我们意识到自身的思想起源，并由此赋予世界以意义。

主客分立是近代以来主流的认知模式，通过这一模式，各门科学获得了巨大成就；但真正的存在在这一模式的彼岸，永远不可能成为人们认知的对象。例如作为绝对的、个体性的生存，就不是对象；它显现在对象中，却不等同于对象，也不遵循任何客观的普遍性原则，任何有关它的理论学说都不可能切中肯綮。另外，现象事物当然也是哲学思考的素材，但这种思考同样不能落入主客模式中，而需要运用超越性思维。另一方面，没有对象就不能思维，任何哲学思想都要落实在语言中，被表述并被传播。因此，雅斯贝斯追溯到一种特殊的表达方式——间接性表达，一种早在苏格拉底那里就已形成的表达方式。间接性改写了哲学的言辞，它不是概念，而是标示；它切中的不是对象性存在，所表述的意旨不可为知性思维所把握。理论是灰色的，生命之树常青，任何理论都不等于生命本身，而只是对生命的间接表达。间接性意味着这样一种特质：一切被表达的事物，因为是间接的，必然是非实质的；同时，它是实质之物的间接性承载者。对于间接性表达而言，直接之物始终只是媒介。于是，通过这种超越性思维，人们虽然无法把握真正的存在，但却触及了这种存在。

（二）生存哲学

通过超越性思维，雅斯贝斯建构了他的生存哲学。从 1922 年起，他就谈论生存分析（Existenzanalyse），并根据此在和生存的区分谈论生存阐明（Existenzerhellung）。到 20 年代中期，他开始使用"生存哲学"这个术语，并且坦率地认为这不是新东西，而是古老哲学的一种形态。他之所以用"生

① 维尔纳·叔斯勒：《雅斯贝尔斯》，中国人民大学出版社 2008 年版，第 79 页。

存"二字来标示哲学，旨在强调长期以来几乎被遗忘的哲学使命：从本源上去观察现实，通过内心行为去把握现实。在他看来，人的存在是所有现实的中心，人在某种意义上就是一切事物，开始意识到人的存在就意味着意识到最终作为一个整体的存在。而这首先应当确立自己的根基，立足于这一根基之上，从中而来，否则就会陷入虚无之中。但在现时代，人们恰恰丧失的就是自身存在的根基。由此，他提出了一种全新的关于人的存在的学说，并称之为"生存哲学"。

"生存哲学乃是这样的思维方式，人力求达到他自身。它也利用专门知识，但同时又超越专门知识。这种思维方式并不去认识客体，而是去阐明和实现思维者的存在。通过超越关于世界的那些坚执于存在的认识，它被带入一种悬置的状态(即采取了一种对世界的哲学态度)，从而，它诉诸它自身的自由(即去阐明生存)，并通过召唤超越者(即通过形而上学)而为自己无条件的活动赢得地盘。"①生存是绝对的核心，是意义的本源。人们对于所有的现实提出的疑问，都是对生存意义的问题而生发的。在《生存哲学》一书中，雅斯贝斯从存在论、真理论和现实论三方面概括了生存哲学的这一基本路径。存在是指大全所代表的至大无外的空间，真理达到向我们显现的存在道路，现实是指那作为目标和起源的存在，是哲学思维的最终归宿。

尽管海德格尔说雅斯贝斯是德国第一个存在主义哲学家，但是，像许多其他存在主义者一样，为了表明自己思想的独特性或不可替代性，他坚决反对自己的哲学被纳入任何一个哲学派别，也不承认自己是个存在主义者，他的著作中也从未出现过存在主义的字眼，对存在主义运动的全部情况了解得很少。

生存哲学和其他存在主义哲学的区别，首先在于其彻底的开放性。雅斯贝斯达到了和他自己思想进行交流的目的。"从集中性来看，他的思维是体系的思维，而从开放性来看，他的思维又是永远不能成为体系的思维。"②对于雅斯贝斯而言，根据一种原则建立所有的思想，创造一种"新的"哲学，并非难事，但他知晓其中的局限性，认为所有的教条主义都是一种堕落。"因为思维不仅仅只有一个原则，一个基本问题，一个始基，现实不仅仅只有一个焦点，它们都是无数的、开放的。"③生存哲学把生存置于现实的核心，这绝不意味着生存是唯一的现实。生存的结构具有无限的开放性，向世界

① 卡尔·雅斯贝斯:《时代的精神状况》，上海译文出版社 2013 年版，第 174 页。

② 汉斯·萨尼尔:《雅斯贝尔斯》，生活·读书·新知三联书店 1988 年版，第 249 页。

③ 汉斯·萨尼尔:《雅斯贝尔斯》，生活·读书·新知三联书店 1988 年版，第 249 页。

万物敞开，向自由敞开，向超越存在敞开，这种开放性就是其真理意志的试金石。这种无限的开放，突破了存在主义哲学的内在性和个体性局限，走向了辽阔而高远的空间。如果生存局限于主观性中，自我封闭，自我满足，视自身为绝对本源和最终的存在物，就会变成一种教条式的观念形式。

其次，较之于其他存在主义哲学，生存哲学更加重视传统。雅斯贝斯认为，萨特把人置于虚无之中，从虚无中创造自我，这在哲学和客观知识的意义上是不真实的。既然人处在一定的历史境况中，而不是虚无和真空中，就必须瞭望他的过去。历史传统之于每个个体，始终都是无法摆脱、决定其基本色调的大背景；把握了传统，就把握了自身。人们通过传统发现千年而下的哲学使命，通过传统接受权威的制约，通过传统来理解真理，寻求自我的根源。生存哲学需要从传统中获得滋养，他认为所有当代思想都是分量不足的，必须回到过去的伟大思想，这种思想早就了解一切根本的问题，他的任务就是回忆这些伟大的思想。“为了使伟大的哲学家成为活生生的当下，他仿佛把这些哲学家们变成了同代人。他勇于进入他们的房间与他们进行交谈。”①哲学史是一种表现形式，是一个生存的自我在其中思维着、呼吸着的空间，学习哲学史能够引起我们的注意，唤起我们当下自我的觉醒。对于哲学史的考察，就是要吸收不同哲学家在历史上对生存问题的经验和认识。只有本源性的自我被哲学史的各种问题和答案深深打动时，从事哲学才富有意义；否则，只能形成那与己无关的现成之物和空洞肤浅的见解。雅斯贝斯是传统的保卫者，也是传统的改造者，他获益于许多伟大的思想家，改造了他们的思想，使其更合乎时代的要求。

再者，生存哲学比其他的存在主义哲学更重视理性。生存哲学是由生存和理性两点来支撑的，前者表达了深不可测的意义向度，后者表达了真理的客观尺度。对此，雅斯贝斯曾解释道：“‘理性’与‘存在’两词之被选用，是因为它们以最透彻、最纯粹的形式向我们表达出廓清黑暗、掌握生活基础的问题。”②质言之，雅斯贝斯的全部哲学都是从不同角度来阐释理性和生存问题。对于他来说，哲学始终是一个不可完成的永恒任务，必须使用逻辑和概念的工具，但这种工具也无法最终达到存在，而只有在说不可说之神秘中来把握现实的存在。“通过克尔凯郭尔我才获得了生存这个概念，这从1916年起成了我的一个标准。用它来理解我一直为之焦躁地尽力想理解

---

① 汉斯·萨尼尔：《雅斯贝尔斯》，生活·读书·新知三联书店1988年版，第248页。

② W.考夫曼：《存在主义》，商务印书馆1987年版，第189页。

的东西,但是理性的概念和要求具有同样的力量。通过研究康德,'生存'概念现在变得越来越清楚了。"[①]雅斯贝斯认为,理性是哲学思维的真正工具,是西方哲学的古老本质。哲学史就是理性的王国,一切时代的伟大思想家都从理性的王国向人们言说。理性的领域辽阔无边,至大无外,一切素材都能含纳其中,进入观念的秩序;如果丧失理性,哲学也就不复存在了,成为主观性的梦呓。雅斯贝斯的哲学使命就是继承古希腊以降的伟大传统,在对理性秩序的思考中,赋予哲学以一种客观化的品质。当然,较之逻辑上的明晰性,他更追求存在的明晰性。

在辨析了生存哲学特点的基础上,需要进一步阐释生存哲学与理性哲学、世界哲学及政治哲学的关系。

雅斯贝斯的哲学思想比较繁复,且前后期有风格上的变化。生存哲学作为一种从内心行为来把握现实的思维方式,贯穿了雅斯贝斯全部的思想历程,但作为一种偏重生存阐明的思想体系,主要集中在他的前半生。以《哲学》为代表的前期思想主要对存在作生存意识的阐明,运思的重心是"生存—超越"这一构架。雅斯贝斯后来逐渐觉察到自己思想中的心理化倾向比较严重,从 1935 年的《理性和生存》到后期未竟的《哲学逻辑》,他逐渐强调了理性的作用,认为"只有在逻辑中才能探清真理与存在都在其中被给予我们的那些领域"[②]。理性和生存的互动奠基了后来所有的哲学思考,这使他后期的哲学更具普遍意义和可交流性。雅斯贝斯后来提出了大全理论,对存在论作新的探求,也为所有的哲学活动展开无限的空间,所以他后期的思想开始转向"理性—大全"这一构架。当然,这一转变不是雅斯贝斯思想的断裂,而是他基本运思的转向、深化和完善。对于雅斯贝斯而言,生存哲学和理性哲学在根本上是一致的,二者殊途同归,且生存性的基础对于哲学的合理性有着不能取消的决定性。

二战之后,他的思想视野比前期更加宏阔,更多地从世界哲学史的视角来思考哲学问题尤其是政治哲学问题,力图通过一种普遍性的思维模式来建立自由的世界秩序。

"以贯穿我整个一生的思考为基础,我在写作《哲学的逻辑》时,处于这样一种精神氛围中,即从基本知识的抽象性中把握在一切情况下所具有的真正的具体性的倾向。确实,只有在逻辑中才能探清真理与存在都在其中

① 卡尔·雅斯贝斯:《雅斯贝斯哲学自传》,上海译文出版社 1989 年版,第 107 页。

② 卡尔·雅斯贝斯:《雅斯贝斯哲学自传》,上海译文出版社 1989 年版,第 89 页。

被给予我们的那些领域。"①在后期世界哲学的构建中，雅斯贝斯深信有一种世界逻辑可使人类自由交流，人类面临的任务就是把哲学思维从倏忽即逝的对象世界中解脱出来，使其在世界哲学的思维模式中统一起来，进而实现哲学的大同。1937年，雅斯贝斯就制订了世界哲学史的研究计划，他很清楚，这项宏伟的事业对于单个人来说是不能胜任的，但需要作为任务提出来。在以后的二十多年里，他一直为这项计划而努力。这样，雅斯贝斯就从早期的生存哲学转到了后期的世界哲学。建构世界哲学的逻辑不是知性的逻辑，而是实际生存着的人的包罗万象的逻辑。世界哲学不是与生存哲学相分离的一种哲学，它是人类伟大的共同体中的思维，是要用理性渗透到所有生存中去的思想，以便它本身作为生存也是可以交往的。世界哲学是关于普遍的交往、始终密切关注个人自由的思想，是通过真理、个人的自由和理性使人回到自身并给世界带来统一的思想。

世界哲学与政治相关，政治实践必须与哲学理论相结合。雅斯贝斯的早期哲学将生存作为个人的自身存在置于现实的中心，自由只存在于所有人都是自由的范围中，政治自由以生存自由为条件；在后期，他对政治的现实性提出疑问，寻找一切能使世界联合成为可能的条件，强调个人自由与人类共同体的内在联系。在他看来，政治是人的存在的实现，是一项伟大的事业；但政治必须与哲学相遇，处理个人与共同体、权利与义务、合法性与道德性、自由与权威、秩序与暴力之间的矛盾，让生存获得它的世界性关系，让交往获得它在世界范围的理性联合，让自由扩展为生存自由与政治自由的一体性存在，让世界本身成为现实的中心。唯其如此，政治才能更为清晰透明，人类才能过上真实而自由的生活。

对于雅斯贝斯而言，早期的生存哲学和后期的政治哲学是个不可分割的整体，尽管各自的着重点有所不同，但基本思路并无二致。他认为自己哲学的根本目的是追求自由，而自由系于无限交往的意愿；交往生发于个体之间，也生发于政治共同体中。政治的原则并非暴力和战争，它应当以交往的意愿为基础。唯有通过交往的意愿，借助理性的力量，真理、自由与和平才成为可能。

三、有关生存的实现

在雅斯贝斯的哲学中，生存是指人的本源的自我存在，这种存在是可能

① 卡尔·雅斯贝斯：《雅斯贝斯哲学自传》，上海译文出版社1989年版，第89页。

性的,需要在具体的境况中通过自由的决断来实现自身,这一理路可称为生存的实现(Existenzverwirklichung)。生存实现的问题是雅斯贝斯全部哲学的一条隐线,虽然他对此没有专门论述。拙著拟以此为主题,对雅斯贝斯哲学中这一理路加以阐释。

(一)源起

对于雅斯贝斯而言,生存实现的问题首先是从现实生活中产生的。在他看来,现时代人的生存意识正在衰落和丧失:“毫无疑问,存在着一种普遍的信念,认为人的行动是毫无结果的,一切都已成为可疑的,人的生活中没有任何可靠的东西,生存无非是一个由意识形态造成的欺骗和自我欺骗不断交替的大漩涡。这样,时代意识就同存在分离了,并且只关注其本身。”[①]这种虚无意识的产生,在他看来主要有两方面原因:技术统治和群众秩序。

技术的发展前所未有地改变了人类的命运,技术迫使人类的工作方式和人类社会走上全新的大生产道路,把人类的全部存在变质为技术机器的一部分,整个地球变成了一个大工厂。在这过程中,人成为机器的一个功能,可以像零件一样随意替换。在技术化的过程中,精神已经贬低到只为实用功能而认识事实和进行训练,知识沉落到与人无关的空洞之中,活生生的人的生活已经变成单纯的履行功能,人的潜力正在急剧地萎缩。历史和传统日渐隐退于人的视野,人的生活失去了连接过去和未来的延续性的一切感受,丧失了历史境遇中的家园感,人在地球上已经无家可归。雅斯贝斯慨叹,科技的时代使轴心期以来的全部文化传统都将失落,从荷马到歌德的历史都将被遗忘,技术世界的绝对化将毁灭自我。

科学技术对人类精神的抽空方便了群众机械化的生活方式,群众统治在现时代已经成为一种普遍的生活秩序,这也是一种巨大的危险力量。现代人认为,通过总体计划就能自动产生幸福,因此向往的是一个组织有序的动物社会,而不是一个由那些坚持自由之路的人组成的社区。群众构成了人类生活中最高的人格类型,形成了按多数人的意志而行动的强大的、无孔不入的力量,这种无名的力量像洪水一样冲决了一切,人的工作、生活和思维方式,随时都处在不可预料、不可名状的外来力量的支配之下,不知谁在发号施令,但无形之手无时不在。人们顺势应变,随波逐流,与世沉浮,一切都变得不稳定、不恒久、无效果、无所归依。但是,在雅斯贝斯看来,“每一个个人,因为他是可能的生存,都不仅仅是群众的单纯成员,都对自身拥有不

① 卡尔·雅斯贝斯:《时代的精神状况》,上海译文出版社 2013 年版,导言第 16—17 页。

能让渡的权利，都不能丧失以作为一个人所具有的独立生存的权利为代价而被融化到群众中去”[①]。可以说，可能的生存是人的意义源泉，而当下的群众统治对个人的生活世界确实具有摧毁性的威胁。

雅斯贝斯认为，在现代技术和群众秩序的双重统治下，几千年传留下来的精神传统几乎被完全摧毁了，人类有陷入无底深渊的危险。“在当前，生存是一种纯粹的可能性，而不是某种已经获得和已被保证的东西。一切客观性都已变得模棱两可：真理，无可挽回地丧失了；实体，成为令人困惑的谜；现实，则是一种虚伪的矫饰。”[②]在现代秩序的时代，个体面临着这样的危险：心灵的基本根基被摧毁，心灵将不再依靠自身的源泉真诚地生活。在这一背景下，他的全部哲学思考都受这样一个实际的问题支配：人应该如何挽狂澜于既倒，在这个不能完全依靠科学技术，又无从依靠宗教力量来超拔的世界中获得本真的存在？在他看来，人类必须正本清源，回到起点，回到根本，回到人的原初的生存境域之中。生存是全部事物的意义之源，“生存不是有机生命体，不是抽象理解力，不是精神，它是面对超越的自由和真实，是理解自身的个体本身，是历史性自我的终极地基。生存是人内在酝酿的可能性力量”[③]。我们每个人只有在生存的层面上才能成为真正的人；一切现实的东西，其对我们而言之所以为现实，纯然因为我是我自身。世界因生存而成为我们的世界、我们的家园。

（二）路径

雅斯贝斯认为，在这个世界上，客观的知识和固定的教义都不能从根本上指导人的生活，人的本真存在只有通过生存的自由才能生成。生存是人的内在无条件的和绝对个体的核心，是个体在超越面前、在他的自由和本真中对自己的领会，它寻求真正成为自身的存在。生存从根本上来说不是存在本身，而是存在的可能，生存常常被称为可能性生存。既然在本性上是可能性的，生存就必须发挥其潜能，以最大限度实现自身。只有在这一进程中，人才能摆脱世事的烦嚣，进入真正的现实，“哲学思维的最终问题，还是追求现实的问题”[④]。也因此，雅斯贝斯认为，历史上一切伟大的思想家都是将可能的生存转变为现实生存的人。

生存实现的本质是生存在大全空间中的充盈和渗透，这包含两个方面：

---

① 卡尔·雅斯贝斯：《时代的精神状况》，上海译文出版社2013年版，第54页。

② 卡尔·雅斯贝斯：《时代的精神状况》，上海译文出版社2013年版，第65—66页。

③ Karl Jaspers. *Reason and Existenz*. Milwaukee: Marquette University Press, 1997, p.79.

④ 卡尔·雅斯贝斯：《生存哲学》，上海译文出版社1994年版，第61页。

一方面是生存意识本身的激发和充实,获得超越性的意蕴和确定性;另一方面是所充实的生存意识在纷繁经验世界中的渗透,以获得世间经验性的实在性。因为生存的实现离不开经验生活,生存又赋予经验存在以意义。生存所寻求的,是人在超越性思维中对世界的内在的、具有整体确定性的把握,是作为一个整体在个体身上的体现。这种活动来源于生活的深处,它能够抵达时间中的永恒,而不是停留在为有限的目的而行动的生活表层。

因此,对于雅斯贝斯而言,"生存哲学是一种思想方式,人通过它力求成为他自身;它利用专门的知识而又超越了它。这种思想方式并不认识客体,但阐明思考者本人的存在并使之成为现实,它诉之于生存自身的自由,并通过唤起超越而使自己无条件的活动得到空间"①。对于雅斯贝斯而言,哲学的根本目的是"激发人的潜在存在;使他不能平静;鼓励他成为他自身;唤起他对存在的可能意义的想象"②。

生存的实现是个大象无形的过程,没有既定的路径可循。雅斯贝斯反对任何对生存实现的独断论解读,本文对生存实现的论述不是阐述个体生存实现的实在内容或具体途径,而是廓清在雅斯贝斯的思路中,可能性的生存要实现自身必须具备的要素。这些要素在运动中构成了一个虚灵的结构空间,生存在其中得以充实自身,实现自身。

在雅斯贝斯的哲学中,生存为了实现自身,必须奠基于自身的自由和历史性,经历理性、交往和超越三个环节。在理性中,生存得以表达和联结;在交往中,生存得以相互促发生成;在超越中,生存拥有终极的依归和支撑。因此,凭借理性的作用,在横向上与其他生存者交往,在纵向上与超越存在相契接,就构成了生存实现自身的无限广阔的空间。这空间既虚灵又真实;既是实体状态,又有价值意蕴。因此,这几个要素对于生存的实现都是必要的,它们环环紧扣,依次提升。

生存必须回归自身的自由和历史性,这是生存实现自身的内在机制。因为生存的实现在根本上是从自身中生长溢发,离开生命内在的源头活水,就无法在纷繁的现实世界中充实自身。生存本身是自由的,自由在当下决断的行为中使人成为自身,形成人自身的内在必然性。在这基础上,生存得以在时间之流中不断实现自身,因此,自由是生存实现的根本动力和可能性。历史性既是人的有限性,也是人在有限境况中的本真存在。它是经验

① 卡尔·雅斯贝斯:《雅斯贝斯哲学自传》,上海译文出版社 1989 年版,第 46 页。

② 卡尔·雅斯贝斯:《雅斯贝斯哲学自传》,上海译文出版社 1989 年版,第 117 页。

存在和生存的统一、短暂和永恒的统一。历史性使人在当下变动不居的境况中获得生存的意蕴，触及永恒感。生存的实现既是无限开放和可能的，又具有相对的阶段性的确定性，生存的实现就是在自由的可能性和历史性的确定性的两极中运动展开。

生存本身是超理性的存在，但理性对于生存的实现必不可少。理性和生存有辩证的作用，理性因生存而富有内容，生存因理性而明晰。理性对生存有形式上的作用，是生存实现的形式条件。但是，理性的形式作用是有限度的，不能一统天下，渗透到人类生活的一切领域，否则就会破坏人类生活根基处超理性的秩序。理性的本性是寻求无限统一的意愿，它联结了大全各样式、真理和交往，使之趋向于大全中的绝对统一。这种统一性使个体生存能够越出一己之身，在遭遇世间万物时能够保持自身的确定性，而不致弥散于万物的缤纷多样中。生存的确定性是单纯的，但又是无限开放的，不寻求任何自足的限制和封闭。离开理性，个体的生存就容易陷入情感主义和意志主义的泥沼，终归不能摆脱个体的主观性。只有理性才能形成普遍的交往性力量，只有理性才能无限地联结和激发出生存的意蕴和力量。除了联结的作用外，表达生存是理性的又一功能。生存是非对象性的存在，非知性思维所能准确把握，理性的思维能够打破知性的逻辑秩序，从中显示出生存的内容。生存经过理性的明晰性熔铸，形成合理性的存在，得以与其他不同的生存者相互交往。

生存要实现自己，充实自身，其本质内容不能由理性所赋予，而只能在交往中相互促发生成。交往是生存的普遍条件，是生存的内在本质性要求，而不是偶然的外在活动。对于雅斯贝斯而言，“人的生存的基本特征却又是想在人与人的交往中达到一切人乃至最辽远的人也都联结起来的那个大一”①。交往有两种：一是经验存在、一般意识和精神层面的三种非生存的交往，即此在交往；二是生存的交往。此在交往是生存所不可缺少的，它为生存的实现铺垫了世间生活的实在性。生存的交往是指在此在交往的基础上，不同的生存凭借着理性的范导性力量，相互唤醒，相互创造，携手并进，共同向大全的无限空间扩展充实，以实现彼此的存在。在这个过程之中，一方的自由以对方的自由为前提，每一方都在对方的生存深度中得到对自身的确证。生存的交往是生存实现的本体性条件。

交往产生了真理，真理必然具有可交流性。在人们不同层面的交往中，

---

① 卡尔·雅斯贝斯：《生存哲学》，上海译文出版社 1994 年版，第 71 页。

产生了不同类型的真理,生存的交往产生了世间最本真的真理。交往虽然产生了生存真理,使生存自身得到充实,但在雅斯贝斯看来,人不能纯然立足于自身和他者的生存,否则,生存的真理就会随着生存在世间的消失而消失,生存和真理就缺乏得以超拔自身的终极性力量。雅斯贝斯有着强烈的宗教感,他相信世界不是存在的全部,在世界的尽头一定存在着绝对性的超越,它是绝对的现实性和绝对的必然性。生存自身乃是由超越所赠予的,超越是生存实现的终极根据和归依,为生存的实现提供了无限可能性和最辽阔的空间。超越自身是圆满无缺的、大象无形的,世界上的万物都是其显现自身意义的密码,历史中形成的权威也是超越在世间的显现,生存通过对超越密码的解读而与超越息息相通,通过权威的强大整合性力量而实现对自身确定性的根本支撑。超越本身越出了自由的领域,它对生存的自由有着导向和包蕴的作用。这样,从生存的自由和历史性开始,经历理性和交往的过程,生存就在超越中获得了根本的归依。

(三)意义

在雅斯贝斯的思想中,生存如何实现这一问题是他毕生孜孜不倦探询的,是起源也是归宿。因此,以他整个思想历程中的生存实现为主题作一以贯之的阐述,对于廓清雅斯贝斯哲学进程的基本精神和内在结构就尤为必要。它让我们看到雅斯贝斯思想体系不是无关的两个部分,而是完整统一的。另一方面,在生存实现的理路展开中,我们可以看到,生存寄身于经验自我,生活于现象世界,但又通过对密码的解读而契通于超越,生存和经验自身、世界、超越在根本上是能够融通为一的。对这一问题的论述,可以理清雅斯贝斯如何继承康德的思路,但又更圆融地贯通了经验界和超越界。

在我们今天所处的技术时代,阐明生存实现的这一构架有重要的现实意义。在雅斯贝斯看来,这一构架所涉及的自由、历史性、理性、交往和超越这几个因素在技术时代都遭遇到威胁和侵蚀。今天看来仍然如此,且有蔓延和加剧之势。因此,在生存实现的主题之下,对上述这些环节本然意义的阐明就显得尤为必要。

现时代的人的自由感已经消解,为感性的冲动放纵所替代,以至雅斯贝斯甚至断言,在技术时代,自由已经不复可能。现代人不是在历史性境况中让当下成为永恒,不是在时间之流中深汲存在的意蕴,而是活在当下的即时性中,失去了历史性的纵深,而且惯于依赖固定的、普遍的价值模式来行动,这样的结果往往将自身纳入经济科技为主导的强制性现代生活秩序中,不可能真正实现有意义的自我;现时代也是个理性精神逐渐瓦解的时代,理性本来的无限联结作用已然丧失，古典时代几千年而下的人类生活整体性开始瓦解崩溃，事物脱离了整体架构，其意义随之碎片化，人不能在整体性中确证自己，而易于陷于自我的任意性、主观性之中；借助交通和信息的便捷，当今世界的联系也远比以往任何时代都密切，但这繁复的交往多在事务性层面展开，难以产生本质性的内容，也与生存个体的意义感无关。因此，这个时代的各种冲突也远比以往任何时候都多，20 世纪更是充斥着敌对和仇杀的世纪，所以雅斯贝斯认为，在纷争四起的现时代，人们要意识到交往的重要性，要提升交往，要在交往中产生关于生命的本质性内容，而不是稀释和弥散人的意义感。现时代也是个超越意识日渐枯竭的时代，哲学和宗教日渐衰落，传统的信念越来越淡薄，人们不再仰望星空，不再憧憬永恒，而是仅凭外在秩序生活在当下，生活在已经破碎的世界图景中。这个时代的精神是实证主义和事务主义的，世界已成为神性褪尽的器物世界，超越世界已没落于声光电色的物质世界。但是，最真实的存在是在超越之中，没有超越的荫庇，这个器物世界必定是荒凉的，人生一定是虚无的。

一个多世纪以来，整个时代的风尚已经悄然转变，时代的重心转到了平均化、机械化和大众化，侵蚀着任何个人的独立存在，趋向于任何人都能替代任何人的那种实存。现实主义表面上处于高涨的状态，实际上，现实确切地丧失了；由于意识到现实的丧失，人类心灵产生出危机。但是，这同时也是一个足以令人觉醒的时代，那些愿意成为他们自身的人，严肃认真地生活，寻找隐藏着的现实，回归自身的源泉活水。现实只有通过思维这一内心行为才能被找到。在一切事实里运用这一思维，为的都是要超越它们而达到真正的现实。

雅斯贝斯穷其一生，孜孜以求，冲破"技术时代的框子"，打破这种机械化、平均化、没有自由选择、没有个性表现的生活模式。他唤醒人的自由和历史性，恢复理性的本然意义，探源生存性的交往，宕开超越的存在空间，以期通过这些因素的共同作用来实现人的本真的存在，确有知其不可而为之的勇气和信心。

如果说生存是无边黑沉中的微弱火种，那么在这个精神已经日渐黯淡的技术时代，有志于实现自我生存的人必须使这一火种熊熊燃烧起来，映照苍茫天地——这是雅斯贝斯个人在 20 世纪所默自承受的使命。到 21 世纪的今天，雅斯贝斯所洞察的时代危机不仅没有缓解，反有加剧之势。回归生存的境域，在现实世界烛照个体生存的意义，因此也成为每个现代人的最本己的使命。

第一章　大全视域中的生存实现

在雅斯贝斯的哲学中，生存是指人的本真的自身存在，是人内在酝酿的成为自身的可能性力量。生存不是存在，而是存在的可能。生存通常又被称为可能性生存，它通过面对超越，在历史境况中自由地决断以实现自身。如何在技术时代中实现人的本真的生存，是雅斯贝斯哲学中一以贯之的基本问题，拙著力图对生存实现的基本结构作一理路上的廓清。

作为大全(the Encompassing)的一种样式，生存的源起和归宿都必然系之于大全，生存实现的问题必须从大全的视角才能得到透彻的阐明。本章先论述大全及其诸样式，然后引出对于大全具有本源意义的生存，最后阐释生存的实现就是以生存的意义充盈大全的无限空间。

第一节　大　全

一、大全的源起与意义

大全理论是雅斯贝斯全部哲学的逻辑起点，也是可能性生存得以实现的基础，它为生存的实现提供了广阔的空间和可行的理路。生存实现的展开建基于对大全及其样式的阐明。

在雅斯贝斯的哲学历程中，大全理论贯穿了他的中后期的思想。大全概念首先在《理性和生存》中提出，在《生存哲学》中得到系统的说明，在后期未竟的《哲学逻辑》中作了更详细的阐述。

雅斯贝斯在《生存哲学》的开篇就开宗明义地指出，生存哲学的提出，目的在于强调哲学的任务在于“从本原上去观察现实，并且通过我在思维中对待我自己的办法，亦即通过内心行为去把握现实”[①]。这里涉及一系列重要的哲学范畴，包括了世界、存在、大全、实存、精神、生存、超越存在等。

究竟怎样来理解存在这个重要的哲学范畴？雅斯贝斯继承了康德以后

① 卡尔·雅斯贝斯：《生存哲学》，上海译文出版社 1994 年版，第 1 页。

的西方传统，认为最高本质不能像古典形而上学那样用逻辑分析或科学认知的方式来把握，而要阐释存在自身作为人们追求目标时，有以下特征：它永远在我们视野的尽头（我们永远都无法达到）；它包罗万象，一切都在它的范围之内，即它是一切显现在我们视野里的万事万物的根源和依据，一切都是它的呈现和表象。雅斯贝斯把这个无所不包、永远不能被理性认知，同时又是一切事物的最终根源的存在，称为“大全”。

大全产生于人们对存在的经验。雅斯贝斯认为，凡是对于人们来说成为对象的，就是有规定的存在，是存在的某种样式。在人们思维存在的时候，往往将之绝对化，视为存在自身，传统的本体论哲学家多是这样对象性地把握存在整体的。但对于雅斯贝斯而言，“任何被认识了的存在都不是存在本身”①。为了触及真正的存在，人们必须不拘泥于特定事物，不为现象所蔽，且需要打开大全的空间。“人们总是生活和思想在一个界域里，正因为它是一个界域，所以便指出了还有某些其他的东西环绕着这一界域，因此，这便引出了大全的问题。”②在他看来，大全不是指人的具体知识所达到的视域边际，而是一种永远看也看不见的边际，一切新的边际都从那里涌现出来。“存在自身……在一切逐步显现的东西都显现了以后似乎永远只往后退，远离我们。这个存在，我们称之为无所不包者，或大全。”③

大全这一名称仅仅是个指示，或一象征，没有确定、可知的意指，它所指示的是一终极的存在，是存在的无定界或无限的问题；它超越了人们的各种视角、视域和概念体系，是概念的基础，但自身不能完全被概念所把握。

在雅斯贝斯看来，传统哲学中的存在范畴既不是单纯的客体，也不是单纯的主体，而是在主客分裂中显现于主客两极的“大全”。这个大全乃是一种全新的存在，具体说来，作为存在的大全，其新颖之处就在于它是主客不分轩轾、浑然一体的存在，统摄了迄今为止所有分裂的主客状态，而本身绝不会变成一个客体，但是在“我”与客体的分离中得以呈现出来。它是一种隐喻，使不可言说的东西得以显露，得到澄明，但它自身永远只是存在论问题产生的视域；它是一种背景，使生存能够返回家园，获得一种根本的和谐。它支撑着生存，使其在动荡不宁的现象世界中不致陷入深渊，从而拥有生存意义的一致性和连续性。

雅斯贝斯的大全论思想源于康德的基本思想——“主客分离图式中的

---

① 徐崇温主编：《存在主义哲学》，中国社会科学出版社 1986 年版，第 255 页。

② Karl Jaspers. *Reason and Existenz*. Milwaukee: Marquette University Press, 1997, p. 52.

③ 卡尔·雅斯贝斯：《生存哲学》，上海译文出版社 1994 年版，第 16 页。

我们存在的现象性"①。对于康德而言,一切存在都必须通过时空直观和思维形式显现给我们,即存在并非按照存在本身的样子,而是按照人们的认知方式显现出来。大全,作为一种新的存在论的思维方式,它从康德的立场出发,接受了这种主客图式,但又不满足于康德的不可知论,而力求对存在有所领悟。雅斯贝斯认为,以往的哲学家对存在的问题往往没有作出正确的回答,其根本原因在于,他们都陷入了主客两极分裂的错误,哲学史上的各种观念论和实在论的存在都是这种思维模式的产物。他认为真正的存在是不可知的,凡是对象化的、认识的存在都只是存在自身的现象。真正的存在包容了主体和对象,而又超出二者,成为无所不包的大全,它是主客关系域,是本真唯一的存在。根据大全论的思维方式,雅斯贝斯认为,只有在主客两极的紧张对峙中不偏不倚并超越主客图式,才能对存在有所领悟。由于哲学信仰乃是人对存在的确信,因而这个信仰也同样存在于主客两极性中。在无限开放的大全空间中,生存的信仰进行永不停息的自我确认、自我超越,从而摆脱任何形式的对象化和固定化。

大全的思想有东西方古老思想的背景。雅斯贝斯认为,"几千年来,中国、印度及西方的哲学家们,都曾宣扬了一种虽然表达方式有所不同但却无论何时何地其本质都相同的思想,这种思想主张:人能够超越'主一客二分'而达到主体与客体完全合一的状态。在这种状态中,一切对象性都已消失,并且连'我'也销声匿迹"②。雅斯贝斯本人对东方神秘主义思潮颇有研究,但对于他而言,大全论的存在与神秘的合一仍有本质的区别。东方神秘合一说的共同特点是,通过消灭自我和世界来试图寻求与超越性境界的合一,这种合一是直接性的,往往不需要对象、语言和交往的中介。对于雅斯贝斯而言,上帝和人之间的直接知识是没有的,人只有在世界的行动中利用理性而又突破理性时,才能抵达终极的超越之境。

雅斯贝斯同时认为,所有古老的哲学中都有这种"一",没有人占有这个"一",但每一个时代真正的思想都围绕着这个"一"。如果我们想以最清晰的意识在本质上进行思考,我们就必须遵循我们思维的这一历史基础。这个人类思维的历史基础就是"一",亦即"存在自身"(das Sein)。雅斯贝斯把这个存在自身称之为无所不包者,或"大全"。大全是超越主客对立,统摄一切视域并且超越一切视域的"一",是本真的、唯一的存在。人通过参与大

---

① Karl Jaspers. *The Perennial Scope of Philosophy*. London: Routledge & K. Paul, 1950, p. 14.

② 卡尔·雅斯贝尔斯:《智慧之路》,中国国际广播出版社 1988 年版,第 21 页。

全,亦即通过参与源自大全的生活而走向人自身。通过大全思想,雅斯贝斯揭示了一切认识的有限性和历史多样性;通过大全根本知识,他为人类提供了一切宗教对话、一切思想对话的共同论坛。他的大全根本知识不是赋予任何一种特定思想、宗教以排他性的优先权,而是把一切思想、宗教看成是超越性的"一"的特殊现象,即看成是永恒哲学的历史多样性。大全思想不仅表达了人与人之间的普遍联系,也表达了人类的无限交往(grenzenlose Kommunikation)和团结一致(Einmutigkeit)的意愿。

大全作为存在能够赋予其中的事物以根本的意义。它是这样一种东西,它永远仅仅透露关于它自身的消息,但它从来不成为对象。大全是无限的,自身隐而不现,但一切事物都在其中向人们显现出来,人们的知识和行为都立足于这最终的、包蕴一切的存在。这样,大全本身虽不以经验对象而显现,也不是任何思维的明确主题,并因此而看上去显得空洞无比,但恰恰是在这一空间中,"大全的思想为客观的认知设定界限,于是,它使真正的人及其所接触的一切事物从固定的可知性中得以摆脱出来,这种思维为可知的存在充盈了生命"①。只有在人们超出了仅仅是特定存在物的知识时,对存在的最深邃的洞见才可能开启。雅斯贝斯强调,哲学活动就是人的生存方式,"它决定在我确切地掌握了有规定的存在知识之后再摆脱这一切有规定的存在知识,以使我能够真正地达到存在自身"②。这要求人们既要意识到大全这个至大无外的空间,又要体验到我们自身可能性的源泉,如此,才意味着成为"我自身。"

大全的哲学"教导人们'在思想本身中存在,让存在在思想中展开'"③。大全是个开放的概念,本身缺乏任何实质性内容,也不能为人们带来任何新的对象知识,但大全的意义和力量就在于这种确定性内容的缺乏。在以大全的无限空间为背景时,包括人自身的一切存在物都因与这空间有关系而获得一种深远的含义,一切通常的看法都会受到震撼。"由于它(大全),一切事物不仅成为它们各自直接显现的那个样子,而且还都继续是透明的。"④这种透明即是指客观事物为源自大全的存在之光所映照,呈现为有意义的存在。当大全作为人的背景被真切地意识到时,"真实的存在向我们展现,就像我们从恍惚中清醒过来一样,给我们留下了一种具有深奥和无尽

① Karl Jaspers. *Reason and Existenz*. Milwaukee: Marquette University Press, 1997, p. 73.

② 雅斯贝斯:《生存哲学》,上海译文出版社 1994 年版,第 24 页。

③ 施太格缪勒:《当代哲学主流(上卷)》,商务印书馆 1986 年版,第 251 页。

④ 卡尔·雅斯贝斯:《生存哲学》,上海译文出版社,1994 年版,第 16 页。

含义的意识"①。生存的实现,从根本上来说,就是从大全的震撼中"清醒"过来,走出恍惚的经验和本能状态,同时也让人意识到,对存在的探求是永无止息的过程,人必须摆脱宗教权威主义和科学迷信的束缚,以彻底的开放性冒险精神,自由地探求真理,不驻留于任何业已完成的视域。

二、大全诸样式

对于雅斯贝斯而言,古老哲学的神秘主义境界是他思想的背景,也是人类命运的终极归依。但是,他并不认为现代人仅仅在沉思冥想中就能实现自己,而必须踏上一条更曲折、更漫长的道路,必须经过在现实世界中理性和交往的过程才有可能。大全作为至大无外的空间,不仅仅是玄想的空灵圆融之境,它虽然不是对象性存在,也不能被认识,但一旦人们去谈论它,单一的大全就立即分裂为主客两极,分化为众多不同的样式,对这些不同样式及其结构的分析将有助于对生存实现的具体展开。

在雅斯贝斯看来,大全以两种不同的视角向人们呈现:"作为我们自身的大全"(the Encompassing which we are)和"作为存在本身的大全"(the Encompassing as Being itself)。前者是内在存在,是我们存在于其中并透过它而存在的存在本身;后者是超越存在,是所有存在向我们展现为存在的条件和基础,通过它所有的存在样式都呈现给我们。这两种样式都不是各种类型的存在物的总和,其本身就是一个全体。

雅斯贝斯认为,无论是内在存在还是超越存在,都只是大全在人的理性思维活动中的具体样式;同时,大全在人的理性思维中,已不再是原本意义上的大全,即不再是"存在自身",而是"为我们的存在"。

雅斯贝斯对大全作这样的二分,也是受到了康德的影响。雅斯贝斯认为,在通向存在的道路上,对于早先的哲学家来说,最通常、最自然的方法是朝向存在本身,即宇宙和上帝。然而,"从康德之后,我们就必须另辟蹊径来抵达它,即应当进入我们所是的大全。我们知道,或至少应该考虑到,我们所是的大全绝不是存在自身,但只有走到康德开启的道路的尽头,我们才能够彻底明晰地看清楚这一事实"②。即是说,对存在自身的大全的洞察必须通过我们自身的大全才有可能,别无他途。这一思路非常重要,对于生存的实现这一主题,它关涉到实现的可能性、路径及归宿等诸多基本问题。

---

① 卡尔·雅斯贝尔斯:《智慧之路》,中国国际广播出版社1988年版,第21页。

② Karl Jaspers. *Reason and Existenz*. Milwaukee: Marquette University Press, 1997, p. 54.

这两种大全各有其不同的显现。存在本身的大全可分为世界(the World)和超越(the Transcendence)两种，它们是大全的客观性一面。我自身的大全是大全的主观性一面，包括实存(empirical existence)、一般意识(consciousness as such)、精神(spirit)三种内在性样式：实存是那些为了世俗的生活需要而生活的人；一般意识是人人共有的理性思维方式或普遍意识；精神是观念的整体性原则，把所有事物纳入到一个既定的观念系统中。生存(Existenz)是我自身大全的超越性样式，也是大全其他诸样式的基础。

这些大全样式都不是可以把握的对象，也不能作为对象去认知，而是需要将它们作为边际去意识。我们先分析存在本身的两种样式及自身大全的内在样式，然后再在下一节引出源起性的生存样式。

实存　“我们自身大全”的第一种样式是实存，即人的经验的存在、实际的存在、单纯的生命力存在。在实存层面，占支配地位的是身体条件、本能冲动和物质利益。雅斯贝斯把人的这一维度也称为“单纯的此在”(blosses Dasein)。在实存的维度中，人既没有自我意识，也不会有自我反思能力。他解释说：“从躯体上看，我是生命的一部分。作为生命形式和功能的一部分，我处在不断变化的身体的连续性之中，但这一形式和功能本身并不是我。我仅仅是生命，故我仅仅是一个自然过程。”①实存是通过经验意识所把握的事实性，表现在物质、机体和原始意识的个别多样性中，它是科学的对象，可以被分析、研究、描述和阐释，但同时，它又是科学所不能穷尽的领域。“虽然我绝不能把我们的实存理解为大全，而只能把它理解为特殊的经验形态，如物质、生命、心灵，而这种物质、生命、心灵，我也不能再化为单一的元素，然而，我是立足于这个实存的不断涌现之前的。”②也就是说，实存作为经验性的存在，是人的所有其他高级意识形式的载体。

人的实存和世界的普遍实存一样，都是对象性的客观存在，无法解开地缠绕在一起，甚至无法想象他们是相互独立的。“没有认识世界的我，世界就不存在；没有只有我存在于其中的世界，我也不能存在。没有我就没有世界，没有世界也就没有我。”③

一般意识　“我们自身大全”的第二种样式是一般意识。一般意识这个概念来源于康德的认识论。依据康德的认识论，人的心灵拥有两种认识形式：作为时空的感性形式和作为思维范畴的概念形式。这两种认识形式是

① Karl Jaspers. *Philosophy*, *vol*. 1. Chicago: The University of Chicago Press, 1969, p. 28.

② Karl Jaspers. *Reason and Existenz*. Milwaukee: Marquette University Press, 1997, p. 55.

③ Karl Jaspers. *Philosophy*, *vol*. 1. Chicago: The University of Chicago Press, 1969, p. 3.

人们获得知识的先决条件。雅斯贝斯所谓的“一般意识”,泛指有本质关联的抽象理解力,有着逻辑思维和合理思维的向度,借助一般意识,人可以按照逻辑规则进行反思,并按照知性的形式范畴构建普遍知识。

一般意识从原始的意识发展出来,原始的主观意识是杂多无序的,一般意识则是同一的、普遍有效的。“作为原始生命体的经验意识,我们分化为无穷的多样性,被个体的狭小范围所局限,缺乏无所不包的能力。作为一般意识,我们与非现实性(inactuality)亦即普遍有效的真理发生关系;同时,作为这种意识,我们便是无限的大全。”①一般意识通过主观和客观、内容和形式的两分法而形成,是点状的,内容不同但可相互替换、相互承认。它是一切个别意识现象中的同一意识,由于这种同一意识,一切存在者才能为人们所具体把握;由于这种同一意识,人们的理论认识和非理论认识(譬如伦理的和美学的认识)才能达到普遍有效性,能够互相传递。一般意识就其包含一切能当作对象来意指的东西而言,是无界限的。一般意识层面的真理有普遍有效性、确定性,人们能够凭借一般意识而达到普遍有效的认识。

作为一个有意识的生命体,我们仅是一种类,甚至是被自己的个体性所锁闭的单一个体,但是通过知识的可能性,通过以各种方式呈现于一般意识的关于存在的共通知识的可能性,我们参与了大全。

精神 精神是“我们自身大全”的第三种样式。在雅斯贝斯的体系中,精神依赖于一般意识,但却超然于一般意识之上。精神的原则是理念,理念使我们按照统一性、全体性的原则来辨明和判断各种现象。理念表现为个人理想、政治意识形态、宗教原则、创造性艺术概念等。每个个体在竭力包容了他所有的遗传本能、生活经验、知性积累和文化教养,并使之融为一整体性观念时,便上升到精神的层面。“凡意识所思维的东西和作为实存的那些现实的东西……都能被吸收到这个精神的各种观念性整体里。”②精神是不断融合和重铸的过程,不断分化而又不断形成,永远走向经验实存的可能性完成。因为趋向于整体和统一,它倾向于保存、促进并关联着每一事物,在系统中给每一事物以恰当的位置和界限。

精神是人的意识的包容性整体,为自身和它所遭遇的不断变换的外在环境所现实化。精神与经验性实存不同,它不再受到模糊不清的无意识本能和意向的推动,而是在清晰的观念性自我理解中完成。精神的活动可以

---

① Karl Jaspers. *Reason and Existenz*. Milwaukee: Marquette University Press, 1997, p. 56.

② 卡尔·雅斯贝斯:《生存哲学》,上海译文出版社 1994 年版,第 18 页。

在诸如艺术、思想、法律、政治制度和风俗习惯之中形成。

以上三种是我们自身的内在样式，它们既互相区分而又互相关联。作为实存，人们将自己作为对象来理解时，是立足于自身之外的，视自己为无限的多样性。实存是相互分离的，并且只有通过这种分离，它才能成为科学研究的对象，进入一般意识的领域。一般意识就其本身而言，是大全的非经验的存在。作为普遍有效性知识和真理的承载，它自身不是独立不倚的。一方面，它立足于经验性的实存，另一方面，它指向精神，受精神的支配以获得总体性的意义感。精神立足于一般意识的真理和实存的现实性，但又引导它们将散乱的存在物带入明晰和关联之中，使之成为整体的部分，在整体中拥有自身恰当的位置。精神的动力来源于反思，而不是无意识地听命于本能的心理，也不能为纯粹的一般意识所决定。这种反思创造了一个阔大的整体空间，使事物总能从内在得到理解，而不是作为纯粹的自然物被研究。作为精神，人们是与他能够理解的万物有意识地关联的，将世界与自己转换为可理解的封闭总体，自身呈现为一个透明的封闭整体中的一员，精神的世界倾向于以理念和普遍有效的规范为准则。

实存、一般意识和精神的区分并不意味着它们是分离的实在，而毋宁说它们代表着三个起点。由此出发，我们可以触及无所不包的作为“我们自身的大全”，在其中，所有的存在和可研究的对象都能够得以呈现。

“我们自身的大全”是无限丰富的，它本身可以作无限多的区分，因此上述三种划分是相对的，没有严格的必然性。但雅斯贝斯作这样的划分，在一定程度上反映了时代的状况。在这三者中都可以看到现实性的因素，对应它们的分别是 20 世纪人类利益的纷争、科技的一统天下和意识形态的高度控制。正因如此，他认为这三种样式都未能触及人的本然的、真正的存在，或者说它们只是人的存在的外在、异在层面，于是他穷根溯源，开掘了作为本真存在的人的“生存”境域。

与“我们自身的大全”相对的是“作为存在本身的大全”，即世界和超越。

世界　雅斯贝斯认为，世界是指与我们自身对立着的万物全体，是外在的、纯粹的他者。“我们所是的大全实际上有它的边际，即使我们创造了我们所知的万物的形态——因为事物必须在变成对象后以这些样式呈现给我们，但是知识本身并不能创造哪怕一粒实际的微尘。同样，存在本身向我们展示了无穷尽的外表以供探索，但其本身总是隐退幕后，只在我们经验的过程中、在我们对其多样性寻求规律的过程中间接地显示自己。我们称之为世界。"[①]世界是"我们自身的大全"的世界。对于实存,世界是时空中的经验世界,是生活环境世界;对于一般意识,世界显现为普遍必然性的认识场所和对象;对于精神,世界呈现为观念的实现场所。对于人们的不同存在方式,世界的显示方式各有不同。世界是人的意识的他者,当人们将自身所是的实存作为对象对待时,实存就像世界中其他事物一样,成为异在于我们自身的事物,成为世界万物的一部分。世界之中的对象当然可以认识,但世界作为全体却是不可认识的。人们对世界事物的认知越丰富,这种不可能性越明显。所以,世界向我们显现,但它不是我们所创造的,它有其自身固有的根源,是自足的存在。世界是理念,而不是对象。

超越 "超越是存在本身的另一种样式,它不向我们的研究经验显现,无论是间接地还是直接地。它作为绝对的大全就像最为确定的'是'一样,保持自己为不可见的、不可知的。"[②]雅斯贝斯认为,超越是终极的存在,是本真的存在,是唯一的真理存在。较之于世界,超越最显著的特性是其非对象性。对于作为实存、一般意识和精神的我们而言,超越是永远无法企及的隐匿者,是空,是无。超越存在是一种绝对永恒的"彼岸存在",凌驾于一切世俗存在之上,是一切内在存在的最高目标和归宿。它就是全能的上帝,但又不同于宗教意义上的人格神。

对于雅斯贝斯而言,世界不是唯一的存在。如果世界就是所有的存在,那么对应世界的他者——人的实存、一般意识、精神——就会覆盖人的全部存在。在雅斯贝斯看来,世界只是超越呈现自身的场所,超越本身才是一切大全的大全。唯有超越真实存在,生存对自身的实现才既是世间的,又是出世间的,生存的实现就在有形的世界和无形的超越之间的张力中铺展。

以上是大全的诸多显现方式,它们表明,囿于通常的主客图式的思维模式,人们对存在自身的认识往往是有限的、个别的。但雅斯贝斯的大全论不是致力于获取有关存在的知识,而是致力于对存在的确认。换言之,大全论旨在通过澄明存在体验的多种视域,突破一切囿于主观性或客观性的片面化、绝对化思维方式,揭示一种多维度的真理观。大全的诸样式揭示了大全丰富的多样性,大全的存在是开放的、多层次的;与之相应,大全的真理也是开放的、多层次的。大全的每个空间都有真理的意义,这种意义需要由生存来澄明。

---

① Karl Jaspers. *Reason and Existenz*. Milwaukee: Marquette University Press, 1997, p.59.

② Karl Jaspers. *Reason and Existenz*. Milwaukee: Marquette University Press, 1997, p.78.

在雅斯贝斯的哲学构架中，大全论是必不可少的，因为它说明了真正的哲学思维的意义。一方面，作为对存在的一种确认，大全论敞开了理解存在的广阔而丰富的视域，使哲学思考得以摆脱科学迷从和宗教权威的束缚，以彻底的开放性自由地探求真理；另一方面，大全论确认了现象世界的超越性根源，并将生存、自由、超越者等非对象性存在显现给人的有限性思维，从而有助于现代人类克服虚无主义的绝望和信仰的荒漠化境况。

第二节　生　存

一、生存的源起

在雅斯贝斯看来，上述每一种大全样式都是无限空阔的，个体在面对它们时，所感受到的往往是自己的渺微，感到自己会被稀释于这无限的空间之中。所以，任何想触及真正存在的人，在大全的上述样式中都还不能寻求到存在本身。对大全的广大空间有所意识只是提供了触及存在的可能性，本身还不足以使它充实起来。当人们突进这个空间后，会出现两种可能性。或者是人们所看到的不是大全，而是广漠的虚无。面对这一虚无，会有坠入无底深渊的危险。为此，人们往往会屈从于一些确定性的教义或客观性的知识，试图在被动的接受中解救自己。或者是，由于体验到大全的无限空阔，生发出可以无限推进深入的可能性和意愿。如此，大全就从一切起源上向人们展开，呈现于人们面前；人自身就成为大全所庇护的自我存在，从而真切体会到大全无边的充实和丰蕴。如果说前者主要是从经验或知识的层面而言，那么后者主要是从意义的角度展开。前者对大全所作的是对象性的思考，大全就变成对象；而在后者中，我们就必然放弃在对象中所拥有的根据，而需要寻求既非客观亦非主观的另一种根据。

“如果我不在存在的东西里完成我自身，那么我就终于只落得是一个像一切物质材料那样可以消逝的实存。但是因为人绝不仅只是手段，而永远同时是终极目标，所以从事哲学思维的人，面对着上述的种种可能性，在虚无的经常威胁下，总愿意体会到出之于本原的充实。”①这里所说的本原出自人自身，而不存在于上述的实存、一般意识和精神之中。“作为我所是的大全的三种样式，每一种在各自的层面上都是无限的、不可穷尽的。然而，

① 卡尔·雅斯贝斯：《生存哲学》，上海译文出版社1994年版，第27页。

在那里我还没有触及人的本真所是的内核。这根本的核心存在于每一个体的内在中，就像他对于自身是一个独特的、历史性的自我，它被称为生存。”①

这样，在雅斯贝斯看来，人因为生活于经验世界，而把局限于感性视域中的人视为经验的实存者；也可能因为对世界事物作对象性的探求，判定自己为有认知能力的存在者；人还有可能因为以整体性观念来规范世界而认定自己为精神存在者。在人的生存世界被割裂时，人的存在也被相应地割裂。世界被割裂而远离世界的本然，人因自我割裂而远离人的本真自我，这二者相互对应。雅斯贝斯试图引导迷途忘返的人自作反省，而返归人生的本真。在质疑和批判中，凭着切己的感受或体验来追溯人的本源存在，由此觉悟到自身的“生存”内核，这就是生存的源起。

雅斯贝斯认为，从古希腊开始，伟大的哲学问题都是对存在的探求，对存在的探求实际上是对人的命运的终极关怀。他自己的生存哲学亦不例外，但他不是通过传统的本体论来解决这一问题的，而是将人自身真实而具体的境况作为探索的起点，从个体自身出发来探求存在。

生存是个体自身生发的内核，生存使他成为自己的唯一的、历史性的自我。“它是面对超越的自由和真实，是理解自身的个体本身，是历史性自我的终极地基和基质。生存是人内在酝酿的可能性力量。”②这是雅斯贝斯对生存所作的最经典的界说，它将超越、自由、真实、历史性和可能性等基本概念嵌入对生存概念的建构，基本上真切地表述了生存概念的内涵。

在《哲学》第一卷中，雅斯贝斯对生存进行界定：“生存乃是与自身关联，同时从中与其超越者相关联的东西。”③在《真理论》中，他一方面重申了《哲学》中生存的基本含义，另一方面又规定说：“我本真地所是的东西乃是自身存在的大全，自身存在称作生存。”④在晚年的《面对启示的哲学信仰》中，他从可能性、独异性、历史性、交往、赠予性等方面深化了对生存含义的规定。这些表述，既有一以贯之的基本特质，又有不同思想阶段的各自侧重点。

生存本身是人的意义之源，但它又是意在言外、不可言说的。在这点上，生存与实存、一般意识和精神这几种样式都迥然不同。这里主要从生存(Existenz)和实存(Dasein)的辨析中，大略言说生存的源起。雅斯贝斯认

---

① Karl Jaspers. *Reason and Existenz*. Milwaukee: Marquette University Press, 1997, p. 14.

② Karl Jaspers. *Reason and Existenz*. Milwaukee: Marquette University Press, 1997, p. 79.

③ Karl Jaspers. *Philosophy*, *vol*. 1. Chicago: The University of Chicago Press, 1969, p. 15.

④ Karl Jaspers. *Von der Wahrheit*. München: R. Piper and Co Verlag, 1947, S. 76.

为，当代西方人有个根深蒂固的观念，即世界是在时间中的有形实在；但其实，或许非存在才是那个向我们呈现为存在的东西的本质实在。

首先，雅斯贝斯说，生存是我所是的一切和对我真正有意义的一切所绕之转动的轴心。作为意义的源泉，生存意味着一切现实的东西对我们之所以为现实，纯然因为我是自身。我们不仅存在于这里，而且我们已被赠予给我们的实存。因此，生存并不同于实存，实存是确定性的经验存在，生存则意指一种虚实相间的可能性；实存喻示着某种囿于经验世界的沉沦状态，而可能性的生存则内蕴着某种源于自身而无条件地生成着的冲劲，它能突破经验世界的实存而把自由还给人自身。因此，实存是一次性形成的，而生存则自己选择自己的生存状态。升华还是沉沦，是生存的自由选择带来的，生存也由此而承担起全部的责任。相形之下，实存不选择，不自由，也无须承担任何责任。

其次，生存是无条件的，而实存是有条件的。即使实存的规模再宏大，同作为自由选择的生存相比，它仍然是有限的。虽然有条件的实存是有限的，但它却自以为是无限的；无条件的生存在时间之中看似有限，但它因反省到自身的有限而能够在抉择的瞬间契接无限。在物理时间的绵延之中，作为经验的实存是飘摇于时间之流的暂时性存在，即便永久如宇宙，亦是如此；而生存作为自由而存在，则在时间之中而超越了时间，具有永恒的意味。

再者，有限的实存是自我封闭的，而生存是时刻生成开放着的。雅斯贝斯认为，实存既然不是全部实存，那么它就是有限的，因被选择而相对完形，自为地锁闭在自身之中。生存则因其自由选择而充满无限生成的可能性，而没有完形的生存的无限性则意指某种开放的可能性。生存不拒绝可能性，它把所有的可能性都视为实现自身自由的一种契机。作为可能性的生存，人可以采取措施，要么实现其存在，要么失去其存在而走向虚无。

二、生存的特性

雅斯贝斯的生存概念直接受到克尔凯郭尔的影响，他说："生存这一概念，通过克尔凯郭尔而具有了一种意义，由于这种意义，我们看到了某种蔑视一切确定知识并具有无限深度的东西。生存不可以用诸存在物的存在的陈旧意义来意会，它要么就什么都不意指，要么就来自克尔凯郭尔所宣称的意义。"[①]康德的批判哲学中的理性本就是雅斯贝斯所一直推崇的，而雅斯

① W. 考夫曼：《存在主义》，商务印书馆 1987 年版，第 210 页。

贝斯又另辟蹊径,把它收摄于克尔凯郭尔式的不可替代的个体生命体验。而克尔凯郭尔又是从谢林那里汲取了思想和生存的区别,将存在的个体从黑格尔的理念的确定性中提升,直面不确定的神性。

这样,对于雅斯贝斯来说,生存有着匠心独具的自身特质,主要体现在两个方面:非对象性和可能性。

在雅斯贝斯的大全构架中,一切实存本身从根本上说是不完全的、相对的,充满偶然的和暂时的虚无性。如果人们认为实存是一种绝对的完满,那就是莫大的误解。没有具体个人的实质性历史内容,实存就注定是一个空壳。如果它充满了这种个人内容,就会立即获得绝对的重要性和价值。实存作为生存的表现是不可或缺的。通过自由地占有实存,实存和生存结合在一起了,实存成为生存的组成部分,甚至和生存同一了。生存之所以能够和实存结合,乃在于其是一种意义源泉,是一种非对象性存在。

生存是非对象性的,它不是具有明确意义的范畴,不是任何概念的内容。它没有固定的特征,不可定义。因为"生存本身从来不是普遍的……它不是作为一个特殊物可归属于普遍物的那种情况"①,它的真正内容永远不能被普遍性所充分地表达,所以,"离开了生存,这些指示(signs)不仅是空洞的,还就是虚无"②。

生存在现象中是客观的,同时它又是历史境况中的特殊个体,这种特殊性还需要在普遍的范畴中加以理解。雅斯贝斯寻求一系列生存意义上的范畴来表达,并从康德的相关范畴中有所汲取。不过他另辟蹊径,用生存的实在来代替康德的客观的实在。当客观的实在被因果范畴所决定时,生存的实在是被自由和历史性这一核心概念所决定的;对应于实体的因果性一面,雅斯贝斯称之为生存的交往;对应于客观衡量尺度的是生存的等级、价值和深度;对应于数学上无穷尽的时间,是实存实现的时间。用普遍性的范畴表达不确定的、独异的生存内容是雅斯贝斯的一个独创,第三章将作详述。

生存是一个指示,它所意味的不是个体的生机、抽象的理解力或精神,而是个体自身,是它同自身的关系,是个体在超越面前,在他的自由和本真中对自己的领会。生存只有在本真的自我意识中才是真实的,因而它是人的本质属性,而不是自然属性。只有人类才有生存,世界上的其他事物是没有生存的。这不是说其他事物不存在,而是说它们以迥异于本真的人的存

---

① 熊伟主编:《存在主义哲学资料选辑(上卷)》,商务印书馆 1997 年版,第 592 页。

② Karl Jaspers. *Philosophy*, *vol*. 2. Chicago: The University of Chicago Press, 1970. p. 16.

在的方式存在着，只有人靠内在的自我起作用以实现自己。生存的自身存在是无条件的核心，是个体中的始基，是人据以思考和行动的根源。

由此，生存是一种切己的自我存在，这种切己性决定了它永远不可能被视为思考或认知的对象。它是内在的生命体验，是个体无所依凭的决断；它在世界之中，但不局限于世界加于它的界限；它并不放弃经验实存、一般意识和精神，只是赋予它们以意义而包容或超越它们。这种作为自我切己性的生存也可视为大全的一种样式，但生存作为大全样式与其他的样式有着质的不同。生存是一切大全样式的生趣之所在，是大全能真正被领悟的契机之源，所有其他的大全样式只有触及绵绵不绝的生存，才不至于浮游无根而落于空洞枯寂。

除了非对象性之外，生存的另一主要特质是其可能性。生存与自身发生关系的同时，必然也内在地趋向他者——其他与之有交往的生存和超越，并在这进程中反思自己，趋向自我存在的实现。这种对自我的趋近不能一劳永逸地获取，而是保持为永远的可能性。因此，雅斯贝斯经常称生存为"可能的生存"，将之表述为"它是思想和行动的源起，永远不能变成一对象，它总是与它的自我和超越相关联"①；或者，"它是历史性的特定个体，它的具体性是不可穷尽的、不可被最终界定的"②；或者，"自我的存在被称为生存，因为我不能确定地知道我自己，我只能在抵达自我实现或迷失我自己中选择。生存是我的所是和所有向我们显现为真实的事物的轴心，因而也是上述各大全样式的动力和基础"③。

可能性生存的本质特征在于，它寻求一种真正成为自身的存在，这是生存无可逃逸的使命。因为人在经验存在中没有根基，在各种特定的知识和认知对象中，甚至在交往中，人都不能发现根基——自己的所是。"生存是自由的，生存在自由中能够寻求自己真正的存在。当人们放弃这种对存在的寻求时，就不能成为自己了。"④当生存以开放的胸襟拥抱广阔的世界时，它能自作反思，有所担当。它永远处于未完成状态，是因为它从不自限于某一特定界限，不可以有限视之，也不可以无限界说。对于雅斯贝斯而言，生存之所以为生存，是因为它能反省自身的界限并随时突破，趋于无限。

生存因其可能性而寻求实现自身，生存存在于成为自身、实现自身的过

---

① Karl Jaspers. *Philosophy*, *vol*. 2. Chicago: The University of Chicago Press, 1970, p. 13.

② Karl Jaspers. *Philosophy*, *vol*. 2. Chicago: The University of Chicago Press, 1970, p. 98.

③ Karl Jaspers. *Von der Wahrheit*. München: R. Piper and Co Verlag, 1947, S. 76.

④ Karl Jaspers. *Philosophy*, *vol*. 3. Chicago: The University of Chicago Press, 1971, p. 2.

程之中，“我从它（生存）的可能性而存活，只有在它的实现中我才是我自己”①。生存自身的实现是永远不能完成的，呈现为无限的开放性。生存通过自身无条件的决断而实现自己，无条件性意味着，只有当人具有绝对充分的确信时，生存才能在他身上实现。这种确信来源于绝对性的超越，这超越指向虚灵的超越存在。无条件性在雅斯贝斯那里被特别强调，他认为生存与超越有着根本的关联，生存只存在于与超越的关系之中，通过超越、人知道了自己作为生存是被给予的，而不是全然自我创造的。在与超越关联后，生存自身不断超出自身，自身存在趋近存在自身，在时间之中趋向永恒。当生存在企望超越、凝视永恒时，它的灵明之光开始在大全的无限空间中弥漫开来，生存的实现的目的就在于它在大全中的充盈。

因此，在雅斯贝斯的生存哲学中，生存是独立的，面对世上的一切威权，它是自律的。但另一方面，生存契接于超越存在，是超越存在的一种根基；生存对超越存在至高无上地服从，乃是把人带到他自身的存在。

三、生存是哲学思维的原点

雅斯贝斯提出生存这一独异的概念，一方面源自他对现代人生存状态的关注。在他看来，在现代技术和群众秩序的双重统治之下，现代人的存在根基已经动摇，人类开始遭遇一个前所未有的虚无主义时代。这特别体现在现代社会的平均化倾向，人不是在自身的独立性、特殊性中实现自我，而是在迎合大众口味中，把个性消散于虚假的共性中来获取所谓的自我感。当他发现自己与众不同时，会感到茫然无措；让自己淹没在茫茫人海时反觉安心，获得一种得以庇护的安全感。在这样同质化的时代，迫切需要唤醒的是人日渐萎缩的本真存在，以导向生存的充实和实现。

另一方面，生存概念也基于雅斯贝斯对几千年而下的存在问题的思考。在他看来，从古希腊开始，伟大的哲学问题都是对存在的探求，他本人的哲学使命亦不例外，同样属于这一源远流长的传统。但从康德之后，就必须从主体入手，从主体的认知或意志，来探讨存在问题。对于雅斯贝斯而言，通达作为超越大全的起点不能是任何经验的自我或一般意识的自我，而只能是个体内在的无条件的核心——生存。他不是通过通常的本体论，在抽象的意义上来解决这一问题的。他的哲学风格是将人们自身真实而具体的境况作为探索的起点，从个体自身中来探求存在。

① 熊伟主编：《存在主义哲学资料选辑（上卷）》，商务印书馆1997年版，第589页。

雅斯贝斯对生存概念的关注也与同时代的海德格尔有关。海德格尔认为,西方哲学“遗忘了存在”,他的全部哲学围绕着对存在的追问,当然是以全新的方式来阐述的。雅斯贝斯在其《马丁·海德格尔札记》中写道:“海德格尔讲的是‘存在的遗忘’,而不是‘自我的遗忘’——讲这两者都是对的,但强调此还是强调彼,是彼此不同的。”[①]雅斯贝斯所关注的不是存在的概念。如果人们可以用“存在的遗忘”来概括海德格尔的哲学,人们也可以用“自我的遗忘”来提纲挈领地概括雅斯贝斯的思想。他认为今天的哲学沉溺于知识的客观性中,变成了“严格的科学”和“科学性的哲学”,已经遗忘了自身,不再阐明人的生命的源泉,不再在沉思中捕捉自身的起源,丧失了伴随它而来的内在行动所具有的力量,思维的生命力变得干枯贫瘠。因此,需要回归人本身,回归生存的原点。

在雅斯贝斯的体系中,生存是进达大全的起点,也是全部哲学思考的起点。哲学不能从对存在本身的探讨开始,存在的问题也不能以理性的方法加以解决,而只能由哲学家在世界中所处的具体环境出发,哲学的任务就是阐明提出哲学问题的个体的生存。

人活在时间之流中,扎根于遥远的过去并指向莫测的未来,既没有一个明确的起源,也没有一个确定的目的。在万物的环抱中,人自然会陷入一种不可确定的漩涡之中。

虽然人们肉眼就能看到世间的缤纷万物,但我们所遭遇的世界的真实意义是什么,并非不证自明、不言而喻的。人从经验中能够得知,自己不是事物的开端,也不是结束。在迁流不居的生存境遇中,由于焦虑,或由于怀疑,人们容易去寻求一种确定性的答案,以获得关于自己和世界的某种客观规律性。

科学是这个时代的显学,它能够帮助人们获得这种确定性吗?经验科学的发现固然都立足于经过验证的事实之上,但一切严密的科学都是从确定的前提出发,而前提被认为是不证自明的。一切科学理论都是理性的建构,它们在新发现的事实基础上改变并修正自身。即使这些理论探讨的是最高的可能性,它们也不可能得到绝对的确定性,不可能穿透存在的最深处,不可能把握存在之整体。

实际上,科学有其不可突破的局限性,它所探讨的只是关于客观世界的表象知识,无法理解和把握存在之本身,也无法对价值和人生意义问题提供

---

① 转引自维尔纳·叔斯勒:《雅斯贝尔斯》,中国人民大学出版社 2008 年版,第 2 页。

答案。人是什么?这个问题,永远都没有放之四海而皆准的答案。有人认为人是唯一能使用语言的动物,有人认为人是能够理性思维的动物,有人认为人是唯一能够制造工具的动物,有人认为人是政治的动物,不一而足。无疑,这些定义中的每一个都切中了人某一方面的特征,但是其中都缺少了一种使人成为人的决定性的东西,一种意义的灵明之光。人并没有一成不变的实体性的本质,换言之,人的本质是在时刻变化之中,人类共同体的状况也在变动之中。如果说动物是出自本能,一代又一代地重复自身,那么人总是力求超越自我,每一个当下都是新的开始。只要人是人,那么人能成长为什么,就始终隐藏在他的自由意志之中,通过自由而获得显现。可以说,人是凭借自身的努力而不断超越自我的生物。

由此,雅斯贝斯认为,在探寻存在问题的出发点时,需要回归的不是人的具体特性,而是具体的自我。在这里,人们至少可以把握自己对之拥有直接经验的真正实在。世间万物的存在并不能意识到自身,而思维的主体却能明确意识到自我的存在。这一事实把我的独特存在从纷纭万物中区分出来。我对万物的认知剥夺了其自身的独立性,使之成为为我的现实,知识使其实在化。

这样,存在本身不可能被客观地认知,我对自身的客观知识也并不等于我自身。因此,哲学的出发点乃是我的个体存在,即在关于我的具体状况的直接经验中被给予我的那个实存。雅斯贝斯说:"哲学奠基于可能的生存和用于超越的方式。"①他认为,我必须面临自身的具体状况,彻底地阐明它。那么,这种个人性的、具体的存在究竟是什么呢?雅斯贝斯认为,它是我的自我隐而不现的根基,不能对象化,不能理性认知,不能在概念上加以规定;但是,它是我所有思想和行为的源泉。

人们不能没有哲学思维的启示。在理性认知中,在实践的探求中,人容易把自己弥散在世间事物的无穷无尽之中,但只有在哲学思维中,我们既获得了广阔的空间,同时也在无限中获得了不可撼动的立足点,收放自如。当然,这发生在生存的意识中,而不是客观知识中;它改变的是我的人之为人的状态,而不是我的知识结构、能力素质。有了这个原点,它能让我们更直观地评判万物,让我们的存在更加清醒,有了这个原点,在迁流不居的生活境遇中,我们本身变得更加确定,而不是对我们所知的事物感到确定。

---

① Karl Jaspers. *Philosophy*, *vol*. 1. Chicago: The University of Chicago Press, 1969, p. 45.

第三节　生存在大全空间中的充盈

生存是一种切己的自我存在，是自我的根基。在整个的大全空间中，生存都是作为意义的枢纽而存在的。生存的自我实现必须由此而展开，将意义的光芒照进大全的无限空间；作为一种可能性的虚灵存在，生存能够渗透、融通大全的每一种样式。由于技术统治和群众秩序，现代世界越来越表现出精神荒漠化的特征，而生存绵绵不绝的意蕴，则是这荒漠中的一缕甘泉。

一、生存是大全的意义枢纽

生存是可能性的，是个体内在的源泉，它有一种无限越出自身以实现自我的渴望。它对自身永不满足，永远能够感受到人的自身、知识和他的生活世界是不充分、不完满的。它渴望着绝对，唯有在绝对意识的映照下，人的经验存在才能转化为人的本真自我；它渴望着统一，“因为人不满足于大全的某一样式，也不满足于它们的连接，而是趋向于根本的统一，这种统一自身就是存在和永恒”①。生存的实现是对自身的充实，无限地趋向这种统一性。只有在这种统一性中，人的生命中的每时每刻才能凝聚在一个整体架构中，而不至于弥散失落。

生存的充实必须在大全的无限空间中展开。生存是个体自身的意义本源，“大全乃是可能的生存的根源，亦即条件”②。生存的使命从大全源出而又回归大全。在雅斯贝斯看来，要实现为一个真正的人，就要争取意识到大全是至大无外的空间，大全使人们随时清醒地感受到自身的无限可能性。尽管人们在生活中需要依靠一些经验和准则以进行日常的行动，但对大全进行思维，能够扩展人生的境界，触及人们的灵魂，使之察觉本源。“人之所以为人的本质，不仅在于他的可以确定的理想，而首先在于他的无穷无尽的任务，通过他对任务的完成，他就趋赴于他之所自出和他将返回的本原。……在我们的根源里，我们曾经参与或知道万物的本原，而在我们的世界这个狭窄范围里我们就忘记了。我们从事哲学思维活动，就在于唤醒我

① Karl Jaspers. *The Perennial Scope of Philosophy*. London: Routledge & K. Paul, 1950, p.19.

② 徐崇温主编:《存在主义哲学》，中国社会科学出版社1986年版，第277页。

们的回忆,从而让我们返回本原。"①

这根源作为自身的源泉就是大全的空间,雅斯贝斯这样表述人楔入大全的感受:"当我给我自己照亮了大全这个无所不包的空间时,我仿佛把围绕着我的黑暗的牢狱墙壁变换成了透明的:我瞭望到远方,一切存在着的东西都能呈现在我的当前。——然后,当我确切掌握了存在借以向我自显的那种真理时,我仿佛走到哪里就有光跟到哪里,我就自由自在。"②

在大全空间中,生存不同于任何其他大全样式,它是其他诸样式的灵魂,是意义之源。生存在大全中的实现就体现在它赋予各大全样式以意义感,所有大全样式都在生存的意识光照下中而生动起来,鲜活起来,脱落其异在的客观性,而镀上意义的光芒。所以,雅斯贝斯说:"生存作为一种大全,不是从它是包容了所有边际的更广大的边际而言的,而是说,它是根本的源泉,是自我的条件,没有这条件,存在的辽阔就变成没有意蕴的荒漠。生存尽管自身从来不显现为对象或形式,却承载了每一大全样式的意义。"③

当实存、一般意识和精神出现在世界上而成为科学研究的对象时,生存却不是任何科学的对象,而是唯一的枢纽,联结了它们,使之成为有意义的存在。"如果想要确定能够把现存在、意识一般和精神相互连结在一起并能使它们与实存清楚地区别开来的特征,那就是可代替性。在现存在、意识一般和精神中所发生的就是在一切个别化中的可以代替的事件,就是'一场有角色、有装束,却没有人表演的演戏'。实存是本身不能再被表现的东西,是唯一的东西,它承担这个角色,并进行表演。尽管有这些明显的区别,实存与意识一般以及与精神仍然是不可分割的。"④

二、生存对大全诸样式的融通

在实现自我的过程中,一开始,生存总是显得很微弱,因为它总是个体的,像一个空洞的点,没有深度和广度;但这一点是微弱的火光,它寄宿在实存的躯体中,也寄宿在一般意识中和精神中,是历史性存在深度的唯一可能的显现。在所有的大全样式中,自我只有作为生存才能真正确证自己,但同时,也只有在对其他大全样式的融通和渗透之中,生存才能获得其世间的现实性和根基性。

---

① 卡尔·雅斯贝斯:《生存哲学》,上海译文出版社 1994 年版,第 25—26 页。

② 卡尔·雅斯贝斯:《生存哲学》,上海译文出版社 1994 年版,第 61 页。

③ Karl Jaspers. *Reason and Existenz*. Milwaukee: Marquette University Press, 1997, pp. 60-61.

④ 施太格缪勒:《当代哲学主流(上卷)》,商务印书馆 1986 年版,第 248 页。

生存寓于个体的实存之中，又是对实存的突破，成为其内在生命。实存是有时间的，而生存在时间中又超出了时间；实存是环境中的存在，是有条件的，而生存则是自由的存在，是无条件的；实存是锁闭于自身之中的有限存在，而生存趋向于其他的生存，契接于永恒的超越。实存在根本上是经验的个体性，不同的实存必然有利益的冲突，只有在生存的意识的转换中，人才能从有限的经验个体中超越出来，使经验的必然性内化为生存的自由，使经验的个体内化为生存的基地和外现，使生存统率个体的经验性，使人能够在经验中通达超越和永恒，进入深沉的理解和和谐的交往。

较之于一般意识的明晰的有效性，生存作为存在于个体中隐而不现的基地，不具有任何普遍的有效性。一般意识的存在是不同个体之间思维上同质的存在，而生存则是独异的、个体性的，彼此之间有质的不同；一般意识在认识具体事物方面卓有成效，但对于人生或人类生活的总体把握则无能为力，而生存则向整个存在的空间呈开放的态势，能够在意义上把握整体；一般意识的另一极是世界中的事物，生存的另一极是超越；一般意识是平面性的思维，而生存则是人的整体性的生命体验，是人的全部存在的投入，是立体的。因此，生存能够含纳和渗透进一般意识，对一般意识加以浸润和范导。离开了生存，一般意识就会走向空洞的理智主义，疏离生命的境域。雅斯贝斯认为，在现代科技对人类生活全方位的支配下，人已日渐降格为空洞的功能性存在，丧失了源自生命深处的生存感，现时代人类的生活是干涸委顿的，迫切需要活生生的生存意识的滋润，以将人从硬性的、无生命气息的一般意识中解脱出来，回归本真。

生存不同于精神，但也需要融通精神。精神意欲成为群体的整体性，可能的生存是要成为本真的意愿；精神通过智力来理解整体，生存则通过自我的存在来实现自己；精神的整体是自成一体、趋向稳定的，而不同的生存之间既相依又相对，能够打破每一既定的平衡，但又达不到终极的统一。对于精神而言，整体的内容是可理解的，能够通过普遍性概念而得到理解和表达，而生存的源头则永远是不可测度、不可认知的幽暗之地，生存通过历史性决断而达到对自身的理解。“精神使每一事物消失于普遍和全体中。当个人作为精神时，可以说个人就不是他自己而是很多偶然个体的统一体。但是，存在性是不能化为另一个存在性的，它是绝对的确定，它是不可代替的。”①

① W.考夫曼：《存在主义》，商务印书馆1987年版，第200页。

精神需要生存意识的渗透。离开生存，精神就会成为封闭自足的整体，个体就会成为整体中的一分子，而沦为无个性的定格存在。只有在生存意义的包蕴中，生存的绝对个体性才能为精神的有条件的个体性奠基，生存才能以其无限的开放性突破精神的整体性存在。生存是经验的，但又在世间存在中蕴含着永恒，生存在渗透进精神时，它能够提升精神作为纯粹在世性的品质。

生存使世界成为为人的世界。“没有自我，世界无法存在；同样，没有世界，自我也无法存在。”①世界不是自在的，而是每一生存个体所在、所源起的世界。雅斯贝斯把世界和人的关系简约如下：“人，只要他不纯粹是世界的部分，而是自身能够变成自由的存在，那么他就是可能的生存。对于作为一般意识的人而言，世界是在认知中显现的世界；对于作为可能生存的人而言，因为有超越的参与，世界丧失其漠不关心。对于作为经验存在的人而言，世界是渴求、操心、享乐和需要的对象；而对于可能生存的人而言，世界是人同其他的生存在其中得以同超越者发生关系的场所，世界成为生存的时间场所。”②作为时间场所的大全，世界是一个晦而不明的幽暗存在。尽管世界是一切实在的根源，但这一根源仅仅作为客观性的世界而被把握，即仅仅作为时空和因果关系等范畴被把握时，它还不是存在自身，而是有待突破的存在。当人们把世界绝对化时，它就成为封闭的空间，成为空洞的认知可能性，只有生存才是世界得以突破的切入点。“自主的存在并不在世界自身中去察看世界，永恒的存在与世间的显现共存于世界之中。”③

超越在世界上的一切对象中存在，环抱着世界内的一切，但超越自身却不是对象，而是隐而不现的。“超越看上去是敞开的，但一旦进入我们的视野时，它又再次融化不见了。如果我们意图去把握，我就什么也不能抓住；如果我们尽力抵近这一存在的源泉，我就会掉进莫测的深渊。我永远不能实体性地知道它是什么，但这一深渊，对于知性是完全的空虚，却能够为生存所充盈。”④“有别于一般意识，生存是超越得以显示自身的幽暗基地。”⑤因此，如同生存，超越存在也不适用于通常的抽象思维，它对于知性永远是遮蔽的，无法直观，无法经验，无法证明，无法推论。超越只向生存开启它的

① Karl Jaspers. *Philosophy*, *vol*. 1. Chicago: The University of Chicago Press, 1969, p. 12.

② Karl Jaspers. *Philosophy*, *vol*. 1. Chicago: The University of Chicago Press, 1969, p. 82.

③ 卡尔·雅斯贝尔斯:《智慧之路》，中国国际广播出版社 1988 年版，第 56 页。

④ Karl Jaspers. *Philosophy*, *vol*. 3. Chicago: The University of Chicago Press, 1971, p. 4.

⑤ Paul Arthur Schilpp (ed.). *The Philosophy of Karl Jaspers*. New York: Tudor Pub. Co., 1957, p. 99.

无边空间，超越在世界万物中显现为密码的存在，通过对这种密码的解读，生存能洞见超越的存在和意蕴。通过生存的通道，超越赋予世间万事万物以本源的意义；离开生存，超越就是彻底的虚无，或者可能被误读为不可知的、与人无关的异在之物，或者被构想为迷信的产物、心理学科的对象。只有在生存的视野中，超越才能降临人间，真正在场，作为自身永不消逝的实体而真实存在。

生存对上述各种大全样式的融通都是通过对自身的领悟而产生的。当生存领悟自身时，不像人们之间通常的理解，不是对他物的分享，也不是一种可以从理解力中获取内容的理解。它是自我澄明的源头，是理解和被理解物的瞬间融合；它不是通过普遍性而形成的理解，而是在当下的行为中、在绝对意识中达到超越任何普遍概括的理解。生存对独特自我的理解，是因为在超越面前，生存能理解自己。生存在大全中的充盈是生存之爱的溢发。生存之爱不同于对别人的爱，对别人的爱往往是在经验过程中通过移情作用而发生，它能理解但不能真正理解；而生存之爱的产生是因为生存是爱本身。这种生存之爱第三章将作详细阐述。

将生存与其他各大全样式相比较时，同样的结果发生了：没有生存，它们都显得空虚、干枯、虚假、没有基地，任何事情都成为面具性存在，仅仅是经验存在或可能性而已。在其中，人们就会迷失于无意义的经验存在中，迷失在对事物知性认识的普遍性的虚空中，迷失在空漠无垠的超越空间中。生存是诸样式的意义之源，只有生存在场时，大全的空间才会涌进不绝的源头活水，大全的诸样式才会为生存的意义所融通，大全的空间才不再是空疏的，而是充盈的，这就是生存实现的意义之所在。

三、大全中的现实

在雅斯贝斯看来，无限的大全空间离不开生存意义绵绵不绝地充盈；而生存的使命，也是将意义之光映照在大全的每个角落，这是雅斯贝斯思想最简约的轮廓。因为生存意义的融通和聚集，大全空间脱落其无限的广漠，而呈现为真实的现实性。哲学思维的最终问题，还是追求现实的问题。

“一个人还没有说出那最本质的东西，还没有发现那显示其自身的东西，他的内心是不安的。”雅斯贝斯认为，古往今来，哲学都是对一以贯之的统一性的追求。哲学应该致力于研究那些知识的形式，在其中，领悟本质性东西能够成为每个人的思维方式。“在这种情况下，单纯、真实和深沉的世界和超验的意识、自身存在的自由性、普遍的意识都将作为公众的精神，得到实现。”[①]较之逻辑上的明晰性，这里更多地显现为存在的明晰性。

在西方的历史上，存在与思想相统一的意识传统曾一度建立起来。这种不言自明的统一是人类安身立命的生存背景，每个人对自身的提升都需要重新接触伟大的古典传统。但时至今日，在高度专业化、技术化的作用下，这种意识已经日渐衰退，流为浅薄浮泛的、不相关联的知识层面的“综合”，但显然，精神的统一性并非意指一种对所有学科百科全书式的摘要，而是指一种渗透其中的统一性意识。

日常生活中，现实好像不言自明地存在着，我们每天都按照现实的法则行事，每天都和种种客观事物打交道。可感可知的存在就是现实的存在，这是最流俗的认知；并且，随着认识的深入，客观世界越来越表现为互不相连的存在样式，在无机物与有机物之间，在物质与生命之间，在生命与意识之间，都横亘着不可跨越的鸿沟。但雅斯贝斯认为，任何现象世界的可感之物都不是现实自身，任何分崩离析的东西都不能视为现实自身。我们每个人都有理性，而理性有追求统一的功能，这使我们有追求统一的冲动，不把支离破碎的散乱之物视为现实。而是把统一性所含纳的现实当作真正的现实。凡是没有统一起来的东西都应被看作混乱的、非现实的。

雅斯贝斯认为，在分工的社会，一个人应该尽职于自己的专业，在专业中证明自己，这是现实之需要。同时，滴水见大海，有限的专业能够成为整体的一个反映，通过窥斑见豹的转化，能够让人得以安居于这种大全的整体意识中。这一路径，反映着人们对普遍性的不懈追求，合乎人性的深层需要。道通为一，人类存在的一个基本要求就是，每个个人相互了解地参加到生活的整体中来，抵达那共通的背景。如果只是偏安一隅，成为专才，他就不明白他的所作所为、他的专业所依赖的根基是什么，不明白这种根基的重要支撑作用。哲学追求普遍，反对现实精神的涣散，但要实现这一点，不能在现象领域中展开，而必须回归生存境域，以生存的确定性融通万事万物，产生统一性整体，这种统一产生了真正的现实。因此，一切现实的东西，其对我们所以为现实，纯然因为我是我自身。如果在我自身之内没有现实，在我之外也就不可能有现实。我们自己的现实，取决于我们将什么作为现实来认知，并且如何认知现实。

---

① 卡尔·雅斯贝斯：《雅斯贝斯哲学自传》，上海译文出版社 1989 年版，第 113 页。

雅斯贝斯说："真正的现实是不能被思维为可能的那种存在。"①因为凡是思维所能达到的，总只是现实的一种可能性，不是现实的完整表现。虽然不能通过认知的方式来把握现实，但却可以通过一种"刹那永恒"的方式捕捉到。在"刹那永恒"中，人的思想穿透了无数外在的可能性，抵达静止。"这种静止，不再是在无可能性的现实面前感觉到的那种令人麻痹的沉闷，而是由永恒的现实引起的震惊，永恒的现实在有限时间现象的无限性里显现出来，使人在这种震惊中得到深刻的满足。"②在这满足中，万物得以成为万物，我们得以成为我们。

通过"刹那永恒"，个人突破了假象，形成了一种全新的经验，借此超越了自己的专业，进入了大全的整体。这种意识的跳跃，不是走上全知全能的道路，而是尽一切可能在心智上努力，参与对一切现实的理解。在这过程中，生存的意蕴融进大全空间，将散乱的事物聚合在一起，产生了一种不断增长的和谐意识，一种来自生存深处的满足。当他确切地掌握了生存的真理时，走到哪里就有光跟到哪里，他就是自由自在的存在。由此，生存的现实就不是固定不变的，而是有时间性的、变化的，在我们面前显现为历史性。我们每个人既是沧海之一粟，又能俯仰天地，囊括宇宙。我们既是完成的，又没有最终地完成。现实是属于人的，而人只有是历史的，才是现实的。

被生存所浸润的大全空间中，万事万物都不再是圆满自足、自身封闭的经验现实，不再是偶然异在的客观存在，不再只是知识上的知性联系。在生存的统一性中，各种特殊的东西都从属于整体，都能相互符合，彼此确证。它们虽然千差万别，但差别的明晰性都指向一个共同的目标：在那里，差别被超越并失去其绝对性；在那里，它们都具有一个共同的身份——密码，即超越存在在世间的形象。超越存在是统一性的终极依据，世界的统一性是根据超越存在的统一性而被理解的，我们又是通过生存实现的统一性来体会上帝的。

在整体中，世间万物各安其位，各司其职，这是哲学思维所带来的平静。哲学固然不产生现实，也不给缺乏的人提供现实。然而从事哲学的人，凭着自己的本质锲而不舍地思维，借助于纷繁万物之枢纽的统一性，为的是要见到现实并且自己成为现实。一知半解的哲学使人分心外骛，疏离现实；完整的哲学则让人思虑集中，分有现实。

---

① 卡尔·雅斯贝斯：《生存哲学》，上海译文出版社 1994 年版，第 65 页。

② 卡尔·雅斯贝斯：《生存哲学》，上海译文出版社 1994 年版，第 68 页。

第二章　生存实现的自身基础

——自由和历史性

在雅斯贝斯看来，生存的实现是生存的意义在大全空间中的充盈，这一过程是生存在自由的决断中，在自身的历史性境况中逐渐展开的，自由与历史性是生存实现的自身基础。

就自由是生存必不可少的基础而言，自由是生存哲学的焦点。雅斯贝斯生存哲学的核心是自由哲学。生存与自由是同一的，是一物之两面。自由是生存实现的可能性，这体现在两个方面：自由的决断是生存实现自身的途径；自由的决断形成了个体内在的确定性，这种确定性是进一步走向决断、实现生存的基础。这两者都是生存在实现过程中涌动的冲力，使生存能够突破任何定态的存在，向着大全的空间无限敞开。同时，生存不仅是个体性的，而且是与他者共在的，因而自由也体现为政治共同体中的自由。

历史性是生存的本质特性，它让人在时间之流中回归本源，使在瞬间蕴涵永恒，使当下的生存实现具有本真的意义，使虚灵的生存获得为本源所充盈的现实性。历史性的这一作用体现在它是实存和生存、短暂和永恒的统一，是经验界和超越界的贯通。另外，作为时代的历史性也是生存实现的大背景。

生存的实现在自由的可能性和历史性的现实性的张力中互动推进。当然，生存的实现最终离不开理性、交往和超越因素的共同作用，但只有在自由和历史性的原初基础和内在机制中，生存才能真正与这些因素发生作用。在这个意义上，我们说生存实现的自身条件是自由和历史性。

第一节　生存的自由

雅斯贝斯认为，对生存的意识就是对个人自由选择的意识。自由在选择活动中，才第一次认识到自身乃是自己真正的自我。因此，自由乃是阐明生存过程的一条主线，贯穿始终。一个人，只有在切实体验到自身的自由时，才完全是其自己；在自由活动时，才能触及绝对存在的确定性。除此之外，任何抽象的理智活动或情感、本能冲动都不可能给人们一种类似的自由的体验。

自由是一个绝对的开端，是真正的人格真实性的源泉和根据。在自由的活动中，生存绵绵不绝地创造着自身，以人格的生命之血浇灌存在的荒漠。因此，不是在"我思"中，而是在我的自由选择中，保证了生存的生命，从而在雅斯贝斯的思想中，"我思故我在"转换成为"我选择故我在"。

在雅斯贝斯看来，自由是生存实现自身的先行条件。究极而言，自由不是人的某种经验属性，而是最本己的可能性，甚至就是生存个体本身。生存个体在具体的历史境况中，通过自由的决断逐步形成并展开自我。在这一过程中，他通过汲取超越和权威的资源，逐步奠定自我的内在确定性。在自我确定性的作用下，生存能够接受并含纳周围世界的种种必然性，并融入一己之身。如此，生存就不会止步于任何模式化的人生图景，而能够在广阔的存在空间中无限敞开自身，实现自身。

一、生存与自由的同一

"在雅斯贝斯那里，生存和自由是可以互换的概念。"①"自我的存在不是在自由之外。"②生存就是自由的存在，生存的基础在自由之中，自由是阐明生存的一个真正的标识。

"人的自由存在被称为人的生存。"③作为生存的基础，自由不是经验性的自由，而是真正的人的自由——生存的自由；把自由界定为人的本质性规定是出自人的生存结构。人在时空中是有限的存在，但他有超越有限趋向无限的能力；人是自然性的，但同时又禀有神性；人既是自然的一份子，又是自然性的扬弃；人是社会性的群体动物，又要超越社会群体。这种多方面的不确定性，恰恰构成了自由的源泉。人们从自由出发，在自由的行动中选择自己的生存，再在生存的确定性基础上形成自由的选择，在生存中确证自身的自由。离开自由，生存就缺乏充实自身、实现自我的不绝动力和可能性；正是自由保证了生存不止步于任何模式化的人生图景，突破和消解了自我的固定性和完成状态，从而能够步步深入，层层拓展，让生存得以楔入无边的大全境域。

"只有在我自身自由的可能性的基础之上，我才能提出有关自由是什么

① Paul Arthur Schilpp (ed.). *The Philosophy of Karl Jaspers*. New York: Tudor Pub. Co., 1957, p. 87.

② Karl Jaspers. *Philosophy*, *vol*. 2. Chicago: The University of Chicago Press, 1970, p. 21.

③ Karl Jaspers. *Way to Wisdom*: *An Introduction to Philosophy*. New Haven: Yale University Press, 2003, p. 43.

的问题。"[①]自由的存在起源于人自身；只有在根本上归属于自我时，自由才是可能的。在经验界，任何问题都有问和答的相互对应模式，但对于自由，问者和答者同属一体，都是作为可能性的自我。这种可能性不是人的某一特性，而就是人本身的可能性。在可能性上人已经是自由的，没有自由的可能性，人就不能提出自由的问题。通常，说人可以是自由的也就等于说人可以是不自由的，但实际上，为了自我的存在和生长，人不能容忍其自身成为不自由的可能性，否则这就意味着本真自我的丧失。这不是从事实中抽取的结论，而是人的自我存在与自身可能性根本关系的表达。

与雅斯贝斯的生存概念一样，自由不是普遍性的概念，也不是客观研究的对象性概念；自由不可证明，不可证伪；自由无始无终，既是起源又是终极。因此，自由问题不是一个认知的问题，知识只是自由实现的条件，自由本身绝不能从这样的外在条件中生发出来。

就像雅斯贝斯认为哲学应该是行动而不是理论知识一样，自由也是被人的行动而不是知识所证验。"自由的证明不依靠知识，而依靠行动，又不依靠某种一次性的行动，而依靠天长地久的行动。"[②]人们对自由存在的关注包含着意欲实现它的行动，而不是意识——仅在意识中的自由所达到的是一般意识的层面。生存的自由展现为具体的行动，是作为整体性生命的活动，具有无限的开放性。唯有如此，生存才能真正得以实现。一旦故步自封，行动就会困顿于实存、一般意识和精神的封闭领域。

"在雅斯贝斯的概念中，自由的行动乃是处在两方面的张力之中，一方面是这些行动的决断由它而获得的绝对性的那个超验界，另一方面则是这些行动在其中被历史发展了的那些具体情况。在这两方面之间，不可能架起任何概念上和技术上的桥梁。"[③]自由既不在经验界中，也不在超越界中。经验界中的存在是现存的，是客观的有效性和必然性，对其对象性认识产生规律，但规律不等于自由；而超越是绝对的实在，其中已经没有了选择，也不复有自由的可能。相形之下，只有世间的生存个体才具有自由的本性。生存介于经验界和超越界之间，一方面处在实存的具体境况中，面临着无数不定的选择，没有放之四海而皆准的人生指南；另一方面，终极的超越又隐而不现，不能提供当下直接而明确的答案。此时，"自由是超越作用于生存的

① Paul Arthur Schilpp (ed.). *The Philosophy of Karl Jaspers*. New York: Tudor Pub. Co., 1957, p.100.

② 中国科学院哲学研究所西方哲学史组编：《存在主义哲学》，商务印书馆 1963 年版，第 215 页。

③ 夏基松、段小光：《存在主义哲学评述》，江苏人民出版社 1987 年版，第 215 页。

杠杆，但只有在生存是他的独立自我时”[1]。在经验界和超越界之间有着无限的空间，这为生存自由的施展提供了广阔的舞台。

生存的自由是从自我的存在之中涌出的，一切偏离了这一源泉的自由都不是真正的自由。在日常生活中，生存的自由往往受到不同的误读。

生存的自由是大象无形的，任何试图对自由问题作客观理性的分析解决都是不能成功的，因为这种分析不能认识生存意义上的自由本性。既然生存的自由选择是无条件的，那么，生存的选择就超越任何客观活动的制约；当然，自由活动也不是一种无意识的盲目行动：人们清楚地意识到他的活动，知道他在做什么，为什么这样做。如果没有这种知识就没有自由；但是，如果仅在已知的可能性中来作选择，就不是真正的自由，而是缺乏内容或灵魂的单纯能力。

生存的自由选择活动不可能没有规则。但是，这规则不是外在的，而是内在的；不是普遍的，而是个人性的。因此，生存的自由选择了行动，也就选择了个体性的生活。正是由于抛弃了任何理性的、客观的知识，才使自由活动成为可能。显然，在这个意义上，雅斯贝斯的自由观是反理智论的。

自由常常被认为是知识，是对必然性规律的认知。将知识视为自由的思想，是近代理性主义的认识结论。例如，斯宾诺莎就把自由当作对必然的认识，由于必然性是无法抗拒的，所以通过知识掌握必然规律，借以顺应自然，就会减少风险和失败，就相对接近了自由。在雅斯贝斯看来，知识属于经验世界，它在根本上没有自由可言。人不是客观事件过程中的一环，人与客观事件是异质的存在，对客观必然性的认知并不能推导出人的自由，如果将自由等同于必然，也就取消了真正的自由。“当我重新坠入关于一个普遍的、必然的和可认知的整个存在(世界、人的实存、精神)的虚假思想时，我舍弃了我的自由，这种自由就化为乌有了。”[2]知识之所以不能等同于自由，还在于知识是客观的，缺乏行动的自主性意愿，而自由的行动是由意志所促发的。因此，自由的问题不是去认知，而是去意愿。但另一方面，离开知识也往往不可能有自由的存在，知识是自由的载体之一，自由的力量也体现在对知识的把握上。

自由也不等同于意志。在雅斯贝斯看来，意志是自由在实在中的体现，它虽然以自由为基础，但并不与自由同一。生存性自由和实体性意志不是

---

① Karl Jaspers. *Philosophy*, *vol*. 2. Chicago: The University of Chicago Press, 1970, p. 155.

② 卡尔·雅斯贝斯:《生存哲学》，上海译文出版社 1994 年版，第 24 页。

同一个层面上的概念。意志不仅指向外在的对象，使对象服从于自身的需要，而且内向地指向自身，以在自身中贯彻某种意志作为目的。这样，意志就往往有为表达意志而表达意志的任意性，这种意志本身就没有自足的根基，缺乏实体性，容易沦为一种盲目的力量。意志需要生存来充实自身，使意志服务于生存自身的充实，唯有这样，意志才能融进自由的领域，而不至于迷航。但是，离开了任意性的行为，也就没有了自由的外衣。

自由也不是对法则的遵守。对法则的遵守并不必然带来自由，假定人不是任意地行动，而是坚定地遵从约束性的法则——这法则或者是自然的规律，或者是道德的规范，或者是社会性的秩序如法律。在对这些法则的承认和遵守中，人们意识到了必然性的要求，遵循这种必然性而行动，人就在一定程度上摆脱了盲目的力量，从而切身感受到了没有障碍的自由。但显然，在这过程之中，人就将自身等同于基于这种规则的自我证明的普遍有效性。在雅斯贝斯看来，这种对规则的遵守是外在的，不像对真正权威的认同，不能激发起人的内在的生存意识，不能产生出生存性的自由。我要么臣服于一个异在的权威，要么放逐自己——这显然也不是自由。生存的自由固然有时也需要遵守人间的规则，但这不是必然的，不具有普遍性。“大行不顾细谨”，在自由的冲决下，有时也可以逸出一些规则，而顺应更深的大道。但一般情况下，生存的自由是内在的、自主的，是自由和必然性的统一。

所以，生存的自由不是客观知识，不是意志行为，不是有效规则，而是在运用上述条件和境况时，在生存意识的作用下对自身的回归和实现。离开生存的枢纽和发动作用，自由就会沦为固定的知识、外在的任意性和强制性规则下的行动，而不能达到与生存自身的同一。在雅斯贝斯看来，生存在实质上以自由为标志，仿佛二者是一物之两面，但他其实并不认为这二者是完全吻合的，因为生存包含着自由的现实性，也就是说，除了自由，生存还要由其他因素来决定。

二、作为决断的自由

自由作为生存的存在，体现于生存在世间生活中的决断。

雅斯贝斯的生存论视域不是封闭的，而是生成和敞开的。对于他而言，“普遍的东西、永恒的东西、合法则的东西、持久的东西并不是本然的存在者，重要的是历史中只出现一次的东西，由境遇所制约的东西，是根据非理性的、自由的决定突然出现的东西”。[①] 人在时间之流中，永远不是某种先天被决定的东西，而是每时每刻都处在存在和非存在的选择之中。人必须去决定自己的命运：或者是通过证实自己的存在而保持与自我的同一，保持自身深刻的历史性；或者是疏离自己，陷落于虚无之中，根除自己的历史性。

不同于实存的持存性，生存的内容是“只出现一次的东西”形成的，这需要通过生存的决断而获取。决断是自由的显现，没有具体境况中的决断，就不可能有自由的存在，也就没有生存的实现可言。

决断源于人的有限性。人永远都不是一个确定性的全体，而是一个在特定境况中开放的、不定型的自我。人的行为固然一方面受到经验实在的规则的制约和引导，但另一方面，人从根本上说又是在生存的无限反思中展开的结果。所以，人不是普遍有效性思想的一个环节，各种事件能够得以从中必然性地推演出来；相反，人们通常的生活经验是，每个人的知识总是有限的，而可能的自我存在又不是已完成的存在。在当下具体的生活境况中，人们不能总是等待完备的知识给予确定的答案后才行动。在缺乏确定性知识指导的条件下，人必须进行断然的选择和决定；而且，在这种决断中，也没有源自生存自身的绝对确定性的指导。生存本身是有待完成的可能性，绝对的确定性只存在于超越之中。“如果我把握了超越的存在或永恒中的所有事物，那么自由就没有必要存在了。时间就会是充盈的时间，人就会是永恒的澄明，就不再有什么需要决断了。”[②]只是，人是世间的存在，只能知道在世界中显现的有限实存，而不能知道他的永恒存在。所以 W. 考夫曼说：“自由的概念是雅斯贝斯思想的中心，他问道：我们缘何是自由的，存在为什么实质上是自由的？因为超越对我们是隐蔽的。雅斯贝斯说，如果超越直接向我们显示的话，我们就不会自由，超越就会支配我们。隐蔽或遮掩它自身，除了间接地显示以外，克制着不显示它自身，以便考验着我们的自由，因此存在的领域也是自由的领域，也是可能性、设计和选择的领域。”[③]

雅斯贝斯认为，生存决断的背景是临界境况。我们每个人都生活于不同的境况中，在日常生活中，人们可以通过自己的行为去改变某些境况，但有些境况却是永远不可改变的。雅斯贝斯把人们所面对的这种无可逃避的境况称为“临界境况”(Grenzsituation)，如死亡、痛苦、斗争、罪责等。应对

---

① 施太格缪勒：《当代哲学主流(上卷)》，商务印书馆 1986 年版，第 230 页。

② Karl Jaspers. *Philosophy*, *vol.* 2. Chicago: The University of Chicago Press, 1970, p. 167.

③ Paul Arthur Schilpp (ed.). *The Philosophy of Karl Jaspers*. New York: Tudor Pub. Co., 1957, p. 502.

这类境况，无法仅仅凭借那种解决日常生活问题的经验和知识，而需要实现存在意识和生活方式的根本转变。“我们应对临界境况有意义的方式因此不是通过计划和计算加以克服，而是通过截然不同的现实，即通过我们的可能的生存来加以克服；我们睁着双眼进入边缘境况，从而成为我们自身……去体验边缘境况与生存是一回事。”①

临界境况是人类存在的最基本境况，对临界境况的意识则是哲学最深邃的根源。人固然不能摆脱偶然性，像一切现存之物一样是历史性的。人必然走向死亡，必然遭受人间种种痛苦，必须斗争，不可避免地卷入罪责之中；但关键的是，人应该怎样面对这种边缘境况，与之保持何种关系。人可以通过非本己的生存把临界境况暂时地遮蔽、掩盖起来，但也可以在壁立万仞中体验临界境况，置之死地而后生，突破经验界限而楔入生存之境。

决断使生存实现自身。在面临知识指导的不完备和超越指导的隐而不现的情况下，任何决断都因而具有不确定性，面临着风险。从现象上看来，这是消极的、不自由的，但实际上，正是在这种越出经验法则又不能直接聆听超越语言的抉择中，人们开始触及自由之源。因为在此时，作出决断的已经不是本能的我，不是智力的我，不是精神的我，而是作为生存的我，真实的自我。从这一角度视之，所有其他类型的自由因素都是边缘的，都好像是最深的生存自由得以显现的前提，而生存的自由则超越了其他各种自由的客观性和普遍性，提供了根本意义上的支撑，赋予它们以生存的灵魂。

这样，各种经验的自由，就其自身而言，各有其局限性，是不圆满、不自足的，因而看上去是人们抵达存在的消极因素，但通过承认和接纳它们，将其可能性推向极致后，就会产生生存的决断，完成存在意识的转化，开启一个更加本源的存在。正是在这种决断中，人们对于自己而言才是历史性的、唯一性的，生存才能将自身实现出来。

在决断中，在生存的自由中，人们把握自己，坦诚地对自己负责。从外在看来，这只是在事实层面为自己的行动负责，但实际上，“决断这个词意味着：在人的自由的决定中，他不仅意识到自己是在世界中行动，而且是在历史的连续性中创造出自己的存在”②。在决断所产生的自由中，他所决定的不仅仅是周遭事物，还是他自身；在这自由中，他不再将自我和选择分离，而是自我本身就是这自由的选择。选择自身还是系之于各种客观性，但自由

① Karl Jaspers. *Philosophy*, *vol*. 2. Chicago: The University of Chicago Press, 1970, p. 179.

② Karl Jaspers. *Philosophy*, *vol*. 2. Chicago: The University of Chicago Press, 1970, p. 160.

是自己的选择，因此，在选择中要么成为自己，要么丧失自己。自由不是人的有用的工具，在根本上就是人自身。自由的决断和生存的自我存在在根本上是同一的，决断的缺乏就是生存的自我存在的缺乏，也是自我根基的缺失。

因此，在雅斯贝斯的哲学中，生存的决断不是源于利益动机的斗争，不是工具理性的算计，不是对客观律令的遵从，因此也不能产生正确或错误的结果。在他看来，决断的内核是生存的自主选择；在自主的决断中，人们能够给自己的生命创造自足的连续性，且连缀了实存之物的分散性。这样，人们所生活的经验条件就不再是局限性的，在其中各种其他的决定及条件都不再是外在的、偶然性的，而已内化为本质性自我，内化为本原的必然性，成为孕育性的因素。在决断中，人们决心要成为自己；在决断中，人们触及自己的根基，因为只有此时人能够自主地意愿。当然，生存的决断需要通过他的具体选择来显现。

生存决断因为其自主性而具有内在的无条件性。生存的决断与日常的选择完全不同，日常的选择总是考虑可能领域中的各种客观因素，在主观的反思中思虑权衡。生存的决断当然离不开这些因素，不考虑各种可能性，不作反思，行动就必然是盲目的。但仅在反复权衡的基础之上作出的选择就只是或然性，而在凭借或然性就决定的行为中，决断的自由就彻底消失了。因此，决断的自由不是量上的循序渐进，而是跳跃性地降临的，不计任何事功的后果。即便它的结果不成功，但在失败中展示了生存的真实，这就已经是决断中真理的终极标准。在这个意义上，生存的决断是无条件的。

自由决断的这种无条件性决定了它在现象上的直接性。从现象上看，人们在作出决断时，其行为往往是直接的、任意的和偶然的，缺少思虑和权衡，显得与通常的随意性选择无异。但生存决断的随意性只是表象的，它实际上源于无理由根据的必然性，因为它是自我的单纯性和确定性的表现。就像中国古代的许多名士，虽在生活中不拘一格，放达不羁，但这种随意不是散乱无度，而是大行不顾细谨，在他们内心深处，往往谨守着严格的准则和规范，有着强大的人格力量，这往往使他们能够时穷节乃见。

决断在源起上是交往性的。在雅斯贝斯看来，自由的决断不是个体生存的单一行为，而根本上是在与别人的关联中实现的。这和他对交往问题的关注是一以贯之的。生存在事实性上是和别的生存共在的，在生存的意义上，人们在选择自身时也必然在选择别人。不过这种对别人的选择不是将其视为现存物可以任意地选择、外在地关联。真实的选择不是一个挑选的过程，而是在人和别人源始的、无条件的交往过程中所作的决断，在其中，双方都得以成为自身。人不是在东张西望、四处搜寻中发现自身，而是在无条件的、历史性交往的决断中实现自己。

三、作为自我内在确定性的自由

雅斯贝斯认为，自由的决断不是任性的选择。“在作为历史性根源的决断中，生存的自由是自我的确定性”①，决断产生了生存自我的确定性。自由和确定性，二者在现象上看起来是背离、矛盾的，但在生存的境域中却是相互融通为一的。自由创造了确定性，确定性又为自由奠定基础；离开一方，另一方也就随之消失。所以生存的自由和自我的内在确定性在根本上是相互确证的。确定性是自由决断的基础，也是生存实现的前提。生存个体在自我确定性的作用下，其自由才能够把握、含纳并融通各种外在的必然性，为生存在世间的实现创造真实的可能。

从人的实存层面看来，自由表现为任意、偶然的现象；但从生存的层面来看，自由已经不复表现为任意性或偶然性，而就是自身的内在确定性。只有从这种确定性的源泉出发，个体才能面对并接受纷繁万变的现象世界，生存才能在世间生活真正得以实现。这种确定性为生存的自由行动所奠定，自由的行为又进一步突破每一种定态的确定性，使生存能够在更广阔的大全空间中实现自身。

在行动中，由于知识和经验有限，生存个体必须运用自主的意愿，“因为我不知道，我必须意愿，不能为知识所把握的存在只能向决断的意愿开启”②。人在意愿行为中才能创造自身的存在。这种创造不是一蹴而就的，而是在漫长的生命历程中持续生发的。在这一过程中，每一自由的决断都是确定的、独特的和不可改变的。通过自由的决断，通过对行动结果的接受，人们逐渐塑造了自身的存在。这样，生活中的每种选择都内化为形成自身的基础，这一基础是个体的历史性基地，是生存的确定性和必然性，它为生存后来的每一次再创造奠定了坚实的根基。

生存自身的确定性是通过自由的行动塑形的，但它又像其他任何事物一样，对生存的个体也有着限制。只是，它不再是外在的束缚，而是人的自主的、自律的行为，是人对自身的自觉限制。这样，真正约束自我的不再是

---

① Karl Jaspers. *Philosophy*, *vol*. 2. Chicago: The University of Chicago Press, 1970, p. 162.

② Karl Jaspers. *Philosophy*, *vol*. 2. Chicago: The University of Chicago Press, 1970, p. 167.

他的行动所产生的经验存在，而是他在决断的当下所创造的内在的人生步骤，他在对自己意愿的道路上成为自身。生存在时间之流中永远保持为可能性，但生存的可能性一直不断地被自身的确定性所塑造。生存的确定性不是固定不变的，而是时刻保持为自由的开放性，保持为生命历程的阶段性。没有这种确定性为基础，自由的决断、生存的实现就完全没有可能。

自由通过自我的确定性来把握外部的实在。人首先是自然存在，作为自然本性而发生着的是被必然性、被根据所决定的，不再是偶然随意的。自然环境和人的自然本性都是客观必然性的存在，当它们支配人们时，人们就会臣服于自己的本能、情感和天性。他的选择标准就不再是自由，而是给定的领域，在这领域中自己也成为给定之物。但自然的实在本身是无价值的，不善不恶。人不能在自然的实在性中确证自己的存在，确证自己决断的独立性；生存的评判尺度不能建立在自然的实在性之上。

除了自然的必然性，还有道德的准则也是自由所要把握的。道德准则以规则、命令或禁令的形式表达出来，如果人们仅仅承认道德准则的自明性，这些准则诚然是有效的，但它和人的关系是外在的，是对人的合法性的约束，而不能成为自我生成、自我实现的积极因素，不能成为内在的生长性因素。

因此，在生存的自由中，个体处在自然规则和道德准则两种必然性之间，前者是实际存在的不可消除的阻力，后者是严格规范的准则。倘若人仅仅是经验的存在，它就有被二者挤压的危险。但在世间生活中，人们不能逃避自然法则，也不能罔顾道德准则，否则自由就会迷失在无所寄托的虚妄之中。在雅斯贝斯看来，只有在生存的意识中，才能转换这种必然性的外在性和客观性，以意义充盈其间，将其视为生存实现的透明外衣。

雅斯贝斯认为："生存并不寻求普遍的有效性，他是无条件的存在，而不是可传递的存在。"①生存能够真实地把握的是非自然的、超越性的存在，但这离不开上述必然性的制约。完全立足于自身的自由是个幻象，也是脆弱不堪的。自由只有在有其对立面，在自身能够海纳百川时，才能得到坚定地持守。生存需要接受自然和道德上的必然性，这是它实现自身必备的世间条件。"生存自由赋予因果必然性以意义和价值创造的可能性。"②但人们往往不能通透地理解的是：在人们投身于经验界的自我实现时，能够产生意

① Karl Jaspers. *Philosophy*, *vol*. 2. Chicago: The University of Chicago Press, 1970, p. 18.

② Ebastian Samay. *Reason Revisited*. Notre Dame: University of Notre Dame Press, 1971, p. 148.

义的创造性以及人们的自主性空间是如何产生的?生存对外在必然性的把握是通过自由的气息来接纳浸润的,是通过内在的自我确定性来熔铸整合的。在这一进程中,外在的必然性就作为一种客观的素材而进入生存自我的领域中,通过自由的把握而脱落其纯粹的客观性,作为丰厚的内容沉淀为自我的确定性。如果离开了这些外在的必然性,生存的内在确定性也就没有了世间实现的机缘和原料。

生存实现的过程中,自我的确定性在熔铸外在必然性的进程中,会更深地形成自身的确定性,这种内在确定性又有着更强大的整合力量以吸纳外在必然性。如此逐步深化,使自我的确定性更加坚定,使自由的抉择更加独立,以至让人强烈地感受到,只能如此立足,而不能有任何的偏离。在这种感受中有着不断增强的绝对性意味(这是源自超越界的绝对性,将在第五章详述)。正是这种对绝对性的感受,使人们能够在自由中作出最本源的决断,这种决断不能察知、不能推演;不是知性的,也不是理性的。

当一个人品尝到了源始的自由,并将其作为自我的根基时,对于他来说,就不再有什么外在事物是自在而真实的。“在自由中,在自我存在的确定性中,他所面对的任何事物都不是简单的、偶然性的、外在的存在,他愿意将这全部都转化为自己的抉择、自己的责任。他对给定事物的态度是一种对它们的责任的担当。”①只有在这种担当中,他才会实现自己的生存,因为生存本身就是在经验存在中、在世界中实现的;否则,当他的内在确定性和他在历史性中遭遇的经验存在不能交融同一时,生存的实现就不能真正完成。

在雅斯贝斯看来,这种源于自身的自由是“内在自由”,出自人的自律能力。亲历了极权政治的迫害,雅斯贝斯从不轻视社会政治层面的“外在自由”,但在他看来,只有通过内在自由,外在自由才能在人的自我成全上获得其真实意义,因此他更多强调人的内在自由。而且,他敏锐地洞见,在20世纪,现代人的精神状况已经出现严重的危机,人们逐渐丧失了倾听自我、自由选择的能力,而降格为一种功能性的存在。他要通过生存哲学力图唤醒、复苏人类沉沦已久的内在自由,以重获人的尊严,这是现实的动因。

雅斯贝斯的自由理论是直承康德而形成的。康德在实践理性批判中,限制纯粹理性而肯定意志自由;雅斯贝斯在生存的阐明中也限制他所称的世界探源的知识,以开启自由的空间。康德通过扬弃知识、肯定自由,重新

---

① Karl Jaspers. *Philosophy*, *vol*. 2. Chicago: The University of Chicago Press, 1970, p. 162.

奠定形而上学；雅斯贝斯也通过越出知识的边际，在生存的通道中抵达形而上学之门。

雅斯贝斯接受了康德的自由理念，即自由只能独立于对象性客体，生发于个体的内在行为中。自由的证明不是依靠知识和客体，而是依靠思维和行为方式的根本转换。他也接受了康德作为“意志自律”的自由这一肯定命题，认为这一命题是由无条件的义务和道德律令所规定的。像康德一样，雅斯贝斯也区分了人自身的两面性——经验的存在和自由的存在。在康德那里，自由构成了道德律令的可能性基础；在雅斯贝斯这里，自由不仅是一种可能性，自由的实现也是独一无二、不可重复、不可替代的，是人的真正的生成。

不同的是，对于康德而言，道德的源泉不在于个体，而在于理性自身，道德律令的普遍性独立于任何个体生存；但对于雅斯贝斯而言，道德规范及其普遍性只有从生存的角度被汲取，才能成为有效的存在，生存的决断中就包含了规范的普遍性，如果不能为生存所汲取，那么任何客观的规范都将缺乏生命力。另外，在康德那里，自由渊源于道德哲学概念；而在雅斯贝斯这里，作为一种无条件的行动的可能性，自由是一种更为本源的存在，它超乎道德，而具有本体的意味。

雅斯贝斯立足于生存对自由所作的理论阐释，无疑有着深刻的现实动因。他认为，现代人的自由感正在消解，技术时代摧毁了西方世界从古希腊以来所形成的精神传统，人们丧失了对超越存在的仰望，抛弃了在传统中形成的权威，进入了虚无主义盛行的时代。人们不是在自由的决断中让当下成为永恒，不是在时间的流逝中汲取超越存在的意蕴，而是将自身纳入经济科技为主导的强制性生活秩序中，将人自身的生活变成单纯的履行功能，从而丧失了自由的呼吸，以至于他认为自由在技术时代已经不复可能。雅斯贝斯的这一观点也许过于悲观，但它对于反思现代技术的本质以及技术时代中人类的命运无疑是有启示的。雅斯贝斯通过唤醒人的本源性的生存自由，以期实现人的本真存在的努力，确有挽狂澜于既倒的勇气和历史使命感，也有着深远的警示意义。当然，较之于马克思主义的实践论自由观，雅斯贝斯前期的生存自由虽然从决断的行动入手，具有实践论色彩，但在总体上仍然呈现出个人性、内在性甚至主观性的特质，缺乏对经济和社会制度层面的深入考察和分析，这在一定程度上削弱了其批判现实的力量。但在二战结束后，雅斯贝斯对社会政治问题作了更多的思考，也从前期的个体性的自由观演进到后期富有强烈现实感的政治自由观。

四、作为政治共同体的自由

在雅斯贝斯的生存论中,自由生发于生存个体,但在现实世界中,每一生存个体都与他者共在,因而自由也存在于主体间的公共空间,具有社会政治的含义。“哲学家宛如生活在一个看不见的、非客观的社会,每一个从事哲学思维的人,内心里都希望能够进入这个社会。”①他深信,只有哲学才能真正解决社会和政治问题。具体到自由的社会历史性基础,他认为:“只有公共的社会的自由才是真正的自由。”②另一方面,在共同体中有政治自由、经济自由、宗教自由、新闻自由、集会自由等,所有这些自由都要以上述自由的哲学概念为基础,否则便是无源之水。雅斯贝斯视个体的生存为全部哲学的前提,而自由则是生存的根本意义,这与他把个人自由作为政治的根本目标是完全一致的。

“从柏拉图到康德到黑格尔,从克尔凯郭尔到尼采,都贯穿着哲学家的伟大的政治学。一种哲学是什么,它在它的政治面貌上表现出来,这绝不是偶然的,而是具有十分重大意义的。”③哲学离不开政治,无论怎样远离政治,都不可避免地具有政治的意义。无论如何,没有孑然独立、与他人绝缘的个体存在,人必须过一种群居生活,这是人的生存的先决条件。从一开始,人就生活在共同体中;在这个共同体中,他们相互扶持,并且依靠这个共同体,他们对内发展生产,对外进行防卫。

雅斯贝斯认为,支撑政治共同体的方式,如果按照两极定位,一是暴力,一是自由。雅斯贝斯经历了腥风血雨的两次世界大战,刻骨铭心地承受了纳粹政权对他一家的迫害,他对政治自由的思考时刻因此关联于对暴力的反思。

有人认为,政治与暴力相伴而生。在雅斯贝斯看来,这是一种错觉,历史上很多伟大的事件都向人们显示了非暴力的可能,如甘地的非暴力思想。也有人单纯地认为,政治共同体只能用自由的方式去建设,暴力与政治格格不入,是非正常现象,他认为这也是一种错觉。人类任何制度的建立,就其现实性来说,永远都不能摆脱暴力的力量。所有的国家要维系自身,都要依靠暴力的威慑作用,暴力总是或隐或现地作为终极背景和边界而存在,这是一种基本性境遇。以为放弃暴力就能够达到和平,却是一种虚妄。究其根

---

① W. 考夫曼:《存在主义》,商务印书馆1987年版,第137页。

② 徐崇温主编:《存在主义哲学》,中国社会科学出版社1986年版,第209页。

③ 卡尔·雅斯贝斯:《雅斯贝斯哲学自传》,上海译文出版社1989年版,第86页。

源，人不是纯粹的理性存在，没有绝对的自由意志；人性中的恶亘古不变，人性中的破坏本能、狂野冲动如影随形。在良好的社会秩序中，也许会有所遮蔽，但文明的另一面必然是野蛮，二者共生。如果不能意识到这一点，失去了防范和制度性制约，暴力最终会以更加极端、更加猛烈的方式爆发出来，展示其黑暗的毁灭性力量。

因此，任何政治共同体的秩序不可能尽善尽美，而需要不断改进；或者说，人性的复杂和局限，决定了人不能一劳永逸地建立好社会秩序。混乱与秩序，从来都是在相互斗争中形成历史。正如诗人荷尔德林所说：试图在人间建立天堂，便是打开通向地狱之门。

暴力植根于人性，不可避免；但自由植根于生存，作为自由的人，应该在政治生活中运用自由意志，减少暴力的肆虐。人们曾经在历史上创造了井然有序的政治体制，建立了法治国家和市民共同体，这意味着人身上有着迥异于暴力的强大力量，只有这一力量才使法治和共同体成为可能。雅斯贝斯认为："只有政治自由才能使我们成为真正的人、完整的人。为了确立法律的权威，保障个人的自由，应该通过政治行动来克服暴力。对个人自由而言，只有一个界限：个人自由只能与他人自由共同存在。"①他盛赞梭伦和伯里克利，认为他们是伟大的政治家，遵循自由和理性来承担政治责任；他也推崇美国人在州宪法和联邦宪法中践行的自由精神。

雅斯贝斯认为，暴力和自由是此消彼长的，需要扩展政治自由来扼制暴力。在共同体中，人们相互对话，通过契约，通过合法手段所形成的共同意志，来进行政治活动。这一过程运用了自身的自由，使自身的自由得到成长，并且通过政治行动与他者的自由交相辉映，相得益彰。当然，这是一个抑制和消除暴力的过程。对于经历了两次世界大战的雅斯贝斯来说，这是他的哲学梦。雅斯贝斯因此认为，政治自由同人性中的高贵相匹配，人应该珍视这种高贵，如果我们放弃这种禀赋，就是对自身的降格，对自身的轻视。政治自由意味着希望，也意味着风险；但离开它，其他任何道路一开始就没有希望，注定会导致毁灭。人即使被暴力吞没，人的真理仍然是通向这种自由的人的道路。

政治自由意味着公开性，公开性是一个自由民众的空间，公开性的尺度是衡量民众自由的标准。只有在公开的空间，政治经济的生活过程才有可能通向良善，才有可能抵达真理。在现实政治中，不真实、诡计和谎言比比

---

① 卡尔·雅斯贝尔斯：《哲学思维学堂》，同济大学出版社 2012 年版，第 61 页。

皆是,它们为了眼前的利益而牺牲了未来。“理想状态应该如下:政治自由要求某事,即决定一切人命运的事情得以公开地发生,这种事情应当经过公开的思考,而且应当准备好决断。不是根据盲目的信任,而是根据自由的决断实现意见的一致。自由的人民一边共同了解,一边共同思考,以此参与政府的行动、制度的建立和法律的制定。”①这种公开性是民众在政治上自我教育的场所。自由的民众面对每天的生活现实,训练思维,积累经验,作出决断。在公开性中,当然呈现出个人自身的利益;但在个人利益之上,有更高的公共利益,任何个人利益都不能与公共利益相提并论。因为后者才是共同的善。

雅斯贝斯认为,真正的公开性禁止对出版物的审查,除非刑罚之需要。有人认为,出版自由虽然有利于传播真理,但也有可能会引起混乱,助长民众反对现状的倾向,导致民众对政府的不满和不信任。但雅斯贝斯认为,出版自由的意志以有能力的成年人为对象,要相信民众在政治上有常识的判断力;而审查会被滥用,会颠倒真理,侵蚀自由。

事实上,如果放弃政治自由,随之而来的就是挟带暴力的权威统治,以权威之名,进行少数人对多数人的统治。这种类型的政客是奉行机会主义的现实主义者,缺乏良知和使命感,将政治视为追逐个人利益的工具。他们并不会赤裸裸地推崇暴力,而是以神或绝对真理之名发号施令。现实世界中当然不存在神或绝对真理,统治者为了权力,就会如此不择手段。这种实质上建基于暴力的权威是可耻的、卑鄙的、邪恶的,完全不值得信任。他们以自由之名,毫不在乎地干着违反自由精神的勾当。因此,政治自由需要每个公民个体来维护,雅斯贝斯说:“具有决定性意义的是:并不存在决定事物整体道路的自然规律和历史规律。未来取决于人们在决断和行为上的责任心。归根到底,取决于亿万人中每个个人的责任心。……每个人以他的生活方式、以他日常微不足道的行为和他的重大决定,向他自己证实什么是可能的。由于这,即由于他眼前的现实性,他不知不觉地为未来作出贡献。”②

雅斯贝斯认为,政治自由离不开与之相匹配的政治家。没有伟大的政治家,政治的自由就会消失;同时,也只有在自由的人群中,伟大的政治家才有机会为自由而斗争。这种政治家,如同美国的开国元勋,他们以民众生活的至善为目的,富于勇气、判断力和忍耐精神。他们不想当独裁者,也没有

① 卡尔·雅斯贝尔斯:《哲学思维学堂》,同济大学出版社 2012 年版,第 91 页。
② 卡尔·雅斯贝斯:《雅斯贝斯哲学自传》,上海译文出版社 1989 年版,第 85 页。

奴役人的欲望。他们深受民众的信任,使用权力只是因为受到了委托;如果这种信任不复存在,他们就会自觉放弃权力,解甲归田。他们厌恶暴力,倡导对民众的政治教育,借助事实和根据,让民众自我检验,激励自身的判断力。

政治自由是伟大的,有着久远的历史,但它并不是自然生长的,历史并不是自由自动获得进步的过程。从历史上看,最初的自由存在于个人生活中,是非政治性的;后来,因为交往而实现了公共性的自由意志,实质性地保存在共同体的生活中。在西方,自从希腊城邦和罗马共和国以来,政治自由一直以强有力的萌芽方式存在着。在雅斯贝斯所处的20世纪上半期,由于暴力化的世界大战的摧残,政治自由仅仅在小范围内得到了实现。但是,政治自由源于个体生存的自由,只要人存在,它就是不可扼杀的,像种子一样有着强大的生命力,在历史的缝隙中,顽强地成长。20世纪后半叶,波澜壮阔的民主化潮流的兴起,实践并印证了雅斯贝斯对植根于生存深处的政治自由毫不动摇的信念。如他所言,"在世上,不管在哪里只要我感受到那种承认对人性,亦即对人的自由和人的权利,富有责任的政治思想的崇高精神,同时又感到为一个唯一伟大的理想而甘愿牺牲的力量和勇气,以及对这理想毫不动摇的誓言,我就在哪里得到了希望"①。

雅斯贝斯认为,哲学就是自由及其无限交往的意愿。这种自由和交往,体现在他早期的生存哲学中,也体现在后期的政治哲学中。生存的自我实现,立足于个体自身,在个体自由中展现其可能性,但更需要在广阔的社会政治生活中来实践,政治是自由更坚实的基础,二者息息相关。政治是一项伟大的事业,是一种对理性和交往的信念,政治实践必须与哲学思想相结合。唯其如此,政治才能正本清源,让人类真正过上自由的生活。

第二节　生存的历史性

自由是生存实现自身的动力,使生存能够突破任何定态的存在,而永远保持为可能性的态势。生存的实现既朝向可能性,又朝向自身的本源。向本源的突进使生存的实现具有本真的意义,获得真正的现实性。生存的现实不是来自经验的客观性,而是源自本源的充盈。生存的现实性是由生存的选择行为而获致的,生存的选择是无条件的、连续的,生发于日常生活的

---

① 卡尔·雅斯贝斯:《雅斯贝斯哲学自传》,上海译文出版社1989年版,第85页。

时时刻刻。生存契接了大象无形的超越存在,从而能够把每一个当下选择的瞬间都转化为永恒。这样,个体生存一次又一次的决断行动就构成了生存的历史性(historicity),对生存历史性的自觉反省就形成了生存的历史意识。可见,与生存息息相关的历史性,虽然发生在时间之流中,但不再仅仅是时间的自然绵延,而成为被生存选择所充盈的时间的深度和广度。可以说,历史性是阐明生存及其实现的另一基本概念。

一、历史性的源起

雅斯贝斯说:“人只有由于他是历史的,才是现实的。”[①]“历史性则是我们所特有的,境遇深深扎根在历史之中,其根据是我们被产生在历史进程的某一特定时刻。”[②]在历史的境域中,我们超越了纯粹当下的狭隘,而且发现了真正的尺度;没有历史性,我们就会失去精神呼吸所必需的空气。

雅斯贝斯认为,自由成就了自我,自由忠实于一个人自我的实现。这个自我不是一个固定的实体,而是一个流淌的历史过程,自由的选择就是自我历史性的实现。自我的“历史性”将人抛入一定的时空之中,限定了个人自由的范围。个人的行动不仅与其将来的可能性有关,而且与当下的实际状况有关。因此,每个自由的决定都为人的真正历史自我的形成建构了新的基础:我为我的选择所决定,由于这些选择我变成了自己要成为的东西。

在雅斯贝斯看来,人的历史性是指人不是一种可以加以定型的不变实在,人的本质、人的历史都没有终极状态,没有一个完成的期限,也没有固定的目标。人在任何时候都可能是完成状态,而完成的同时又是终结和没落。“人的伟大及其本质取决于其每一瞬间的条件。现实只在过渡中展开自己——而且现实在其中展开自己的这种过渡不是指随便一个什么史实的简单出现的瞬间,而是指这样的一种实践了的瞬间,它一去不复返,不能代替,它即是现实自身在消逝中的当下现在,它对于在其中生存着的人来说是有决定意义的。”[③]在历史性中,人在当下变易的境况中实现自己的本真存在,境况与人不是一种外在的关系,人在境况之中,二者融通为一——“我与作为我的现象的实在的统一,即我的历史性,对它的意识就是历史意识”[④]。

与任何普遍性、规律性和重复性相对立,人的历史性既表明人的有限

① 卡尔·雅斯贝斯:《生存哲学》,上海译文出版社 1994 年版,第 69 页。

② 让·华尔:《存在哲学》,生活·读书·新知三联书店 1987 年版,第 29 页。

③ 卡尔·雅斯贝斯:《生存哲学》,上海译文出版社 1994 年版,第 69 页。

④ Karl Jaspers. *Philosophy*, *vol*. 2. Chicago: The University of Chicago Press, 1970, p. 121.

性、具体性，又标识着人的独异个体性。人必须生活在自己的历史性境况之中，“因为如果我不在我自己的历史性里去认真地生存，反而使我的历史性沉沦于一个唯一的、普遍的历史性中，则生存的历史性一定不能保有它自己所有的直接的超越的根源”①。个体在具体的历史性中打通了自身的源头活水，契接了永恒的超越，超越给生存带来了终极的荫护，使生存获得意义的充盈，成全了生存的真正实现。“把历史性扩展到一切现实上，意指着一切存在着的东西，之所以是如此，乃是抉择造成的。”②历史性的意义不仅泽及生存自身，而且泽及生存所置身的客观世界。

雅斯贝斯的历史性意识重在联结自我的虚灵和实在，这一思想特征直承克尔凯郭尔：“自我就是一个把自身和自我本身相连的关系……这不是一般的关系，而是由关系把自身和自我相连接这一事实构成的。人是无限和有限的综合，是暂时和永恒的综合，是自由和必然的综合，总之他是一个综合体……这样看来，人又不是一个自我。”③对于雅斯贝斯，历史性意味着个体的实存与生存的统一性。生存寄寓于实存之中，实存是历史中的存在，是经验的暂时性存在。因此历史性着眼于人在时间中的存在，时间因人而具有意义。

雅斯贝斯指出，历史性不是时间之流中客观事件的顺序记录，不是历史事件中所归纳形成的客观知识，历史性突破了主客二分的思维模式，以生存的意义来融贯客观实在。客观实在是分散的，对于意识而言，是外在的、可以彼此替换的，因而意识可以选择不同的实在作为对象；但生存是唯一的，它是每一个体的完整生存，具有整合实在、融贯生活的力量。为生存所充盈后，人在客观实在中所看到的就不是纯粹的实在事物。生存统一了多种实在，使之具有唯一性，即生存的历史性。

“生存的历史性意识必须在起源上是个体性的，它使我在与其他历史性的自我存在的关联中意识到我自己。”④人作为经验的存在处在时间的流变中，被限定在既定的境况中。当世间万物在历史进程中与人遭遇时，它就具有对于人而不是对于其自身的意义。人在他的历史性中认识到了时间之流中的自我。这时，在思维中所区分的关于历史的存在和历史的知识，在生存的层面已经会通，须臾不可分离。它们的分离会使人成为自身的对象，当人

① 卡尔·雅斯贝斯：《生存哲学》，上海译文出版社1994年版，第82页。
② Karl Jaspers. *Philosophy*, *vol*. 2. Chicago: The University of Chicago Press, 1970, p. 135.
③ Kierkegaard. *A Kierkegaard Anthology*. Princeton: Princeton University Press, 1946, p. 340.
④ Karl Jaspers. *Philosophy*, *vol*. 2. Chicago: The University of Chicago Press, 1970, p. 105.

对自己作对象性的理论把握时,人就是客观性存在,而不再是生存。只有在人的可能性生存的历史活动过程中,他才能被把握。这种对自我的认同,既是历史意识中的知识,也是实现中的历史性,二者融为一体。这对于知性思维是无法理喻的,但在生存论上则是确定而明晰的。

雅斯贝斯的历史性也源于生存的临界境况。"人通过受难而意识到他的自我。"[①]"我永远在境况之中,没有斗和苦我便不能生,我不可避免地负有责任,我必须得就死,我称这些境况为临界境况。"[②]临界境况是人的无可逃脱的终极现实,与生俱来,如影随形,不可克服,不可改变。它标识了人是有限性的存在、历史性的存在,决定了活生生的人不能化约为客观性的理念或普遍性的本质。"在这种状态(临界状况)中,现存在的全部可疑性突然闪现出来,我们的理解力面对这种可疑性就如同面对最后的不能穿透的墙壁,我们自认为具有的关于神、世界意义、客观价值、我们的义务等的知识,在它面前都彻底崩溃了,我们发现自己被置于绝对孤独的状况中,并且必须作出我们自己的决定。"[③]临界状况作为实存的有限性,当人们以现象的、知性思维的态度去对待时,就是完全消极的,趋向于虚无和毁灭。而且,因为它是不可能从根本上加以改变和消除的,任何掩饰都无济于事。在这种境况下,为了不至于将自身弥散于无边的虚无中,生存的个体唯一能把握的就是他的历史性的当下。人只有借助于时间之流中一次性的决断行为,才能实现本真的自我,从内在、从当下涌现出自身的恒久意义。

生存的历史性也源于生存是经验界和超越界之间的存在。一方面,生存的个体是时间性的,自身和生活的环境都是经验的存在,经验世界是人生活的舞台,无可回避。如果人漠视生活中的经验存在,将之作为低级的世俗力量而加以鄙弃,或者试图离开它去实现生存,那么,人对存在的感受就缺少寄寓之所,自身必然会趋于贫乏,最终会萎缩成为点状的空无。这样,生存就没有现实的基础以相遇于一个更美好的世界,从而迷失存在。另一方面,人处在超越存在的隐秘庇护之中,超越是绝对的存在,是个体自我实现的根本保证。世界之于超越,也好像是作为其现象的显现。在超越的视域中,包括实存的所有经验存在都同时具有了一种形而上的意味,超逸了自身的客观经验性。作为生存的人在经验世界中的生活就不仅是世俗的,同时也是超越性的,因而生存能够触及根本的存在意蕴,实现其存在意义。而超

---

① Karl Jaspers. *Philosophy*, *vol*. 2. Chicago: The University of Chicago Press, 1970, p. 203.

② 熊伟主编:《存在主义哲学资料选辑(上卷)》,商务印书馆 1997 年版,第 637 页。

③ 施太格缪勒:《当代哲学主流(上卷)》,商务印书馆 1986 年版,第 237 页。

越的语言不是知识，不能为人的一般意识所认知，对于雅斯贝斯而言，它显现于人的当下活动，即自由的决断之中。这样，人的当下行为就成为一种触及超越、形成自我的通道。每一个当下时刻就不再是时间长河中一朵朵无区别的浪花，而是在其中蕴涵着永恒、蕴涵着超越；每一时刻就不再是普遍性的，原子式的，而是属于每一个体自身，具有无可取代的独异性。生存的实现就在这当下的时刻而生发，所以历史性是打通经验界和超越存在的唯一的也是真正可行的通道。

历史性将超越的意蕴带进世间，带给了个体的生存，生存的实现从而获取本真的意义，实现为真正的超越性现实存在。历史性的这一作用具体体现在它是生存和实存、暂时和永恒的统一这些方面，以下详细展开。

二、作为实存和生存相统一的历史性

在雅斯贝斯的生存论中，生存和实存是异质的，历史性融通了二者。

“并非我的实存就是生存，而是说人之为人，在实存中是可能的生存。实存在那儿或不在那儿，而我的生存作为可能性，就通过我作出的选择和决断接近存在，或者脱离存在而坠入虚无。我的实存在范围上区别于其他实存，我的世界或狭或广；生存则出于其自由的原因而与其他生存有根本的不同，我作为实存生生灭灭；生存则不知生死，而是以升华和堕落来关涉其存在。实存是经验性的，生存仅作为自由。生存是时间性的，生存在时间之中，却多于时间。”①从经验的角度看来，生存是虚幻的，实存才是真实的；从超越的角度看来，生存是真实的，实存才是虚幻的。生存和实存的异质性只有在历史性中才能得到融通。历史性意识是一种源起意识，它将人系之于他的实存，同时知道在这实存中所显现的是可能的生存。“在历史性的意义上，生存和实存是源始同一的，以至人事实上的限定会被理解为是属于我的自身，我自由地等同于我的历史中的个体性。”②

生存并不意味着它是一种纯粹的主观精神状态。在根底处，它所意指的是穿透世界实存的自由存在，而穿透并不是弃绝。因此，实存世界被生存意识浸润之后，世界诚然还是那个世界，但已非纯然实存的世界，而是被生存的无条件行动所自觉选择的为我的场所。

雅斯贝斯认为生存和实存不仅是不可分割的，而且要和谐地融通起来，

① Karl Jaspers. *Philosophy*, *vol*. 2. Chicago: The University of Chicago Press, 1970, p. 4.

② Karl Jaspers. *Philosophy*, *vol*. 2. Chicago: The University of Chicago Press, 1970, p. 108.

这有以下两方面的意义。

一方面,生存为实存赋予意义。只有生存在场时,实存才不再是纯粹的自在实存,对实存的把握才不至于等同于对经验规则的遵守,而是为生存的自主活动所把握。在这一过程中,实存的客观性才能彰显其意义。

实存所处的世界是杂多无章的,生存则是单纯透明的。如果说康德对知识的统一性建立在先验的统觉之上,那么雅斯贝斯则以生存的单纯性来融通实存的多样性。但离开实存,生存的单纯性就是电光石火,会很快消失于虚空之中。

超越是确证自我存在的意义之源,超越的密码只能为生存所解读。只有生存在场时,超越才能作为非对象性的存在将自身显现出来;离开生存对超越的显现,所有的实存都将是琐碎的,缺乏统一性的根据。在历史性的视野中,作为实存的有限性和限定性,就成为生存的可能性得以实现的基地,成为无限的可能性生存的唯一实在。

另一方面,"如果历史性意识是我系之于实存的原初认识,同时我就知道实存中所显现的就是我的可能性生存"①。生存本身是虚无的,在实存世界中,不能作为无条件性的自我而显现。如果想要处在绝对意义的自由之中,不选择任何实存以表现它,生存就会步出世界,置身空无。只有在对实存事物的怀疑和探究之中,生存的意义才能被切实地揭示。在生存看来,实存好像就是显示其意义的现象存在,本身不是自足的。

没有实存事物,就没有生存和存在。但如果将这一前提绝对化,不把生存理解为历史性时刻和限定境况下的实存,而是将超时间性的普遍真理加诸生存,将所有作为现象的客观性都化约为绝对的实在,就会丧失生存的意蕴;生存就不再是无条件的,不再源始地是我们的自身。为了保持为真实,无条件性必须渗透进入具体的历史性当下之中。

这样,历史性自我的生成就不是对现存物的获取和占有,而是生存的实现。在生存的实现中,实存和经验世界就不再是历史境况中纯粹的相对性现象,不再是时间之流中的空壳。人必须不满足于任何现象的持存性和普遍有效性;但另一方面,只有他是生存时,他才绝对地同一于现象的存在。

在意义的层面,生存高于实存,生存将实存作为素材而吸纳为历史性的内容,因而生存和实存处在不可分离而又不可合一的张力之中。但是,实存和生存相统一的终极基础并不在自身,而是在绝对超越之中,超越给予这种

---

① Karl Jaspers. *Philosophy*, *vol*. 2. Chicago: The University of Chicago Press, 1970, p. 108.

张力以无限的动力和支撑。生存和实存的张力是不可完全和解的，不能一劳永逸地解决，而是保持为无限开放的态势。对此张力的理解也超出了单纯的理性认识的视野；人不仅是理性存在物，更是超理性的存在。雅斯贝斯认为，实存和生存的划分本来就只是一种人为的划分，是认识在阐释存在时不得不采取的二元论思维方式的结果。从本源的层面来看，当生存呈现出来时，它和实存乃是同一种存在。

三、作为短暂和永恒相统一的历史性

我们知道，生存寄身于经验存在之中。没有经验实在，生存就会化为空无。尽管如此，生存同时无限地越出经验存在。经验存在的历史不外是指它的发生、成长和消灭。生存的历史性是指经验存在在时间中，又多于时间，是被充盈了的时间，或是瞬间中蕴涵了永恒。因此，“实存的历史性不可能用别的方法来描述，而只能用关于暂时性和永久性的统一这种背（悖）理的思想来描述”①。

生存之所以在实存世界中进行自由的行动，究其根源，乃是为了在动态的行为选择中不断触及那虚灵不滞的超越存在，在短暂的人生中楔入永恒的意味。在雅斯贝斯看来，永恒的超越存在并不是被生存选择一次性实现的。倘若如此，这种一次性实现的绝对意识就会蜕变为实体化的信仰对象，充满着绝对主义的意味；但是，如果人们就此否弃虚灵的永恒存在，又会陷入无信仰的相对主义泥沼。为了克服这种绝对主义与相对主义的双重虚妄，雅斯贝斯提出既是永恒的又是历史的生存意识。正是通过一次次瞬时契接永恒的行动选择，生存才不断地接近那赋有永恒意义的超越存在。在这一无限伸展的动态过程中，自由的生存个体逐渐把人性中相对狭隘僵滞的东西剔除出去，而把相对圆满的东西留存下来。在无条件的行动的尽头，生存借着绝对意识的引领，把目光投向那愈来愈清晰地显露着的而且再也不能被否弃的永恒存在。可以说，生存就是自由对作为总体性超越存在的信仰，不断趋向超越的过程就是生存历史性的体现。

通常的历史观以内在世界为客观对象，历史是内在于时间的，而雅斯贝斯的历史性则超出了内在世界，契通于超越存在，在历史性中蕴含超时间性的永恒存在；另一方面，生存又建基于实存，与实存形成不可消除的张力，因而在它的历史性中又吸纳了历时性因素。所以对于雅斯贝斯而言，历史性

---

① 施太格缪勒：《当代哲学主流（上卷）》，商务印书馆1986年版，第239页。

不是在时间之外而超出时间,而是在时间之中超出时间以达到永恒;历史性是时间性与永恒的统一。这种生存意义上的统一对于知性是矛盾的,但在生存实践中是完全统一的。

历史性中的生存是实存和生存的统一,是永恒和短暂的结合。既不是非时间性的,也不是通常的短暂性,不是二者非此即彼的选择,而是彼此融摄、相容共生的。作为短暂性和非时间性的统一的历史性时刻,是在流逝的当下蕴涵着永恒,当下的决断具有永恒的意味。对历史性的感觉使人们意识到:一方面,在现象中,既有现象的短暂也有存在的永恒,这种永恒不是无时间性的有效性,不是外在于当下的短暂性现象之外的另一个客观性的存在,它不能在不同的时刻被同样地把握住;另一方面,历史性中的短暂性与非时间性并非互不隶属,"而是一旦被(生存意识)充盈,暂时的特殊性就被理解成了永恒存在的表象,在永恒和当下之间的纽带就是绝对性的"①。永恒体现在时间中,它在已实现的时间中表现自身,永恒时刻环绕并渗透进暂时。就我个人的生存而言,我存在于时间之中、时间之上、时间之彼岸。

既然蕴涵和显现于生存的当下时刻,生存的永恒就不是任何时候都普遍有效的法则,不是德国古典哲学中先验主体的特征,也不是上帝等绝对的精神实体。如果那样,永恒就等同于客观有效性,以其至高无上的地位高悬于人鲜活的感性生命之上,实存和生存、超越之间就会形成不可逾越的鸿沟,生存的实现便不复可能。

生存的永恒不是审美体验中的永恒,"在审美体验中永恒虽然完全依赖于人的活生生的感性体验,但是这种体验却不是经过人们对于现实世界的自我反思获得的,不包含着人对于他的真实自我的把握"②。雅斯贝斯的哲学虽然主张生命的体验,甚至在极致处有神秘的意味,但他并不主张超脱现实,沉浸于审美的境界。生存的永恒应当以丰厚的现实内容为背景,是个体的行动而不是纯粹的感受和想象的产物。

永恒蕴涵于当下,历史性于是注重的是对当下的把握,让生存每一当下的瞬间得到充实,实现不可替代的存在。在哲学史上,奥古斯丁把过去和未来分别理解为现在与过去、现在与现在、现在和未来的关系,从现在出发,将时间联系为一个整体,从而开辟了与经验直观不同的时间观。雅斯贝斯继承了这一以现在为基础的现时性思想,在充实的当下中融贯过去和未来,从

---

① Karl Jaspers. *Philosophy*, *vol*. 2. Chicago: The University of Chicago Press, 1970, p. 111.

② 方朝辉:《重建价值主体——卡尔·雅斯贝斯对近现代西方自由观的扬弃》,中央广播电视大学出版社 1993 年版,第 142 页。

植根于过去的根源里，从产生将来的可能领域中，寻求当下的深意。

生存不是存在于将来，好像现在仅仅是为着将来的过渡阶段；生存也不是回眸于过去，好像现在是对过去的持续。生存需要以现时的当下为立足点，对过去加以回忆，对将来加以展望。这不是让人回避现实，逃避当下，而是使经验的现在上升为永恒的现在，使人们真正在当下中成为现实的存在。生存的现实只是现在的，但是，唯其是现在的，所以才是历史的、一去不复返的。

当下作为瞬时被客观地想象时，它就什么也没有，就会取消自身。但当下不能停留于这种无常。通过现象的连续性，当下必须将自己证明为生存的历史性现象。“这当下的本身，作为纯粹的时刻，既是生存过程的连接，也是生存过程的巅峰。”①作为连接过程的当下是暂时，达到巅峰的是永恒。

生存不是已完成的产品，而是在时间中成长。生存的当下不是短暂易逝的时刻，而是历史性的持续，内在关联着过去和未来。在每一时刻中，这种内在联系都能被真切地感受到，它使生存在每一当下时刻都能得到丰蕴的、本真的实现。但另一方面。历史并不是最高法庭，历史中的成败不是判断真理的终极标准。“真理是植根于超越存在之中的，我们领悟历史，却从历史的船头将锚抛向永恒。”②

雅斯贝斯认为，只要我们回到自身，只要我们关注事物的根据，历史性就不再是我们的束缚。历史性是我们绕不过去的客观存在，我们不能越出历史性，在其中，我们借助自身的行为和经验达到本真的存在。如果我们抛弃它，就必然会陷入虚无。当我们突破历史性时，就仿佛在时间的现象中横向地体验到永恒的存在。

雅斯贝斯的历史性思想不同于常识的历史观。常识的历史观建立在线性的、不可逆的时间观基础上，这样的历史是前后的承续，前人的作为是基础，后人在这基础上有所损益，代代相传，薪火相继。这种观点实际上是把历史当作一个相对固定的既成存在，且认为按照同样的逻辑进行推演，历史的规律能够贯彻到遥远的未来，未来也因此是可知的。雅斯贝斯坚决反对这种规律化的历史观，认为这种历史观是不真实的，游离了当下，疏离了生存。在他看来，只有针对当下的生存，过去才是有意义的。需要从当下出发去理解历史，赋予历史以全新的解释。也就是说，将生存的当下贯穿历史，

---

① Karl Jaspers. *Philosophy*, *vol*. 2. Chicago: The University of Chicago Press, 1970, p. 111.

② 徐崇温主编：《存在主义哲学》，中国社会科学出版社 1986 年版，第 303 页。

从历史中获得新的现时性,当下获得全新的意义,已经发生过的历史也因此而恢复生机。因此对历史的理解必须永远从当下的现时性出发,而不能从知性的规律出发,这样,历史才能够被真正吸纳进今天。“历史性回顾作为鲜活的存在,把过去理解为形成中的现实;我参与着现实,并决断着什么是本真性的。”①历史性赋予历史以生命。

同样,历史也指示着将来,生存在展望着历史中的未来。“未来的本质就在于还要有所抉择。我在未来的本真性,恰恰取决于我自知对自身承担有责任。”②雅斯贝斯因此反对任何对历史规律的推测,在他看来,对未来无所谓乐观,也无所谓悲观,一切都取决于人们对自身的领悟,对历史性的当下的把握。未来向人们无限可能地展开着。

这些思想与雅斯贝斯的生存思想是一以贯之的。雅斯贝斯认为生存作为人的真实的存在是以实存作为躯体的,必然也因此与自由建立了历史性的统一关系,人也因此既是本真的人,又是现世的人。反映在整个人类历史的视野中,人类过去已经发生的一切事件就相当于个体生存得以依持的实存。离开生存,实存就是僵死的;离开历史性,历史就是没有生命的。历史性是历史的灵魂,只有通过历史性的灌注,整个已经消失在时空中的历史才能向我们涌来,涌进我们当下的生活,激荡和丰盈了我们的生存。因此,在雅斯贝斯的历史性思想中,通过历史性,自由的、飞扬的、虚灵的生存就与人的经验实存、客观的历史相融相即,完整统一。至于历史的传统是如何作为真正的权威融进当下的生存,如何以其强大的熔铸和确证性力量作用于每一个体生存,则是第五章中所要讨论的内容。

四、技术时代的生存

生存的历史性意味着个体必须在具体的生活境况中去选择、去决断,这种行动成就了人本身。从更宽泛的意义来说,每个人的生活境况就是他所处的时代境况。今天,技术时代是每个人无可逃脱的历史性境况。

从总体上来把握历史,就需要探明我们在历史中的位置,确立一种身居何处的现代意识。雅斯贝斯在其历史哲学中谈到,历史上有四重影响深远的转折:语言的产生与工具的发明;公元前 5000 年—公元前 3000 年高度发达的四大河文明;公元前 800—公元前 200 年的轴心时期;当下的技术时代。

---

① Karl Jaspers. *Philosophy*, *vol*. 3. Chicago: The University of Chicago Press, 1971, p. 207.

② Karl Jaspers. *Philosophy*, *vol*. 3. Chicago: The University of Chicago Press, 1971, p. 210.

我们必须明确置身其中的现代状况，包括现代科技和当代人的社会生活境况。在《时代的精神状况》一书中，雅斯贝斯从现代社会的各个方面，包括技术、大众、机构、工作、艺术和意识形态对现代人的生存处境进行了全面分析。

在 20 世纪，最显著的时代特征就是现代技术的飞速发展。现代技术深刻地改变了人类的生存状况。人类已经把地球包裹在机械构造的网络中了，地球成了一个巨大的工厂。“机器不仅生产奢侈品，而且生产所有人日常必需的大量用品。它造成大多数人被卷入生产过程，卷入由机器生产的劳动方式中，使人成为机器中的部件。如果每个人都成为技术工作过程中的一环，那么劳动组织便成为对人性提出的挑战，因为人的最终考虑是人而非机器。”[①]这台机器运转起来，让一切事物、一切人围绕着它服务；在这过程中，它会消灭任何它不能容纳的东西，人也要被它消化，成为实现经济目的的手段。在现代社会，虽然人的生活看上去更加缤纷多彩，人的活动空间越来越宽广，但是，他正在牺牲那个他在其中得以实现自己的个体自我。

雅斯贝斯认为，思想与存在的一致，在漫长的人类历史中从未受到过根本的挑战；但在今天，生活的重心已倾向于平均化、机械化和大众化，人类正经历着丧失生存意识和千年而下的生存家园的危险，他们生活在变幻无穷的时代状况之中，存在的基础仿佛已经坍塌。在精神、人性、爱和创造性上，这都是个灾难性的时代。人类历史性的传承在遍布地球各个角落的技术形态中被耗尽了，各种文明都无可避免地同自己的根源相脱节，一致融合到普遍化的技术—经济世界中，融进一种空洞的理智主义中。

雅斯贝斯说：“人类正在丧失其一切根基，成了地球上无家可归的人，他正在丧失传统的连续性。精神已被贬低到只是为实用功能而认识事实和进行训练。”[②]这种对现时代的判断和忧虑与海德格尔有惊人的相似之处。海德格尔说：“一切都运转起来了。这恰恰是令人不得安宁的事，运转起来并且这个运转起来总是进一步推动一个进一步的动转起来。而技术越来越把人从地球上脱离开来而且连根拔起。……我们根本不需要原子弹，现在人已经被连根拔起，我们现在只还有纯粹的技术关系。这已经不再是人今天生活于其上的地球了。”[③]他认为，现代人已经处于无家可归的状态，他们总是执着于存在者，把存在者作为自己相对的对象来看待，成为属于被人支配

① 卡尔·雅斯贝斯：《历史的起源与目标》，华夏出版社 1989 年版，第 121 页。

② 卡尔·雅斯贝斯：《历史的起源与目标》，华夏出版社 1989 年版，第 121 页。

③ 海德格尔：《海德格尔选集》，生活·读书·新知上海三联书店 1996 年版，第 1305 页。

的东西。他们以为自己已经成为存在者的主人,结果极大地破坏了自己生存的地球家园。海德格尔认为,现代技术有自身的运行逻辑,不以人的意志为转移。他对人类的未来相当悲观,慨叹道:也许只还有一个上帝可以救渡我们。但是,雅斯贝斯有所不同,他认为技术是一种中性的手段,本身没有目的,在一切善恶之彼岸,既可造福亦可为祸。我们必须看到技术带来的危险,但也不能忘却技术带给人类的福祉。因此,无论是捣毁机器的做法还是对机器抱有浪漫的情怀,都同样不合理。在海德格尔看来,这是一种流俗之见,正确而不深刻,没有触及技术的本质性结构,他深刻地批驳这种技术中性论思维。应该说,在对技术的本体性思考上,海德格尔更有深度。

现代技术的发展抹平了所有人的个性,个性成为生产体系中的多余物,只有千人一面才能纳入形式化的强制性秩序中。于是,随着科技力量的壮大,"群众"日渐成为社会生活的整体,上升为决定性因素。个人融化在群众秩序中,成为与他人没有本质性联系的孤立原子,群体中的虚构品质占据了支配地位,对存在意义的追求就被牺牲掉了。因此,雅斯贝斯说,群众碾平一切,不能容忍独立与卓越,而是倾向于迫使人们像蚂蚁一样地生存。这种群众效应在现代大机器生产的秩序中得到了加强,群众成为时代的主人,带来的结果就是人类精神趋于平庸化,乃至许多社会精英也为了迎合群众口味,不得不降低自身的水准。无独有偶,海德格尔也看了这一点:"集体主义就是整体性中的人的主体性。集体主义完成了人的主体性的无条件的自我肯定。"①他认为,无论是资本主义社会还是社会主义社会,共同的问题就是技术的疯狂和主体性的无度,从而导致了人类无家可归的状态。

在这种处境下,古典世界的生存意蕴被冷冰冰的技术和面无表情的群众所侵蚀,趋向枯竭。"存在着一种普遍的信念,认为人的行动是毫无结果的,一切都已成为可疑的,人的生活中没有任何可靠的东西,生存无非就是一个由意识形态的欺骗和自我欺骗不断交替的大漩涡。"②这标志着世界的非精神化,蕴含着巨大的危险。这一境况并非由个人的无信仰所致,而是导向虚无主义的时代精神发展的必然后果。今天,一个现代人,如果他的心性没有完全枯萎,就会感受到前所未有的虚无感,深入骨髓,亘古未有。

雅斯贝斯面对时代的危机,并未重复前人斯宾格勒关于西方文明必然衰亡的悲观论调,而是深信,未来不仅是我们的厄运,更是我们的使命之所

① 海德格尔:《形而上学导论》,商务印书馆 1996 年版,第 35 页。

② 卡尔·雅斯贝斯:《时代的精神状况》,上海译文出版社 2013 年版,第 16 页。

在。人不是神,但联系着神,这纽带常常遭到遗忘,但在实质上是不可扯断的。因此,他不会无望地接受这样的事实:人的自由、信仰和独立将不复存在,降格为机器中单纯的齿轮。

在这一时代背景之下,寻求生存意义的迫切性就凸显出来了。二战后,在现代民族国家兴起后,很多人对国家寄予厚望,但雅斯贝斯认为:“国家就其自在自我的存在而言并不能达到他的期望,而是仅仅提供了实现种种可能性的空间。他必须返回最初的开端,即返回到人的生存。”①他认为,生存个体而非国家才是意义的源泉。只有从生存个体出发,才能将意义的光芒照进黑沉的时代。无论这光芒多么微弱,都有可能薪尽火传。在时代的危机中,人们应该看到真正的人的生活仍然存在着可能性,如他所说:“自我实存,或个体自我是这样一种条件:没有它,作为人之能动性的实在的世界,即一种为某一理想所渗透的实在就不再是可能的。由于个体自我只能通过与当代存在共处而生存,所以它仍然坚定地决心仅仅生活在这样一个时代里——即使它将发现自己与这个时代相冲突。他的实现自己的每一个行动都成了种子——无论多么微小,都仍是创造新世界种子。”②

雅斯贝斯对人性抱有坚定的信念,相信人类不会完全迷失掉自己的本性,在濒临可怕的境地时,他能够回归自我,救助自我,复归生存的境域。在似乎不可避免的强制性生活秩序中,个体自我的创造力仍然具有绝对意义,对自由不可泯灭的渴望,注定了他会在毁灭的边缘上置之死地而后生,作为独立的个体重新站立;他将把命运掌握在自己手中,并将拥有真正的存在。

雅斯贝斯的全部哲学思想都受这样一个现实性问题支配,即人应该如何在技术时代中重获本真的存在。现代人必须正本清源,回归原初的生存境域,激发出潜在的生存力量,然后才能在虚无主义弥漫的时代真正实现自我。

---

① 卡尔·雅斯贝斯:《时代的精神状况》,上海译文出版社 2013 年版,第 66 页。

② 卡尔·雅斯贝斯:《时代的精神状况》,上海译文出版社 2013 年版,第 226 页。

第三章 生存实现的形式条件

——理性

虽然雅斯贝斯被视为存在主义的始祖之一，但他却尊崇和信奉理性的精神和力量。在他看来，理性是哲学的古老本质，一旦丧失了理性，哲学就丧失了自身。在《我们时代的理性与反理性》一文中，雅斯贝斯写道："几十年前，我谈论过存在主义……今天我宁愿将哲学称为理性哲学，因为似乎急需强调哲学的古老本质；一旦理性丧失了，那么哲学本身也就丧失了。哲学的任务从开始是，现在仍然是赢得理性，恢复理性。"①

雅斯贝斯从事过多种专门科学的研究，十分推崇科学方法的明晰性和批判精神。他说："要了解科学，获得一种可靠的探索真理的科学态度，需要每一个学生在实验室、研讨室、研究所里有这样一种实验方法，即井井有条地与物自身打交道——这需要方法论上的自觉。"②在他看来，科学思维的合理性和批判精神是哲学信仰必不可少的条件。哲学不是知识的体系，而是信仰的表现。哲学信仰是进行哲学思维的人对存在的确信，它不是源自神秘的宗教启示，而是源自诚实的哲学思维。在这个意义上，可以把哲学信仰比作一种理性冒险，即以无限可知的意志，趋向成为不同思维的思维界限的超越者。故此，哲学信仰是一种理性哲学，始终是同理性相联系的，拒斥一切非理性的东西，通过有意识的理性思考规定自身，始终保持自身认识的纯洁性。换言之，哲学信仰拒绝违反具有普遍约束力的见识，它只想知道可知的东西，并且试图透视自己。

在雅斯贝斯看来，理性是包罗万象的思维的重要一极，在哲学思维中成为真正的工具，这是西方千年而下的传统，而他本人的哲学使命是继承这一传统。通过辽阔的理性视域，哲学可以由大全诸样式向着存在自身突进，理性的实现因此而成为哲学研究不可或缺的内容。

雅斯贝斯思考理性问题不是为了科学上的方法论，而是为了哲学本身，为了人本身。他认为，理性是生存得以实现的必经之途。"我们的存在本质

---

① Karl Jaspers. *Reason and Anti-Reason in Our Time*. Hamden, Conn.: Archon Books, 1971, p. 63.

② 卡尔·雅斯贝尔斯：《存在与超越——雅斯贝尔斯文集》，上海三联书店 1988 年版，第 26 页。

向往自身的完成，为了当下的满足和实现。达到自身的完成可以有两条途径：一是在理性的指导下达到真正的完成，并通过理性而产生历史性的持续发展；二是拒绝或反对理性的指导，造成仅仅虚假的实现，坠入任意的虚无和混乱之中。这是理性的道路和非理性的道路的分界之处。"①

在雅斯贝斯的哲学体系中，生存和理性是存在的相对两极。任何哲学活动的实现，大全中每一样式的展开，都是在理性和生存的相互作用中产生的。生存自身的实现也离不开理性的力量，理性不提供生存实现的本质内容，却是生存实现的必要形式条件。理性具有普遍性的表达和联结力量，这为生存进入交往，为生存在大全空间中的充实提供可能。离开了理性，生存不能得到唤醒和激发，不能在更广阔的世界中实现自身；离开理性，生存也不能洞见理性的边际和交往的限度，不能抵达作为生存终极根据的超越存在。

从雅斯贝斯一生来看，在前期的《哲学》三卷本中，他的主要兴趣是澄清生存的条件，而不是呈现逻辑上的可能性，理性还不是一个突出的主题。从中期的《理性和生存》开始，他开始认识到生存必须关联于理性的拓展，详细地阐述了他的大全思想并反思理性和生存的关联，将它们的结合作为哲学活动的基础。因为，在他看来，"既然哲学不是例外的而是普遍的，那么只有当它能够被转译成为多数的实在，并且理性的可能性在最大的限度上系统地阐述自我意识时，它才是真实的"②。若离开理性和逻辑，生存就会陷入个体的主观性中，不能进入更广阔的交往和存在的空间。雅斯贝斯后期的哲学在风格上更具有可交流的客观性，气象上更阔大。综合看来，雅斯贝斯的哲学探索是一个艰难的尝试，因为一方面它要柔化范畴思维，不致落入硬性的概念体系中；另一方面他要秉承西方伟大的理性传统，不致陷入玄思冥想的东方神秘主义。为此，他发展出了一种独一无二的哲学——哲学逻辑学。作为一种开放的系统论，哲学逻辑学赋予哲学思维以广阔无垠的理性空间。哲学思维必须捍卫理性精神，但这种理性不应指向传统哲学中封闭的知性体系；也必须体验存在，但这种体验的对象不应是传统宗教或神秘主义。

本章对理性和生存实现的关系的阐述从理性的本性是追寻无限统一的意志、理性对生存的阐明、理性与生存的实现三方面展开。

---

① Karl Jaspers. *Reason and Anti-Reason in Our Time*. Hamden, Conn.: Archon Books, 1971, p. 68-69.

② Karl Jaspers. *Philosophy*, *vol*. 3. Chicago: The University of Chicago Press, 1971, p. 161.

第一节 寻求无限统一的理性

在雅斯贝斯看来,生存是大全一切样式的意义源泉,但生存的意义充盈于大全的空间,仅凭自身力量是不够的;生存需要另一种无限连接自身的力量——理性的成全。理性是与生存相作用的一切大全样式的纽带,能够融合种种不同的存在。"这个理性空间才真正具有无边无际的广度,一切思想均可包括其中。……只有在理性的空间中才能看到与时间进程横向的、真正联结着现实相异性和相互依赖的东西。"[①]"理性的基本特征是要求统一的意志。"[②]在这里,意志不是主观自我的意志,而是超出主客体的生存的意志,是生存实现自身时对统一性存在的趋向,雅斯贝斯常将这种意志等同于理性自身。理性自身并不是起源,但它作为一条无所不及的纽带,却是其他万物得以涌现的源泉。理性的无限统一性的纽带作用体现在它对大全、真理和交往的联结上。这里从理性与知性的区分入手,对理性加以探讨。

一、理性与知性

在欧洲哲学史上,最早提出知性和理性区别的是文艺复兴时期的德国红衣主教库萨的尼古拉。后来,康德把认识过程划分为感性、知性和理性三阶段,理性是把知性的范畴运用到超经验知识的范围,进行无条件的综合统一,以获得绝对知识的能力,它必定要陷入二律背反的矛盾之中,以致不能获得真正的科学知识。因此康德认为,在日常认识中,知识优于理性。黑格尔批判性地继承了康德的思想,他认为知性是用来分析具体事物的,但只能达到抽象的普遍性,而理性是认识的辩证运动,是更高级的认识形式。康德曾认为二律背反的出现是理性的不幸,黑格尔却认为一切事物都包含了矛盾,都存在二律背反,理性能把对立的两个方面统一起来,形成整体。无疑,他们都持坚定的理性主义立场。

雅斯贝斯继承了德国古典唯心论中的理性概念,强调理性是追求和统一的能力,强调理性和知性的区分。在他看来,理性没有知性(Verstand)是寸步难行的,但知性思维绝不就是理性的思维。知性总想保持不变,安于现状,总想把整体作为一种学说来占有;但理性与此相反,永远想要突破知性

① 汉斯·萨尼尔:《雅斯贝尔斯》,生活·读书·新知三联书店1988年版,第112页。

② 卡尔·雅斯贝斯:《生存哲学》,上海译文出版社1994年版,第52页。

所已赢得的东西，永远趋向于包罗万象的全体的统一，追求一切真理全在其中的根本的统一。“努力去吸取非理性面的东西与反理性，通过理性来使它形成，把它变成理性形式的一种，事实上，到最后，显示它与理性为同一之物——这是合乎哲学行为的。”[①]雅斯贝斯坚持知性和理性的区分，在二者之间划了一条不可逾越的鸿沟，这一点源于康德；但他认定理性高于知性，更接近于黑格尔，当然，从内容上看，与黑格尔又迥异其趣。在雅斯贝斯看来，只有那种在人们看来是非理性的东西，才是真正的理性。

在黑格尔那里，理性所综合的是在知性阶段所获得的确定性概念，知性是必不可少的一环，而雅斯贝斯根本否定理性和知性的关联，理性所综合的东西和知性的成果毫不相干。它们不再是认识过程中前后相承的两个阶段，而是分属于两个不同领域的东西。它们在德国古典哲学中尤其是在黑格尔哲学中的那种辩证的联系被割断了。尽管雅斯贝斯认为理性不能产生自身之外的东西，但他又认为理性出现在大全的最深处的核心，能唤醒大全，带给大全以真理和现实。可见，在雅斯贝斯看来，理性的功能远远超过了认识论领域，如他所说，“理性——正如生存——是通过一个飞跃从存在物的严密内在性中产生出来的。它如果与理智相比，理智像是内在现象，它就像是虚无。如果说它是无所不包的大全，它是我们所是的那种寻求实现大一的冲动，那么这种大全也是具有超验根源的，而且毕竟只体现在我们所内在地体验到的那些冲动、要求、活动之中”[②]。理性是无限开放的，但有自身的界限，“不能帮助我们了解最高的善，不能帮助我们了解上帝与人类自由”[③]。在理性之外还有超越的存在，而理性本身是通达超越的必由之路。

柏拉图认为，人只有与自身相统一，没有内在冲突时，他才能成为其自身；否则，外在的偶然性能随时改变人，导致人与自身的不兼容，这是人生最大的祸患。康德的伦理学追求的也是“一”，是绝对命令，它不受尘嚣的干扰。在雅斯贝斯看来，一个人可以失去一切，只要他保持与自身的统一性。为了追求这种统一，理性愿意唤醒一切沉睡的事物，助其获得自身的权利。理性在表达和联结的过程中，使现存的和潜在的一切都显现出自身，开启万物的心灵。为了保持普遍统一形态不绝的内在生命力，理性会直面一切异在的、偶然的存在，为之所吸引，视之为时间进程中的一个暂时阶段，而不会驻留于此，止步不前。因此，理性总是试图去触及使它困惑的东西，然后用

① W. 考夫曼：《存在主义》，商务印书馆 1987 年版，第 162 页。

② 卡尔·雅斯贝斯：《生存哲学》，上海译文出版社 1994 年版，第 56—57 页。

③ 卡尔·雅斯贝尔斯：《智慧之路》，中国国际广播出版社 1988 年版，第 88 页。

明晰的语言去表达、去把握,赋予其合法性,不断突破既有的统一性,形成新的统一性。

迥异于理性,知性思维对应于一般意识,渴望在某种固定静止的东西中得到安全,依靠某种教条认识全体。知性思维是科学的认识形式,它指向确定的对象,并运用可证实的概念和推理规则去思考对象,这样就把对象分割并固定,以致无从得到一体化的真理,不能认识那种将一切统一于自身的大全。

理性异于知性的特质就是寻求无限的统一性,这决定着哲学与科学有着本质的差异。雅斯贝斯一向反对宣称哲学是一门科学或知识。哲学与科学的区别在于,哲学并不能产生普遍有效的结果。各门科学在自己的领域中早已赢得若干令人信服、得到普遍认可的知识成就,但在哲学领域内始终没有普遍被人接受的确定性知识。哲学与各门科学的区别还在于,无论哪种类型的哲学都无需公认的见解。哲学所追求的确定性并非公众意见一致的客观性和科学性,而是内在的确定性。此外,从研究对象和方法上看,科学总是与特定的对象相联系,而这种对象是真实的;科学的方法是有效的,但它总是与经验和假设有关。相比之下,哲学的对象是全体、世界、存在,但这种对象并不是真实的个体;哲学研究是有方法地进行的,但这种方法是超越客体的方法。按照雅斯贝斯本人的说法,哲学既少于科学又多于科学。

雅斯贝斯的理性有自己的特色,他认为理性本质上与生存相统一,理性不仅关系着思维,而且关系着生存,蕴涵着意义。“理性面若没有它的另一面——非理性面——是不可思议的,并且在真实世界中,从来不具另一面而出现过。”①一方面,理性与生存彼此遭遇,不可分开。“理性不应委弃于存在性(生存)以产生一种在绝望中抗拒相互沟通之孤立的挑战。存在性(生存)也不应为了那种代替实体之明晰性而委弃于理性。”②另一方面,只有通过理性,生存才会变明显;也只有通过生存,理性才会具有内容。

尽管雅斯贝斯自认为理性主义哲学家,但他的理性概念所包含的内容难以为任何其他理性主义者所接受。他认为传统哲学中的理性只遵循尼采的“日神”精神,以外在的审视为特征,实际上与知性没什么区别。他认为,真正的理性应当具有“酒神”精神,以狂热、忘我的追求为特征,通过否定使得一切活跃起来;它能洞察到最遥远的可能性,甚至包括虚无,这样的理性

① W. 考夫曼:《存在主义》,商务印书馆 1987 版,第 162 页。
② W. 考夫曼:《存在主义》,商务印书馆 1987 版,第 205 页。

把我们带到了我们自己的存在面前，使我们体验到那种不可认识、先于思维、最本己的生存，从而在此基础上把一切都统一起来。

二、理性是大全诸样式的联结

大全本身是统一的，但人们首先看到的并不是一个整体性的大全。一开始并没有统一的东西，一切都是散乱无度的，并分解为数不清的众多东西：首先是分解为大全的各种个别样式，这每一个别样式都有其自身的根源，具有不能相互还原的独特结构的存在空间；然后每一种样式内部又分解为个别的样式，譬如实存与精神的无数个别化、丰富的世界内容和世界外观、超越对于各个生存的多种多样的显现，等等。但置身于大全中的人们，并不愿安顿于这种散乱的状态。雅斯贝斯认为，真正的现实不应该是支离破碎、互不隶属的东西，而是具有统一性的。

对统一性的寻求必须在理性的推动之下。“理性本身并不是一个根源；但是因为它是涵盖一切的连锁，它好像是一个显现一切根源的根源。”①一旦失去理性，纷繁复杂的世间万象会使人们应接不暇。在一个非理性蔓延的世界中，面对永远有坠入非理性泥沼的可能，理性要敢于相信自己，依靠自己。

在雅斯贝斯看来，理性不是一种像生存那样的真正的本原，但是，“一切样态的大全的一切本原都投奔到它的敞开性这里来，以便继续不断地被联结到大一上去并从而互相发生联系”②。理性能够超越各种局限，将大全各样式带向澄明，而自身又不成为大全的一种样式。大全的统一不是寻求自我满足的智力上的可理解性，而是通过理性得以向人们敞开的存在本身。

理性拒绝单一种类的统一，而要寻求唯一的、真正的统一。理性如果过早地抓住了真理的某一部分并视之为绝对真理，它就会迷失方向。理性所指向的是大全，是“一”。这个“一”必须含纳万物，不遗漏、不拒斥任何事物，自身保持无限开放的态势。

理性在统一大全时，自身不局限于任一大全样式：“经验实存寻求的是存活，但它是在狭隘的空间中有意识而又盲目地行动；一般意识寻求的是无止境的正确性，但这种正确性无关乎人本身；精神寻求的是自我封闭的和谐整体，它可以被思虑，但不能真切地生活在其中。”③在我们所是的三种大全

---

① W. 考夫曼：《存在主义》，商务印书馆 1987 年版，第 203 页。

② 卡尔·雅斯贝斯：《生存哲学》，上海译文出版社 1994 年版，第 54 页。

③ Karl Jaspers. *Reason and Existenz*. Milwaukee: Marquette University Press, 1997, p. 66.

样式中,各有其不同的局限性,且都无涉于生存的意义,理性作为一种联结、集合和改进的力量,从大全的一切根源向前推进,以达到在思想上将这些样式作普遍性的展开。

"理性在与每一个包括者(大全)发生关系的时候,表现为一种把属于该包括者(大全)的东西都总括起来的倾向,譬如在意识一般领域中,它就表现为把一切科学都统一起来的理念。但是理性又超越了这种倾向,而趋向于一种无所不包的结合作用,这种结合作用不满足于包括者(大全)各种方式的任何孤立活动,特别是不满足于意识一般的普遍有效性要求,而要使一切包括者(大全)形成一个整体。"①理性通过多层次的、等级分明的相互渗透,在大一(das Eine)之中扬弃大全的每一种单一样式,把相互趋向、相互渗透而又相互对立的东西交织在一起,使之成为一个相互包容的整体,进而成为一个无限开放的多空间的融合体。因此,理性是一种把一切都联系在一起的思维,永远根据全体来思维所有局部。在阐明大全的过程中,理性从一个样式过渡到另一个样式,不断促进大全的一体化,寻求作为大一的终极统一。

雅斯贝斯的理性精神与他的哲学信仰息息相关。雅斯贝斯思想的现代意义不在于他首先提出了哲学信仰这一新的信仰形式,而在于开辟了这样一种可能性,即通过理性思维达到信仰的自我理解和传达。哲学通过大全的根本知识和基本操作方法,把不可思维、不可陈述的非对象性存在(例如生存、自由、超越存在)显现给人的有限思维。当然,在他的大全论中,这些非对象性存在虽通过思维的挫折得到了间接的领悟,但它们依然是不可思维的界限。不过,他的理性却通过阐明世界、自我之有限本体的界限,为信仰的存在准备了位置。

三、理性是无限交往的联结

在雅斯贝斯看来,如果离开理性,人们就会被禁锢于自身的历史性中,限定在有限的实存中,不能觉察到自身的历史性,但理性能够让人们从历史性中得到解放,让人们第一次充分意识到自身的历史性,意识到自身虽然处处受到束缚,但却感到毫无束缚,其根本原因在于,理性是运动的力量,它不断打破自我的封闭性。

理性通过人的生命的特点而体现出来,理性对每个个体都保持开放的

① 施太格缪勒:《当代哲学主流(上卷)》,商务印书馆 1986 年版,第 250 页。

态势，它使人们相互联系起来，让每一个独特的生命个体都能实现自身的历史性的完成。理性会成为具有不同历史起源的生命个体相互交往的必要环节，使具有自我意识的个体与含纳万物的大全之间的交往成为可能。理性的运动不能在孤立的个体中发生，而只能在人与人之间的交往中发生，全面交往的意志是理性的本质要素，因为“对于理性，在暂时性实存的意义上来说，真理是与交往密切相关的。不能在交往中表达的真理就等于非真理”①。真理是交往的产物，不同的交往层次敞开了不同维度的大全空间，也随之形成不同的真理模式；生存的真理是个体的自我存在，是不同的生存在交往中形成自身的真理。不同生存的真理、不同层次的真理需要在大全的空间中走向统一，而人们没有直接通向大全的真理之路。“为我们所遗失的大全在所有暂存性的深处发出召唤，仿佛要使所有的真理的碎片通过交往，从它们现在的分散状态恢复为源始的统一状态。虽然被遗忘了的真理绝不能再被及时获得，但这一真理永远存在于向它迈进的王国。”②

在雅斯贝斯看来，生存的真理是有限的，每个人所能够达到的真理绝不是普遍有效的，交往所形成的真理也不可能是完备的。存在作为整体对于交往的融合有着无限的可能性，为了趋近作为大一的真理，实现真理在大一中的统一，需要无限地交往。理性使人们对真理保持完全的开放性。

雅斯贝斯把理性视为无限交往的空间。理性渴望普遍共同的生活、共同的存在。这里所谓的普遍，意即开放。“理性需要不断地倾听，它能够耐心地等待，它因此与激情的狭隘狂暴是正相反对的。”③理性所联结的不是情感的人，不是智力的人，而是不可替代、不可比较的自我。这使得理性的交往是真正无限制的和非排外的，它准备接纳与自我交往的任何他人。在与他人的交往中，我能生活在无限的自我实现的和谐之中。否定交往就等于否定了理性本身；否定了真理，也就否定了生存的实现。

生存的实现是生存意义在大全空间中的充盈，这只有在生存意义和理性规范的共同作用下才能得以成就。理性与生存彼此遭遇，不可分离。“生存不应委弃于存在性(生存)以产生一种在绝望中抗拒相互沟通之孤立的挑战。存在性(生存)也不应为了那种代替实体之明晰性而委弃于理性。”④理性不完全是主观的，也不完全是客观的，它在趋向大一的过程中含纳了主

---

① Karl Laspers. *Reason and Anti-Reason in Our Time*. Hamden, Conn.: Archon Books, 1971, p. 43.

② Karl Laspers. *Reason and Anti-Reason in Our Time*. Hamden, Conn.: Archon Books, 1971, p. 44.

③ Karl Laspers. *Reason and Anti-Reason in Our Time*. Hamden, Conn.: Archon Books, 1971, p. 39.

④ W. 考夫曼:《存在主义》，商务印书馆 1987 年版，第 205 页。

体和客体。在单纯的生存进入丰富的世界时,理性通过在存在的多样性中持续地运动,达到生存与万物在大一中的统一,实现生存自身更丰富的存在;并且,只有将理性的明晰性推向极致,生存才能听到超理性的超越存在的呼唤。所以,只有在理性的促发下,生存的实现才会进入本真的运动,充盈壮大起来;缺乏理性,生存是无活力的、休眠的,甚至好像是不存在的。通常人们认为理性是生存的属性和活动,或者生存是理性的本质和源泉,其实,生存固然是通过理性来寻求统一的,但不是理性本身使得生存走向无限的统一,理性的统一能力渊源于存在本身的完整性。存在是第一性的,理性和生存是第二性的。生存是存在的力量借助于理性之手来实现其自身的。

四、理性是真理的联结

一般认为,存在主义是不谈认识论问题的,它只是一种本体论或认识观,但雅斯贝斯作为一个有科学背景的哲人,他一直否认自己是非理性主义者,执意要谈认识论问题。他的认识论是要指明大全存在自身向人们显示的道路,这一道路就是真理。真理魅力无穷,但也极具争议。

对于雅斯贝斯而言,真理是同存在相结合的东西,“在每一种大全样式中,存在和真理都有其恰当和确切的意义”①。人们只有经历每一种大全样式,不忽视它的任何一种样式,才能意识到真理。大全的不同样式是存在得以向人们显现和实现自己的超越性根基,是存在的揭示得以发生的界域。真理为大全所授予,大全在每一种真理样式中展现自身。因此,大全的诸样式能够有理由被称为真理的样式,真理的表达是建立在作为大全的存在样式之上的。大全的样式是多样的,真理也必然是多样的,“在完整状态下的单一真理是不可能有的;有的毋宁是在历史形式下所遇到的多重的真理”②。大全有不同的样式,真理就有不同的样式。限于篇幅,简述如下四种。

第一,实存的真理,即作为经验存在的真理。这是一种实用主义的真理观,它认为真理既没有普遍有效性,也没有无可置疑的必然性。一种观念如果有用,能够使实存不断从环境中得到满足,让自身得以保全和扩展,就是真理。雅斯贝斯认为,这是把严肃的真理随手交给了有用性;而且,这种真

---

① Karl Jaspers. *Reason and Existenz*. Milwaukee: Marquette University Press, 1997, p. 77.

② 卡尔·雅斯贝斯:《雅斯贝斯哲学自传》,上海译文出版社 1989 年版,第 89 页。

理是随着实存在环境中的变化而变动不居的，是相对主义的真理。

第二，一般意识的真理，即自然科学和实证哲学意义上的真理。它是现代社会影响最大的真理。这种真理建立在实证经验和逻辑证明的基础上，诉诸知性，清晰明确，普遍有效，没有歧义，是一种强制性的正确。但雅斯贝斯认为，真正的真理是和我们生命攸关的东西。“对于我们说来最根本的真理，恰恰开始出现于‘一般意识’的强制性不复存在的地方。”①

第三，精神的真理。凡是起到整体性作用的，就是真理，即一种观念如果能隶属于一个自洽的整体，与之相匹配，就是真的。这种整体是条理化的思想系统，是个体联络起来产生的自我封闭的整体，每个个体都置身其中。这种整体不能作为外在对象而被认知，只能在隶属性的运动中予以把握。雅斯贝斯认为这种真理观也很肤浅，没有切入本质性的东西去把握真理。

第四，生存的真理。上述真理样式并未穷尽真理的全部意义，它们还没有达到那种让人们为之生、为之死的那种真理。这种真理只存在于更深一层的生存之中。它是每个存在者赖以存在的基础，无条件地安居于自身，让我成为我自己。它是一种绝对的、来自生命深处的确定感，荷载和充实着其他诸类型的真理。“事实上，我们能否以坚决态度同时以对每一种真理意义的界限意识把握到真理意义，全视我们是我们自己到了何种程度。换句话说，各种来自其他起源的真理，只有从生存的真理那里才会提取其纯洁性。”②由此，生存的真理没有客观的普遍性和统一性，而是呈现为独一无二的个体性，它是从哲学信仰中获取的。

雅斯贝斯认为，各种真理形式不一，范围不同；但如果要依靠一种终极真理来统摄各种真理，化解彼此间的冲突，从而达到真理本身，那是不可能的。把任何一种真理绝对化，只能走向其反面——非真理。因此，真理本身并不存在于任何一种孤立的真理形式中，只能存在于各种意义的真理之间的关系之中。这种联结有赖于理性的力量。

在雅斯贝斯看来，“理性通过确证每一个，将真理的不同意义相互连接；它防止任何真理局限于自身，它知道任何对大全的孤立化和绝对化都是错误的”③。既然理性是连接所有大全样式的纽带，理性也就是真理的纽带，理性的召唤，使得真理出场。

理性自身不是真理的内容，理性也没有自身的真理，它将把不同真理样

---

① 卡尔·雅斯贝斯：《生存哲学》，上海译文出版社 1994 年版，第 34 页。

② 卡尔·雅斯贝斯：《生存哲学》，上海译文出版社 1994 年版，第 35—36 页。

③ Karl Jaspers. *The Perennial Scope of Philosophy*. London: Routledge & K. Paul, 1950, p.45.

式连为一体作为自身的任务。理性在各处寻求真理,并将它的发现连成真理之网的普遍原则,但正像大全的不同的样式缺少一个共同的原则,从而不能最终化约为一个连贯的系统,真理的样式也缺少这样的统一系统。理性能够通过自身的统一性在它们中间不断地运动来连接它们,但理性不能将它的连接结果引向一个一劳永逸的结论,理性的任务不会在最终的成就中结束,它不能发现一个终极的真理。

"即使真理从它自己的本性中获得了普遍有效的标准,它看上去并不承认这一标准是绝对正确的。为了不失去普遍性的统一,它(理性)立刻抓住了这一标准所无法解释的东西,那就是意外的打扰和历史性权威所无法解释的要求。但理性并不就此止步,因为根据终极统一的要求来衡量,这些仅仅是时间进程中的一个暂时阶段。理性在光辉灿烂的世界中既不能寻求安宁,也永远不能停止探寻。"[①]因此,真理对哲学的理性而言是个永远的任务,理性无限统一性不会止步于任何真理的标准。理性,永远在路上。

理性对于真理的意义,还体现在于它对真理的表达上。真理之为真理,就在于它是公开的、可交流的;不能在交流中被表达的真理就是非真理。当真理把自身表达出来时,它期待着听到共鸣。真理不同于一切片面的宣言,每个人都没有带来真理,而只能与所遇到的其他人一起,在倾听和探寻中寻求真理。真理终究不可能尽善尽美,因为表达和交流不是尽善尽美的。对于人来说,真理终究是在交流中发展的。交流的不完善和真理的不完善只有在超越面前才得以消失。

雅斯贝斯终生坚持理性的传统和力量,也笃信真理在世间的存在。以理性的力量去追寻真理,是其生存哲学显著的特质。

第二节　理性对生存的阐明

雅斯贝斯认为,"理性与存在不是两个对立的势力,不是两个彼此争胜的对立力量。每一个都是透过另一个才存在的。它们相互地展开,透过彼此,彼此才获得清晰性和现实性"[②]。生存的实现是在生存和理性的相互作用中实现,理性对生存具有形式的优先性,理性能够也应该对生存加以明晰地阐述;唯有如此,生存才能形成合理性的存在,才在逻辑的形式和结构中

① Karl Jaspers. *Reason and Anti-Reason in Our Time*. Hamden, Conn.: Archon Books, 1971, p. 40.

② W. 考夫曼:《存在主义》,商务印书馆 1987 年版,第 205—206 页。

呈现为可交往的内容。生存只有进入交往，才能相互激发，在大全的空间中充实自身。

生存本身是不可认知的，对生存的阐明不是对存在者作出普遍有效的陈述，“而是要能洞察它的可交流的方式，而且在它自己的自觉的方法中得到训练”①，这样才能实现对人的可能生存的呼唤。这不再是对象性的认识，而是一种超越性的思维，为此必须找到一种新的思维方法，这样就产生了对于雅斯贝斯非常重要的关于生存的表达问题。

本源的生存是虚灵不滞、大象无形的，知性思维对于把握生存是无能为力的。人们不能用与客观对象有关的范畴来直接表达生存，在生活中只能使用通常的语言符号和概念范畴。为了把握生存，就必须改变通常语言的意义，将理性从科学上的智力性认知转换为对存在的把握。在阐明生存的思想中，需要同时振起两只翅膀，一只翅膀是普遍的概念，它属于思想本身；另一只翅膀则是对生存的存在意识。这两方面的和谐非常重要，只有这种和谐才能把对生存的阐明与各种心理学等科学区别开来。当然，只有诉诸理性思维，这两方面才能统一起来。

生存本身是缄默的，是不可表达的非对象性存在。如果仅仅使用普遍的范畴来表达，生存就不能成为可感受的存在，而是滑落为一种科学上、心理上的把握；在交往中，它就不是指向另一个独异的个体，而是指向人的可替代的知性层面。因此，雅斯贝斯非常重视语言的表达方式，他认为哲学的真理只能在间接性的思想运动中产生，而不能在任何命题中被直接捕捉；只有通过适当的阐述方式、提出问题的方式以及思维的选择，才能够在人的心中燃起生存的火花。

在雅斯贝斯看来，“一般意识所理解的是逻辑上的可把握性、连贯性和单义性，这还仅仅只是最狭隘的理性，是可理解性。对于知性来说非逻辑的、知性边际的对面，其本身必须作为理性来理解”②。生存是超越性的，与生存相互作用的理性必须在超越性中把握非逻辑的存在；理性转换了知性的使用方式，通过一系列的特殊表达方式，打破了知性的逻辑秩序，能够曲尽其妙地表达出不可知的生存。在阐述雅斯贝斯通过理性思维表达生存之前，本章先进一步阐述生存的不可认知性。

---

① 卡尔·雅斯贝斯：《雅斯贝斯哲学自传》，上海译文出版社 1989 年版，第 86 页。

② Karl Jaspers. *Reason and Existenz*. Milwaukee: Marquette University Press, 1997, p. 110.

一、不可知的生存

生存和所有人自身的大全样式的不一样,就在于它的虚灵的本性,它是非对象的、不可知的。在雅斯贝斯看来,这一不可知性带来了通常表达上的难度,但这不是纯粹的消极因素,因为这种不可知性恰恰是生存幽暗的、不绝的源泉。如果生存是可认知的,它就是一个现成的存在物;作为一个对象性的存在,就不能为人提供绵绵不绝的源泉,人就会丧失其本源性。对于雅斯贝斯,正是这种不可知性使他创造了表达生存的独特方式。

雅斯贝斯认为,生存产生于世界中对象性存在的尽头。"这种存在是作为生存的自我,我如果不变成自身的客体,我才是生存。"①这是雅斯贝斯文本中对生存的第一个表述。生存不是人们可以简单地确定、判断的东西。通过判断,人们所意指的是给定的、现存的、实证的事实性,而生存却不是人的自然本性,它是尚未实现的可能性的源泉,是确证和探求的统一,是从一系列的决断中产生的存在。生存因此不能被混淆为作为经验个体的实存。实存是事实性的,根据普遍性的法则,它的客观可能性能够被计算和预期;而对于雅斯贝斯而言,生存不是确定性的事实,而是可能性,是一种蕴涵于实存中的可能性,这种可能性不同于经验上的可能性,它所指的是作为人的自由、在自由的决断中产生的非决定性。确实,生存是在经验存在中通过决断而实现自己,使客观世界的决定成为生存自由显现的领域;但生存在世界中没有起源,世界不是生存的源泉。生存,作为自由的存在,是自身的源泉,是自主产生自我的可能性,或者按照雅斯贝斯的另一个表达:"生存是对自身的创造。"②生存既是自身的原因,又是自身的结果。作为不可概括的自由个性,很显然,生存完全缺乏普遍性,是不可言说的存在。因此,生存和客观事物是迥然不同的,客观事物能够通过类的概念而被认知,而"生存不为任何程度的普遍性所作用,不能被认知而只能被阐明"③。

雅斯贝斯看到了这一特性给表达所带来的困难:"如果生存对立于经验存在,对立于世界和所有的普遍性事物,如果它不能成为一个对象,那么在思维中对它的把握就没有希望。"④"如果对象性语言中所谈及的只是经验

① Karl Jaspers. *Philosophy*, *vol*. 2. Chicago: The University of Chicago Press, 1970, p. 3.
② Karl Jaspers. *Philosophy*, *vol*. 2. Chicago: The University of Chicago Press, 1970, p. 35.
③ Karl Jaspers. *Philosophy*, *vol*. 2. Chicago: The University of Chicago Press, 1970, p. 4.
④ Karl Jaspers. *Philosophy*, *vol*. 2. Chicago: The University of Chicago Press, 1970, p. 4.

事物,那么试图用它去表达生存就没有用处。”[①]在这种情况下,生存就是不可克服的未知存在,人们永远不能加以认知。

虽然生存是不可认知的,但在雅斯贝斯看来,哲学的根本任务是对存在思想的整体性探求,这永远不是人的实存、一般意识和精神所能够承担的任务,而只能由生存来担当。如果通过生存来求索存在,生存本身就不能永远是静默的和不可表达的,否则它就会在自我中沉寂下去。生存要实现本真的存在,就必须将自身从不可表达中拯救出来,进入广阔的交往空间,生存的可表达性对于存在是根本的。在雅斯贝斯看来,对生存的表达不是直觉,而要进入思想之中:“只有在逻辑中才能探清真理和存在都在其中被给予我们的那些领域。”[②]“真正的生存只有通过真正的反思才是可能的,对生存的确证既不是先于也不是独立于思想的普遍性中介,只有通过思想它才能显现其自身。”[③]只有进入思想的范围,才能进入交往的过程。“交往要求理性的自我形式,也就是要求思考借以进行的形式和方法方面的知识,以及引导思考达到确认其本原这一任务的知识。理性的自我意识一旦获得成功,思想就获得超过其自身的优越性,进行哲学思考的人就成了他的思想的主人,而不是无意识地被束缚于思想的序列和形式的人。”[④]

因此,对于雅斯贝斯而言,虽然生存本身是不可认知的,但通过思想来把握它,让它走出沉默,进入交往,是寻求存在的根本性问题。

在雅斯贝斯看来,在人们不能抛弃使用对象性语言的情况下,通过适当的转换,对象性语言和思维能够成为表达生存的方便工具;超越知性思维,理性思想的明晰性能够烛照幽暗的生存深处;通过理性思维,语言的普遍性必须也能够表达出生存的内蕴,而在这同时又不把它对象化,而是保持其独异的个体性。

在理性思维通过日常语言对生存的阐明中,雅斯贝斯运用了几个紧密关联的方法:否定式、普遍和特殊的倒置、逻辑的循环、悖论的确证。以下依次加以论述。

二、否定

在生存的阐明中,通常语言的第一个作用是否定,即表达出生存不是什

① Karl Jaspers. *Philosophy*, *vol*. 2. Chicago: The University of Chicago Press, 1970, p. 5.
② 卡尔·雅斯贝斯:《雅斯贝斯哲学自传》,上海译文出版社 1989 年版,第 89 页。
③ Karl Jaspers. *Philosophy*, *vol*. 2. Chicago: The University of Chicago Press, 1970, p. 10.
④ 卡尔·雅斯贝斯:《雅斯贝斯哲学自传》,上海译文出版社 1989 年版,第 90 页。

么。在这一阶段,语言承认它作为客观性概念和范畴的不足。只有在成功地突破客观语言,突破表达对象性事物的语言限制时,生存才能显露,达到不再有对象显现的地方。

对生存概念的阐明,就需要运用否定的方式。生存不是实证性的,尽管它寓于人的身体之中,但它不是人的身体,生存对身体有根本的作用力;生存也不是人的社会性,尽管人从社会中成长,但生存超出了社会所能够给予的东西;生存也不是人的种种角色,生存比人的角色更丰富。作为特定的角色,人在其中会受到诸多限制,但作为生存,人能够保持为自由的可能性,它有一种潜在的力量,能够将人从事实性中抽回。生存也不是上述各种属性的聚合体,这种聚合所形成的还只是形式的自我,还具有客观性。

其他的生存性概念,像自由、历史性、临界境况和交往、超越,也都具有这种否定性表达方式。

否定方式的结果是帮助人们知道生存不是什么,这是阐明进程中的第一步。只有从这一开端出发,才能对生存作进一步的探求。通过否定的结果,人们知道生存不是对象,甚至不是超验的对象,人们从此不会试图再在客观的经验领域中去发现生存,不再在各种客观知识中去发现生存。在对生存的对象性和客观知识突破后,才有可能唤醒自我萌发的生存意识。

通过否定的方式,人们首先会质疑客观现实的绝对性。我们自身是一种客观现实,但纯粹的客观现实不能完全地满足我们,在其中有一种非经验性的存在,犹如我们的灵魂。通过否定,我们就能够从经验存在中被唤回到生存之境。这种将我们的生存从客观知识和经验存在中解放出来的行为,是一种自我在觉醒后开始阐明自身的行为,是一种积极的怀疑。因此否定的方式不是一种简单的技巧,就像笛卡儿的怀疑引出了自我,构建了超越性的意识;在雅斯贝斯这里,生存的怀疑构成了一种运动,在其中,生存通过将所有的客观现实置于疑问而扬弃自身。

在雅斯贝斯看来,用对象性思维和语言来把握我自身是什么是远远不够的,这一局限性经验会导向对生存的间接的阐明。首先,当人们试图把自身等同为个体性的某一客观方面时,人们感到他们所把握的仍然还不是自身,意犹未尽,这就透出了可能的生存丰富性的一缕光亮;其次,各种经验事实也成全着生存的实现,生存有能力安顿于事实性并从中脱颖而出,这一事实能够给予人们关于生存自身的间接知识。关于某一事物的知识和对于某一事物的直接知识,在雅斯贝斯看来,二者有重要的区分。当人们所要认知的事物以其全部的事实性展现于人们面前,以使人们的知识能够充分地扩展时，人们所打交道的是对这一事物的知识；但是，当人们所涉及的不是事实，而是自由，是可能性时，它就不是给定的知识，不能直接地被认知，因为它既不能在自身也不能在原因中被确定，对于这种存在，我们只有与之相关的知识，而没有直接的对象性知识。

在否定的阶段，语言对于表达生存是力不从心的，但生存的存在毕竟得以隐隐约约地显现，生存阐明成为可能。雅斯贝斯认为，要实现对生存的阐明，必须超越客观逻辑，超越知性思维，遵从以下三个步骤：客观的语言和范畴中的普遍与特殊的倒置；逻辑的循环；逻辑矛盾的肯定。这些步骤都超出了直线式的逻辑，将通常的思维行为转换为对生存的阐明，对非客观性的生存根基的显示，给予我们以生存本性的间接知识。

三、普遍与特殊的倒置

雅斯贝斯确信，在生存的阐明中，将客观性推向极致时，就会显露出比客观性更丰富的超越性内容，客观性就会变成探求更深层次生存的工具，就会获得对生存的一些积极消息。然而，这需要转换通常语言的逻辑特征，对语言的生存意义上的运用必定会影响语言的普遍性和抽象性。通常的陈述在语言的客观形态中总是表达着普遍性的意义，但是，“当客观陈述运用于生存的阐明时，它的意义会超出其普遍性”①。就是说，在生存的阐明中，虽然不能摆脱语言的普遍性形式，但通过这种普遍形式，语言要表达的是一种有关个体的、独异的和不可重复的内容；换言之，生存的语言必须在形式上是普遍的，在内容上是特殊的。

在生存的阐明中，语言迥异于通常的使用，这并不意味着语言的普遍有效性会从它的内容中消除，普遍性本身作为形式必然要保留。雅斯贝斯之所以坚持生存的语言也必须有普遍的有效性，“因为生存揭示出的真理如果只对个人是真的，那么它其实就不是真的”②。只是，在生存的表达中，真理首要的是要表达出个人性的内容，否则空洞的普遍性陈述对于听众就是无动于衷的。在交流中，不像听一个客观的陈述，生存陈述的听众不能置身于所表达的真理之外，而必须变成积极的参与者，尽管不是参与本身使得这特殊的陈述真实，但参与使得真理对于参与者不再是普遍性的客观真理，而是生存意义上活生生的真理。另一方面，若认为生存的语言在根本上等同于

---

① Karl Jaspers. *Philosophy*, *vol*. 2. Chicago: The University of Chicago Press, 1970, p. 10.

② Karl Jaspers. *Philosophy*, *vol*. 2. Chicago: The University of Chicago Press, 1970, p. 56.

通常的语言,普遍性在生存语言中的功能等同于普遍有效性,这也是误解。为了避免这一误解,有必要通过雅斯贝斯哲学中的生存交往来作一阐释,交往主题将在第四章作详细论述。

生存的阐明产生于生存的交往之中,也服务于生存的交往和对话。对于雅斯贝斯而言,构成生存可能性的是自我与自身的积极的和谐,生存的可表达性是生存的本质性要素,本真的生存只能在交往中实现,生存的交往是两个自由者的相互关联,每一方都在爱的斗争中认同和促进作为另一个生存的对方,因此二者也都同时认同和促进他们自身的生存。生存具有自主性和自我决定的性质,但同时又具有孤立和自我满足的特性和不足,只有交往才能化解这种局限。交往将个体的生存扩展为交往性的共同式生存。此外,当注意到生存的交往通过在个体自我间的交换而达到自我发现和自我实现时,我们能够看到,通过交往的思想,个体自我的自觉创造性这一最初的概念被扩展为两个自我的相互创造性。

不同于事务性的非生存的交往,生存的交往孕育着自我的表达,双方的关系是心心相印的,而不是人与物的功能性关系,这种内在的和谐防止了任何一方的对象化和物化。不是将他者对象化,将自己非人性化,生存的交往力图使他人在他的真理中成为他自己。不同于一般性的信息的表达,生存交往的双方道出各自的语言,表达出它们自己的自我。生存的交往不是简单的公共信息的交流,而是双方自我的呈现和分享。因此,生存交往不是中立的、双方相遇的客观性过程,不是对所有人都开放的关于抽象话题的讨论,而毋宁是爱的斗争的战场。在这里二者的角力不是为了取胜,而是为了解放对方;每一参与方都力图表达出自己,而不是成为千人一面的个人。通常的交往将交流双方的差异削平以达到共通的某一特定层面,并且趋向于在语言的使用中创造一种特定的普遍性,生存的交往所强调的却是交往的独特的、个体的、特殊的方面,是生存的表达和实现。这就是为什么爱的斗争是生存交往的永恒形势:爱趋向交往,斗争趋向独立,爱的斗争在交往中保持独立。

普遍和特殊间的关系在生存的交往中改变。生存的阐明发生在生存的交往中这一事实使人们能够理解:在生存的表达中,"特殊比普遍更丰富"①,不同于通常交往的表达。在科学知识中,特殊仅仅是类的一个样本或一个概念的具体所指,而生存的独特性却有不可测的深度。当个体生存

---

① Karl Jaspers. *Philosophy*, *vol*. 1. Chicago: The University of Chicago Press, 1969, p. 48.

是其自身时，它比人的种族、国家和人性的普遍性概念所表达的远为丰富，因为后者有可能疏离自身。

因此，在雅斯贝斯看来，在生存的阐明中，表达了特殊个体内容的陈述比表达一般性内容的陈述更为重要。如果一个陈述不能唤起人们的生存感受并得到回应，那么它在生存上的有效性就是不确定的；只有当它是内在自我的表达时，它才有生存上的意义。因此，如果说科学上的客观命题能够向所有人同一地言说，生存的陈述则只向有准备的耳朵言说。

概括之，生存上的陈述在形式上虽然也是普遍有效的，但只有一个人带着他自己特定的真理，在其自身的生存中才能充实和领悟这命题的含义。因此，生存的陈述在普遍性形式上是可理解的，但只在特殊性上才是有效的。

四、逻辑循环

雅斯贝斯认为，在客观的陈述中，为了把握生存，必然要对它的特殊性和普遍性的意义和价值有个倒转，在这种对知性思维的逻辑秩序的瓦解中，显示出隐蔽生存的意义。他认为，因为生存是非对象的存在，在陈述中要表达出生存的意蕴，逻辑的循环也是必需的。通过逻辑的循环，"在其中表达过的对象的内容丧失了它的缘由并消失了，而它所关涉到的内容恰恰保留下来"①。丧失的是有形的，留存的是无形的。

对于雅斯贝斯而言，生存是从自身深处涌出的，是自我创造的；但在交往活动中，生存又表现为两个生存个体在交往中的相互创造。可见，在这两种表达中就蕴涵着逻辑上的循环。不管是自身产生了自己，还是在交往行为中彼此相互创造，在任一情况下，人们所涉及的都是一种既先于而又伴随着交往而产生的东西，然而它又是自我创造的。为了进入与他人的交往，我必须已经是我自己；但另一方面，只有通过与他人的联系，我才能成为我自己。并且在交往中，这种逻辑循环依然存在，即我只有通过他人才能成为自己，他人又只有通过我而成其为自身。可以看出，在这之间要理出明晰的因果顺序是不可能的。如果将自我作为原因，他人的自我就是结果，反之亦然，这就形成了逻辑循环的漩涡。

当然，人们能够从知性上分析并解决这种循环，但这样就会把生存的自我变异为经验的自我，将生存的交往异化为经验的交往。对生存和交往性

① 熊伟主编：《存在主义哲学资料选辑（上卷）》，商务印书馆1997年版，第601页。

的考察，就是在可观察的心理学层面上展开的。这样的研究当然是可能的，也能够提供出两个个体交互作用的客观有效信息，但这就完全无涉于人的生存性存在；离开了生存，“那么对它们互为存在的思考作为一种单纯的对象性的思考就会失去意义，因为即使是通过相互作用也不会从无内容的生存上得到任何东西”①。

雅斯贝斯认为，离开交往性就没有生存可言。但这话往往又被误解为，在交往活动之前，生存是不存在的。实际上并非如此。在交往之前，生存已经存在于实存之中，在人的肉身中蕴涵着一种能超拔自身的力量。这种力量作为自由的可能性，只在生存的相互交往中才能得到激活和充实。在这种情况下，生存自我的实现就不能被悖论式地理解为要么是自我的创造，要么是相互地创造，二者不是非此即彼的单义的选择。毋宁说，生存的自我实现是一条从可能性到事实性的通道，受到自身的内在引力和交往的外在促发的双重作用，二者缺一不可。

因此，对于雅斯贝斯而言，作为实存源泉的生存只能在逻辑循环中被揭示：我的生存是被他人的生存所牵引的，他人的生存也是被我的生存所促发的。当然，这种循环只是勉强的解释，会产生出客观知识，但不是对生存自身的直接解释。通过这种循环，知识的客观内容瓦解了，但通过这种瓦解，一缕光亮照进了不可思维的生存源泉。

五、矛盾的肯定

通常的范畴对生存的阐明还有另一种方法：肯定逻辑上的矛盾。对生存的阐明常常需要既肯定又否定，这在知性上也是完全不相容的，但对于雅斯贝斯来说，在理性上、在生存上却是能够且应该统一的。相互矛盾的概念构成了对概念(pair-concept)，它们只有在共同的使用中才产生张力，在不可化解的张力中才能表达出生存的意味，“如果是在单一的运用中，生存就会被对象化，(这种阐明)就会对生存产生固定和单一的理解”②。

雅斯贝斯通过肯定矛盾的方法阐明了生存的诸多特性。在前面谈到的生存的历史性时，他认为生存是短暂和永恒的统一，因为对生存的意识既是一种对时间中存在的意识，又是一种对超越于时间的存在的意识，雅斯贝斯称这种意识为历史性。历史性于是就是一个场所，在其

① 熊伟主编：《存在主义哲学资料选辑(上卷)》，商务印书馆1997年版，第602页。

② Karl Jaspers. *Philosophy*, *vol*. 2. Chicago: The University of Chicago Press, 1970, p. 14.

中，短暂和永恒同时发生，共同归于生存。换言之，在生存的历史性中，人们清楚了自己在时间中的限度和在永恒中的深度。“在历史性中，我能够清楚地看到理解自己真实存在感的统一性悖论：人只有作为暂时性生存才是自己，而自己又不是暂时性的，人只有在时间中作为实存才能认知自己；但在这种方式上，这种实存成为对于我无时间性的自我存在的现象。这种历史意识的两方面只对于思维才是矛盾的。我对自我存在的客观知识和我对自我存在的生存上的唤起，在生存的意识中，是同一水平、源始为一的。生存和生存的现象既是分离的，又是同一的。”①于是，为了表达生存的确定意义，就必须要么同时使用两种矛盾的论述——“生存是短暂的”和“生存是永恒的”，要么用两个不相容的概念组形成一个单一的论述——生存是短暂—永恒的存在。

同样地，孤独和交往都属于生存，二者是对等的，孤独和交往的关系将在第三章中第二节将作详述，这里稍提。在生存的交往中，我只能作为孤独的自我才能进入交往；但另一方面，我又只能在面对交往中的他者的生存时才能知道自己的孤独。对于雅斯贝斯而言，在生存的深处有幽暗的基地(dark ground)的神秘存在，它是绝对不可与他人交流的，只能默自品味。这一神秘的自我源泉带给人们根本的孤独。孤独不是交往所能够消除的，孤独让我独处，又给予我进入交往的动力。生存是孤独和交往的神奇的契合，是联系中的分离和分离中的联系。“我不能离开交往而成为我自己，我也不能离开孤独而成为我自己。”②当这些陈述被知性地理解时，就不能表达出生存上的意义。“交往只不过是合理主体之间的理解关系，孤独只不过是原子论的个别体的分裂孤立性。”③在客观知识的层面上表达生存时，只能要么用独处，要么用共处；但在生存的阐明中，必须在整体中同时想到它们，运用它们。

再者，在第二章中用决断来表达生存自由时，决断所指的不仅是选择的自由，同时也是选择的必然性。选择既是自己愿意的，同时也是必须如此。这两个词只有同时使用，才能确证生存自由的本来意义，才能表达出源始的存在；若单一地使用，所表达的就是经验的实存，必然性就成为客观的必然性，自由就变异为任意、任性的心理行为。

又如，自由和罪责的关系也是如此。自由不是罪责，但又是罪责。“只

① Karl Jaspers. *Philosophy*, *vol*. 2. Chicago: The University of Chicago Press, 1970, p. 107.

② Karl Jaspers. *Philosophy*, *vol*. 2. Chicago: The University of Chicago Press, 1970, p. 56.

③ 熊伟主编:《存在主义哲学资料选辑(上卷)》,商务印书馆 1997 年版,第 603 页。

有我承认和承担我的罪责时，自由才能实现。”“否定罪责也就否定了自由本身。”“自由将任何属我的事物变成我的自由，但因此而产生罪责。”[①]只有自由和罪责并用，才能更本真地表达出生存自由的内蕴。

自由和依赖也必须融合为一。我必须遇到另一个自由的人，我才是自由的；为了我的自由，我必须依靠于他人。无限制的自由和安逸的依赖都不能充分地表达出生存的自由，真正的自由是自由和依赖的矛盾统一。

这种对矛盾的肯定的例子在雅斯贝斯的哲学文本中还很多，例如，生存既是内在的，又是外在的；既是统一的，又是多样的；既是自我的存在，又是自我的创造；生存在实存中有丧失自身的危险，但它又必须在实存中显现以实现其真实性。之所以要作这种对立性的思考，是因为只有当我把我理解为一，又理解为两个本质，理解为以诸无限的形态相互斗争、相互观望等候、相互交谈的多时，我才能思考我自己。这一切向我陈述出来的同时，我成为存在，这个存在在它的每个形态中，又在它每个相应的对立面中，在一个个体中又在另一个个体中，是一又不是一。因此，对生存的思考必须在矛盾中展开；在矛盾中，生存在脱落其对象性中显示其本然的意蕴。

雅斯贝斯的这一辩证的方法有黑格尔的特色。黑格尔在展现绝对精神自我实现的不同阶段时，用的是正反合的矛盾统一法。对于生存的阐明和实现，雅斯贝斯用的是生存的辩证法。在这种辩证法中，我们能够抵达知性思维最大可能性的边际，从而开启存在的空间。在其中，知性不会被根本上摧毁，它依然保持着它最基本的作用，即选言式的界定。即使是在逻辑循环之中，知性的作用仍然保持为相对两极之间的震荡，而不在任何一方平息安顿。但在对矛盾的肯定中，情况就不同了。在对暂时的永恒、孤独的交往、自由的必然等不可分的二元性的肯定中，知性扬弃了自身，先前的区别功能丧失了。知性背离了自己的本性，看上去就好像逻辑思维的最终形态是非逻辑，但这种非逻辑不是远离区分以回到某种直觉性的玄览，不是理性的终结，而是雅斯贝斯后期所倾心不已的理性的非逻辑（rational a-logical）。在理性的非逻辑中，人们跨越了知性的明确界定的边际，进入神秘之域，抵达了作为所有思想的深基——难以理喻的生存。

---

① Karl Jaspers. *Philosophy*, *vol*. 2. Chicago: The University of Chicago Press, 1970, pp. 172-173.

第三节　理性与生存的实现

一、理性与生存的辩证关系

在上面的论述中，我们可以看到，在雅斯贝斯的哲学中，理性最显著的功能就是对生存的联结和表达。生存和理性因此有着密切的关联，理性在逻辑中活动，而生存总是系之于大全的各内在样式。在某种意义上，理性可以被称为生存自身的活动功能，以其形式的普遍性成全了生存的实现。

理性和生存的联结在雅斯贝斯的文本中得到清楚的表达，它强调了不可分离的统一性。理性不能游离于人类的生存追求，在生存哲学和理性哲学之间没有一个真实的断裂。雅斯贝斯的哲学不是生存哲学或理性哲学的非此即彼的选择，而是二者通过单一的意愿行为的作用的融合。

在《理性和生存》中，雅斯贝斯对二者的关系作了精辟的论述："我们存在的伟大的两极是理性和生存，它们在大全的所有样式中相遇到一起。它们密不可分，一方会随着另一方的消失而消失。生存离不开理性，否则就会在隔绝交往中陷入孤立的孤芳自赏；理性离不开生存，否则巨大的实在性就会取代透明性。"①生存只有通过理性而变得清晰，理性只有通过生存而富有内容。

理性总是指向它的对立者，即支撑它的生存的内容，生存在理性中澄清自身并给予理性以至关重要的动力。理性缺乏生存就是纯粹的知性，失去了理性的基础。因此，理性离开生存，仅仅作为知性而存在，就是空洞的，缺乏直觉。但理性不是纯粹的理性，而是可能生存的行为。

生存也指向一个他者：超越存在。通过超越存在，它便成为世界中的一个独立的东西，因为生存不能创造它自身；离开超越，生存就变成了贫瘠的、漠然的自大狂。生存又为理性所导向，通过理性的明晰，生存才能体会到超越的呼求和不安宁的生存；只有在理性的探寻中，它才会进入本真的运动。没有理性，生存是无活力的、休眠的，仿佛是不存在的。因此，理性和生存不是对峙的斗争两极，而是每一方都通过另一方而存在，它们相互促发，通过对方获得明晰性和现实性。尽管它们不能融成一个终极的整体，但只有从它们出发，每种真正的实现才是一个整体。

---

① Karl Jaspers. *Reason and Existenz*. Milwaukee: Marquette University Press, 1997, p. 67.

理性离开生存，即使在最丰蕴的可能性领域，都会蜕变为没有生命力的思维活动，仅仅是一般意识上的智力的运动，或精神的思辨。当它滑落为理智上的普遍性时，就没有了历史性的基地，不再是理性了。

建立于情感、冲动、本能和经验之上的生存是无理性的，往往蜕变为盲目的暴力，因此而进入实存力量的经验普遍性中。如果缺乏历史性，迷失于经验存在的偶然的多样性，它自我满足、自我确证，与超越无涉，就不再是生存了。

每一方离开对方，都将失去存在意义上的真正稳定性，并因此而失去可靠性，从而蜕化为缺乏任何交往的盲目强力。在孤立中，它们都丧失了其本性，失去了根基或目的，而成为狭隘的经验层面上的形式。

在世间的实在中，它们永无安宁的时刻，有的只是从那终极的基地生发出来的永远的运动，"这种运动在个性和普遍性、在事实性和无限的可能性、在生存信念无疑问的直接性和理性的无限运动之间展开"①。

这些内容说明，理性自身是贫乏的，与理性隔绝的生存是原始本能的。这两种状况都会导致狭隘的理智主义或盲目的非理性主义，会偏离真正的哲学活动，偏离生存的实现。理性和生存是哲学的姊妹支柱，在哲学活动中，人的实现是在大全空间中的充实，这只有在生存的内在内容和理性规范的共同作用下才能得到成就。因此对于雅斯贝斯而言，生存和理性的互动是哲学的根本运动，但这种互动不能被视为简单的互补，而应被视为它们通过对方的存在，通过相互的张力融合为统一的整体。这些观念在上述文本中是相当清楚的，但也必须看到，理性和生存的相互关联比上述内容更丰富。

在大全的各样式中，理性和生存既不是存在自身的大全，也不是我们所是的大全；既不属于自我的样式，也不属于非我的样式。它们不是反映了存在的根本性分裂，而是反映了存在的原初统一。它们的起源和目的是存在自身的统一性，包含了自我和非我。生存标识着人的统一性，它包含了主客观因素的多样性，是在绝对意识的统一性中的行为；另一方面，理性使存在在生存深度中显现在场，将生存的多样性展现联结为一体，反映了人们内在整体的多样性。然而，这种内在于我们的整体不是一个既成的事实，不是假定的基准线，它必须被视为需要不断抵达的目标，需要寻求和呼唤。理性永不停息地形成一个整体，是趋向大一的誓愿，它只能通过对多样性的持续探

① Karl Jaspers. *Reason and Existenz*. Milwaukee: Marquette University Press, 1997, p. 69.

求而实现。

生存寄身于我所是的三种大全样式，也作为超越性的基地使自我与他人相分离，从而使别的生存成为可能。与之相反，理性不是自我的样式，而是大全各样式的纽带。理性不是自我，也不是非我，而又在二者之中，成全自我和非我在大一整体中的融合。理性作为求统一的意志，使这些不同的样式在大一的整体中融合。

蒂利希说："理性的源泉不在自我中，而在大一(One)自身中，它凝聚了自我和非我。因此，在理性中所生发的东西就不能被视为自我所能单独产生的。"①然后他从这事实中推出："对存在的超越性的思考，对向我们展现的存在的思考，是一种为理性所引导的思考。但既然理性来自大一，寻求的也是大一，它的源起和目标都不能归之于自我，为这种思考所做的工具和计划就不能仅从自我中产生。这样，逻辑——通过理性对存在的超越性思考——看上去就能够把握一种存在样式，尽管不是大一本身，然而在它的自身中融合了自我和非我，这种存在样式无疑是理性的存在，因为它通过理性而存在。"②

通常，人们认为理性是生存的属性和活动，或者生存是理性的本质和源泉。但从以上的论述可以看出，生存固然通过理性来寻求大一，但不是理性本身使得生存走向大一的统一，理性本身的统一性来自存在本身。生存中激荡起一种意志，这种意志已经是理性中的大一的在场。当说到生存只有通过理性才能明晰时，人们也许想到理性就像一盏电灯，它的光芒照亮了自我幽暗的深度，但其实理性所投射到生存上的光芒是存在之光。

因此在雅斯贝斯看来，理性是一种动力，使生存的独特性遭遇实在的丰富性；理性是从自我和非我中所生发的活力的汇流。理性不是完全主观的，也不是完全客观的，而是在趋向大一的过程中含纳了主体和客体。只有通过在存在的多样性中持续地运动，才能达到大一中的统一。雅斯贝斯所说的理性比人们通常所说的理性更加重要，它意指这样一种哲学思维过程：以人的自由存在为目标，敢于挑战一切权威，具有高度的开放性和批判性。这种理性最重要的特征是要求统一的意志，它不满足于实存、一般意识、精神和生存的分裂样式，而是要超越它们，走向一个绝对统一的真理。这是只有

---

① Sebastian Samay. *Reason Revisited*. Notre Dame, Indiana: University of Notre Dame Press, 1971, p.225.

② Sebastian Samay. *Reason Revisited*. Notre Dame, Indiana: University of Notre Dame Press, 1971, p.225.

人才会有的追求。

看上去,理性和生存的最终统一有点黑格尔主义的意味:对立的两极相互引发出对方,它们的张力是它们存在的本质,都在一个更高的概念中化解两极的对立,使之得以同一。但不同于黑格尔主义者的是,对于雅斯贝斯而言,这种更高级的概念自身是未完成的、运动的、矛盾的,它是趋向大一的意愿和动力,而不是一个圆满的整体。

因此,在这里,理性的形式作用不是外在的、可有可无的,它是本质性的。在这里,形式产生了内容。没有理性的形式作用,生存的可能性便不能展开,生存的内容便不能得到充实。雅斯贝斯推崇"轴心时代"的辉煌思想对人类历史的奠基意义,他的理性精神应该是秉承了苏格拉底追求确定性、柏拉图的相论、亚里士多德的形式因等西方哲学理性主义传统。正因如此,虽然他的生存概念有浓郁的生命感,但他将自己的哲学与一切意志主义、情感主义的非理性哲学区分开来,以至不认为自己是存在主义哲学家。

二、理性的形式优先性

在生存和理性的辩证关系中,我们可以看到,理性和生存的联系被存在本身牢牢地确定,它们相互引发出对方,都为趋向大一的同一无限意愿所驱动:"理性,就其本性而言是某种在完全的开放中趋向大一的东西,它不允许任何东西游离,或让任何东西自行其是;但是作为趋向大全的动力,理性是生存自身,受制于大全。生存,就基本性而言,是独异的、历史性的个体的具体性,它渴望在超越中获得永恒,不愿停留在经验的孤立化中,而毋宁与别人无限地交往。唯有如此,它才真正是其所是;作为这样一个交往中的开放性,生存是理性自身。"[①]因此,理性在与生存的辩证作用中,不是理性本身赋予生存以实质性内容,而是使生存的内容从自身激发,理性所担当的表达和规范,使之进入无限交往的使命,使生存与大全空间中的各种事物在相互作用中形成统一性。理性对生存具有形式上的优先性。

在大全的各样式的序列中,彼此在价值上或在实在性上有优先性,超越在存在中有绝对优先性。但理性的优先性有着完全不同的意义,它是形式上的,而不是存在上或价值上的。这意味着大全的各样式若要呈现给人们,生存要实现自身,其内容就必须通过理性的中介。

---

① Sebastian Samay. *Reason Revisited*. Notre Dame, Indiana: University of Notre Dame Press, 1971, p. 226.

理性有形式的优先性。理性形式的普遍性有着无所不在的穿透力，任何其他的事物都是它的素材、动力、意义或实现。生存和大全各样式在实际存在上对理性有优先性，因为理性依靠它们，为它们所发动，从中获取目标，但这种优先性自身之所以能得到显现和充分发挥，则是有赖于理性的，没有什么能从理性的普遍性之网中逃逸。理性将任何其他事物带入为我展现的可能性中，它的源泉的揭示、它的每一步的发展，都为理性的力量所决定；离开理性，就没有什么可以向人们显现。

除了呈现事物的作用，理性的优先性还在于，在生存进入大全各样式以实现自身时，它是各样式得以联结的唯一中介。在现存中没有任何一种单一的、真实的和绝对正确的大全样式。它们在理性中互相关联起来。理性是总体性运动的唯一中介。

理性形式的普遍性不是人的自然属性，而是源自生存自我实现的无限愿望，但这种形式普遍性在历史的进程中可能会步入误区。雅斯贝斯虽然注重理性的力量，认为理性形式的普遍性促成了生存内容的充实，但他洞察到了这种普遍性可能会被误用。在普遍的形式作用下，若缺乏生存意义的浸润，生命可能会抽空为单纯形式上的可思维性。“当普遍性仅仅触及而没有渗透进任何事物时，丰富的人性会消解为空洞的游戏，人会模式化。思想原初打开可能性的积极方面在形式化中走向了反面，在现实中破坏了事物。”[①]在这里，雅斯贝斯表露出深深的忧虑，即现代社会的理智主义和技术理性会抽干人的生存的无限丰富性。在他看来，思维的形式化是生存实现的必要条件，但它是有限度的，理性的尽头是超越存在，而超越存在是本质上不明晰、不完整、无秩序的超理性的存在。当人们将技术理性所构建的目的性存在等同为存在本身时，超越存在就隐没不现了。

从 19 世纪开始，这种倾向已经在人类的现代生活中显露出一些不祥之兆，工具理性思维的全方面控制已经出现危险。在雅斯贝斯看来，人的生活的根本秩序是在最初的历史境况中呈现出来的，历史地形成的东西是一种本质存在。但是，从法国大革命以来，人们倾向于认为自己能够完全摆脱它，想象自己能够通过知性形态，通过有目的的安排来处理整个生活，以满足自己的意愿。不过，当人类试图合适地组织整个生活时，破坏的却是整个生活的根基，且人自己被牢固地置于前所未有的强制性关系中，从而丧失了自由。在雅斯贝斯看来，在技术为主导的现代社会中，技术及其机制对人类

① Karl Jaspers. *Reason and Existenz*. Milwaukee：Marquette University Press，1997，p. 108.

生活的渗透是史无前例的，人开始同自己的根源相脱离，融合到技术的世界中，融合到空洞的理智主义中去。

同时，对工具理性的迷信导致了对技术的迷信，技术时代科技享有的巨大威望使得人们毫无批判地接受其成果，把科技对万事万物假设性的总体解释看作最终完成的知识，期待它理解全部存在，解决一切问题，满足任何一种需求。这种错误的期望就是对科技的迷信，希冀科学做力所不及之事，陷入了科技万能论的误区。而事实上，科技并非万能的，它的存在和价值是有限的、相对的，它不可能满足人的一切需要。比如，生存的意义、信仰的确立、精神的追求等等，并不能完全靠科技来实现。

所以，雅斯贝斯强调，思维的形式化是有限度的，知性和理性的明晰、规则和秩序不能含纳存在的整体。在它的尽头，是本质上不明晰、不完整、无秩序的超理性的存在。反映在人类的生活中，他认为冥冥之中自有天命的存在，在人类的原初就已经被设定。它是人的理性所无法作用的存在，如果要用理性去构筑，只能使之遭受异化，“没有增加关于世界的真正的合理性，而是通过扭曲真正的合理性更加破坏了非理性”①。纵观雅斯贝斯的整个思想构架，人的意义之源是生存，而生存植根于更深邃的超越存在，并为之所庇护。人类不应僭越理性的尺度来构建这一超理性的存在，唯有合理地运用理性的力量，让理性成为连接生存、抵达超越的通途时，人才有希望在这技术时代汲取生存的意义。

三、理性运动与生存实现

以上是从理性的形式作用谈理性对生存实现的意义，这是相对静态的角度。从动态的角度看，理性无论是在大全样式、真理还是交往之中，都是其中的一个联结者，都是一种不会停顿和停息的运动，总想改变它们互不相干、分崩离析的状态，让它们重新联结起来，使之返回到彼此隶属的相生相成的运动之中。理性所寻求的统一是无限的、彻底开放的，这种开放性意味着理性的统一不是任何一种特定的统一，“理性拒绝仅仅把握任何一个种类的统一，而要寻求真正的、唯一的统一。它明白，如果它过早地把握了真理的某一部分从而将其当作终极和绝对的真理，它就会迷失方向。真理渴望着无所不包的‘一’。这个‘一’必须不忽略、不放弃、不排斥任何事物，它本

① Karl Jaspers. *Reason and Existenz*. Milwaukee: Marquette University Press, 1997, p. 122.

质上是无限开放的"[①]。生存的理性不会放弃对统一的意愿，它在超出各种系统整体的不息运动中寻求开放的统一性，只当唯一的大全向它敞开的时候，它才会得到最后的安宁。

雅斯贝斯认为，理性只有永不停息地运动才能产生深广的统一性。他对理性统一性的强调有其时代的背景因素。在他看来，人类的生活应该是一个整体，整体是人的寓所，只有在整体中，人才有归依感；古老的理性有着无限统一性，能保证这种统一性。而在现时代，"一种巨大的变化已经发生了：所有权威的破坏，过于自信的理性的彻底幻灭，联结的丧失使任何事物——绝对任何事物——看上去都成为可能"[②]。理性在丧失了它的本源的功能后，"世界的整体图像已经瓦解，再也没有一个所有事物都各安其位的整体了"[③]。因此，在这个生活的整体性趋于瓦解的时代，需要回归理性的本性，需要恢复理性无限统一的功能，回归"大一"对理性的召唤。

理性所追求的大一这个目标，不是对象性事物，而是不可想象的存在，它不能被人当成一个看得见的前景加以追求。理性是在大一的吸引下进入可能性的自由天地之中，在其运动过程中，好像要在没有任何立足点的条件下去发现自己的道路。

雅斯贝斯的哲学是存在的哲学，也是生成的哲学，他让理性在大一的吸引下，进入绝对无限的运动之中，打破对存在的固定化所获得的平静状态。但这并不是说生成的过程比实现的结果更重要，在内容上更丰富。雅斯贝斯不反对结果的确定，恰恰相反，他认为哲学的根本问题是寻求具有确定性的现实，生存的实现也是要有世间的成就的，但他反对任何哲学活动和生存实现的故步自封，而理性在永不停息的激荡中则防止了这种静态化。

雅斯贝斯认为，生存的实现是在大全中的充实，为了这一目标，人不能陶醉于美好的思想，而必须在世间经过漫长的历练，这是理性运动之路。理性是目的和道路的统一，理性在时间的运动中实现着这种统一；另一方面，理性在潜能上有无限统一的意愿，能够成全人们在大全中的实现。但大全中完全的实现这一终极目的对于人们是隐而不现的，它只在世间事物的深度中召唤着人们。尽管人们不能抵达圆满的实现，但生存在趋向它的实现过程中，这一圆满的意义是永远在场的。

---

① Karl Jaspers. *Reason and Anti-Reason in Our Time*. Hamden, Conn.: Archon Books, 1971, p. 39.

② Karl Jaspers. *Reason and Existenz*. Milwaukee: Marquette University Press, 1997, p. 163.

③ Karl Jaspers. *Reason and Existenz*. Milwaukee: Marquette University Press, 1997, p. 163.

四、理性与民主政治

雅斯贝斯认为,政治是人的生存得以实现的社会形式。就此在的共世而言,政治是一项伟大的事业,使人的自由成为可能。"没有哪种伟大的哲学是不带有政治思想的,伟大的形而上学家的哲学更不会这样。……一种哲学到底怎样,就表现在其政治性中,这种政治性表现不是附带性的,而是具有核心意义的。"[①]在他看来,哲学家应当以自己的方式来对政治等公共事务发表独立的看法。政治必须与哲学相遇,政治实践必须与哲学理论结合在一起,唯其如此,政治才变得更为清晰、透明,人类才能过上一种真实而自由的生活。

雅斯贝斯晚年对理性化的政治构建非常钟情。他目睹了两次世界大战的浩劫,本人也深受纳粹迫害之苦。他非常严肃地观察了战后的世界局势,认为一方面世界面临着原子弹毁灭人类的危险,另一方面,现代技术使得专制政治的极权主义成为可能,因此任务是双重的:必须创造一个世界秩序,必须保证有政治自由。为此,他对政治怀有着极大的热情,希望超越偏见,寻求世界的政治统一,希望自己的国家加入更大的统一体;他从和平和自由的世界秩序的大全思想出发,给民族国家具体的政治活动提供了许多指导。他在晚年致力于把哲学与政治有机地结合起来,坚持用理性灌注于每一个人的生存,有意识地处理共同体与个人、权利与义务、自由与权威、合法性与道德性、秩序与暴力之间的矛盾,从而使生存变成交往性的生存,使个体达到自身,使社会达到统一。他认为,反映在现实的社会政治层面,理性的道路就是民主政治的道路,民主的理念就是理性的理念,民主的生活更能实现生存的意义。

由此,雅斯贝斯反对这几种观点:自认为掌握了绝对真理,排斥与他人的真正交往;搞个人专权,禁绝他人的批评;不承认普遍民众的自由权利。他认为坚持理性及言论公开是获得真理的唯一途径,公共舆论是捍卫自由最有效的手段。依据公共舆论的本性,确有可能出现一定程度的滥用,但由于整个舆论场是自由的,信息是流通的,容易做到激浊扬清;反之,如果用公权力控制舆论,钳制民口,则必然滋生谣言,隐蔽真相,丧失纠偏能力,摧残自由精神。

雅斯贝斯认为,期待靠少数明智者就能安排好世界,实在是一种愚蠢的

① 维尔纳·叔勒斯:《雅斯贝尔斯》,中国人民大学出版社2008年版,第19页。

想法。理性是每一个普通人都与生俱来的禀赋,也是普遍的文明价值观的核心概念。持久而有效的理性是渗透到国家中的理性,这就是为什么需要有民主。民主就是一国人民——然后是各国人民——一起运用理性。民主是通向政治自由和个人自由的唯一可行之路。民主政治代表着多数人的意愿,它诉诸自由、交往和理性。它虽然也在公众中进行争斗,但它永远不会消灭自由。在民主政治中,推动交往的手段是"公开的精神之战",是理性的争论,是理性的交流。理性交往的可能性就在于公众的自由之中,在于思维方式的自由之中。没有理性的连接,就没有公众的自由,真理便始终隐藏着、缄默着;没有思维方式的自由,真理就变为谎言和暴力。因此,交往与期望真理和民主是一回事。

民主政治的生命力取决于人民的政治意识,也依赖于社会、经济、政治条件。谁爱好自由,谁就盼望有一种健全的政治空气,让每一个人的自由都有最大的实现机会。在这样的政治局面下,由于所有的人都自发地共同努力,现行有效的制度就经常以法律的形式得到改正。同时,这种政治局面本身,又需要以公开的讨论、言论自由和独立思考来加以促进。显然,民主没有自由是不可能的,个别人由于有了自由,才能跟别人进行真正自由的交谈。民主必须与"有意识的自由"联系在一起,否则,民主就沦为"愚民政治"或"独裁统治"。

民主的对立面是"总体统治"(totale Herrschaft)。在总体统治下,不仅个体不能自由地发展自己,人民也不能贯彻其政治意愿,因为在此,权威已不再处于与自由的紧张对峙之中,而是变为镇压每一种内部反抗的暴力。总体统治的极限是极权主义,它或者诉诸极端的强权,或者诉诸强制性知识,这种知识实际上会变成普遍的信仰,例如纳粹的种族理论。政治自由趋向理性交往,总体统治则趋向暴力恐怖。雅斯贝斯坚持以政治自由反对总体统治,强调二者之间存在着不可调和的对立。人始终处在政治现实里,不可能逃入荒山原野中,享受独善其身的孤寂生活。任何人,只要他真正活着,就必定面临重大政治抉择,并必须作出决定。

雅斯贝斯认为,把民主当作神圣偶像来供奉,认为它是解决一切社会问题的灵丹妙药,或者当作洪水猛兽,都是偏见,缺乏理性的眼光。在他看来,我们时代政治历史的基本问题就是人民群众是否能够民主化。只有理性才能孕育并形成真正的民主,民主的目标就是社会政治生活的理性治理。诚然,民主时常有风险,常常会铸错,如民粹主义就是民主的误用,具有极大的危害。但人类不能因噎废食,否定民主,而是要最大限度地运用自身的理性能力,在可以预期的历史视野中力图避免民主误入歧途,这就需要锲而不舍地、实事求是地自我反思和修正。

雅斯贝斯对民主的自我完善的功能抱有坚定的信心。他把民主视为一种植根于人性之中的理念,而不是任何一种定型的、徒有其名的实在体制。诚然,民主在任何国家都不可能尽善尽美,它的理想形式永远高于其实际存在。人因为有理性的认知,才会知道自己的不完善,也才知道民主制度的不完善。民主制度的不完美就如同人本身的局限性。人类不会因为自身的不完美而放弃对自己的信念;同理,人类也不应当因为现存民主制度的不完善而放弃对民主的信念。实际上,理性与民主制度具有密切的亲缘关系,民主制度的构建需要理性的力量,如同安全的庐宇需要钢架的支撑。民主制度的每个方面都需要明晰的理性化设计,让人们有规可依。对于人性中的非理性成分,如群体之中的狂热激情,往往会导向强人政治或专制政治,更需要理性力量的防范和矫治。

对理性的信心就是对民主的信心,也就是对人本身的信心。"并不存在决定事物整体道路的自然规律和历史规律,未来取决于人在决断和行为上的责任心,归根到底,取决于亿万人中每个个人的责任心。"①人本身中存在着某种暴力因素。暴力在人性里有其深远根源,但政治自由永远是人类的一个理想。因此,最符合文明社会本质的制度是,通过法治的作用,最好地实现每个人的自由与他人自由的共存,并消灭由对抗而产生的暴力。正是出于这样的信心,雅斯贝斯坚持每个人都要有理性的头脑,尽己之责,从自己的一言一行做起,履行一个现代公民的责任和义务。人同此心,心同此理。理性是人共通的能力,也是人真实存在的最可靠的方式。在社会政治层面,理性民主就是人的生存意义的延展;在理性中寻求人的存在和政治理想的一致,这就是世界公民的真谛。

雅斯贝斯对政治的思考有强烈的理性特征,这也可以从他和海德格尔的政治观的分歧得到体现。众所周知,雅斯贝斯早年非常推崇海德格尔并与之保持了良好的友谊。雅斯贝斯曾经认为,在哲学领域,海德格尔是同时代人当中唯一同他有着实质性关联的人。但海德格尔于 1933 年倒向纳粹时,他们的关系破裂了,彼此不相往来,直到 1949 年才恢复通信。在随后几年里,雅斯贝斯对海德格尔的思想和为人都有诸多批评,认为他的政治态度是其哲学思维方式的必然结果。在 1950 年的一封信中,雅斯贝斯说:"您对

① 卡尔·雅斯贝斯:《雅斯贝斯哲学自传》,上海译文出版社 1989 年版,第 85 页。

纳粹这一现象的态度，看起来像个孩子，一味做梦，而不知道自己该干什么，既盲目又健忘地做着在自己看来有别于实际情况的事情，随后又不知所措地面对一片废墟，并任人驱使。”①在晚年所著的《海德格尔札记》中，雅斯贝斯也阐述了自己与海德格尔的区别。他认为海德格尔陶醉于自己的感受，抛弃了一切，而他则生活在传统的内涵中，损益有度；海德格尔否定科学，而他想掌握科学，作为人获得尊严的条件。因此，理性是解读二者政治观分歧的重要考量因素。一个哲学家应该有自己的政治立场，但不应为此丧失独立性，以及由认识而来的真正自由。

雅斯贝斯的早期生存哲学与后期政治哲学是个不可分割的整体，尽管前后期的着重点有所不同，但其基本思路是一致的。职是之故，他在新版《哲学》一书的后记中把自己的哲学标识为“自由及其无限交往意愿的哲学”。他的这一自由与交往哲学首先在政治思维中得到了充分表现。在政治哲学中，雅斯贝斯诉诸个人，用理性灌注每一个生存，使之成为交往性生存。政治的原则并非暴力和战争，它应当以一种理性交往的意愿为基础。作为政治信念，政治原则是一种对交往、对世界中理性的作用力的信念。因为唯有通过交往的意愿，通过理性的力量，民主政治才有可能，真理、自由与和平才成为可能。

① 维尔纳·叔勒斯：《雅斯贝尔斯》，中国人民大学出版社 2008 年版，第 26 页。

第四章　生存实现的现实过程

——交往

在第三章中我们考察了理性对生存的作用，理性是生存得以实现的重要一极，离开了理性的激发和表达，生存就不能被唤醒；离开理性的趋向统一的构架力量，生存就不能坚实地进入广阔的大全空间。在这一意义上，理性构成了生存得以实现的形式性因素。但是，理性本身只是促发生存成长的外力，自身并不能产生出生存自身的内容，生存的本质性内容是在自身之中、在自身和他者的交往过程中生发出来的。生存为了自身的充盈和实现，必须在理性的表达和联结下进入交往的现实过程之中。

第一节　交往的本体意义

雅斯贝斯把交往问题当作自己哲学研究的中心问题，把交往规定为最普遍的真理尺度。交往是存在之路，是真理之路，也是人类的大同之路。只有在交往中，可能的生存才会成为现实性的，正如 F. 考夫曼所评论的："交往问题是贯穿雅斯贝斯全部哲学的问题。"①

在第一部著作《精神病理学》中，雅斯贝斯就开始使用交往这个词，以描述医生与病人的关系，后来在《世界观的心理学》中也用过这个词，但直到《哲学》和《哲学逻辑》中，通过系统的论述，交往这个词才获得关键的意义。

雅斯贝斯认为，哲学的起源可以归结为对临界境况的体验。临界境况唤醒了人的生存意识，在这个意义上，哲学无异于人的存在的觉醒；同时，觉醒的人总是需要探索真理。他认同尼采的话：一个人难免犯错误，而两个人就开始认识真理了。真理在本质上是交往的。

在哲学自传中，雅斯贝斯这样表达了交往对人的自我实现所具有的本体意义："交往超越一切暂时性的东西，超过一切自明的东西的各种界限。人们要认识他自己只有通过与其他人的交往，而绝不能仅仅依靠知识。我

---

① Paul Arthur Schilpp (ed.). *The Philosophy of Karl Jaspers*. New York: Tudor Pub. Co., 1957, p. 210.

们在何种程度上成为我们自己取决于别人在何种程度上成为他们自身。只有在别人自由的时候我们才自由。出于这个原因，人与人之间的交往问题对我来说居于一切实际问题的首位，而后来，它是要求我们哲学地思考我们生活的基本问题。”[①]对于雅斯贝斯而言，交往的可能性是人成为自身的根本问题。人是什么？他规定为“交往中的存在”。他认为，纯粹的自身存在是毫无意义的，个人不能完全依靠其本身而成为人，自身存在只有在同另一个自身存在相交往时才是真实的；只有在与他人相处时，自我才能在相互促发的活动中现实地显现出来。因此，存在即是与他人共在。如果没有他人，没有人与人之间的交往，我自己就不能存在，就必然荒芜。个体在历史的一次性意义上是唯一的、不可替代的，但个体在封闭的、个别化的意义上却不是唯一的；相反，人只有同他人交往才成为个别的人。因此，交往是人的普遍条件。在交往中，通向存在的道路就是通向与他人共在的道路；通向与他人共在的道路即是通向自身，以及在自身中祈向超越的道路。

对于雅斯贝斯而言，“哲学思维的最终问题，还是追求现实的问题”[②]。而现实并不就是日常的生活，而是内蕴着意义的统一性：“我们的理性具有追求统一的冲动，这就使我们不把表现于散乱中的各式各样的现实当作真正的现实，而只把表现于统一中的现实才当作真正的现实。”[③]但是，在人仅仅立足于自身的存在时，他所看到的是无数相互隔绝、互不隶属的生存，各个不同的生存所持的真理也是多种多样、不能通融的，呈现为散乱的状态，不能进入真正的现实性。因此，人必须在立足自身的同时走出自身，进入与其他生存交往的过程，在交往过程中寻求具备统一性的现实。所以对于雅斯贝斯而言，“人的生存的基本特征却又是想在人与人的交往中达到使一切人乃至最辽远的人也都联结起来的那个大一”[④]。

因此，交往之于生存就不是一种外在的行为，不是偶然的行为，它形成了生存的本质，使生存成为真正的生存。雅斯贝斯因此把人称为“交往中的存在”(In-Kommunikation-Sein)。在他看来，克尔凯郭尔意义上的孤独个体是没有根基的，离开交往的个人不能依靠其自身而成为真正的人。只有与他人心心相印地共在时，自我的存在意蕴才能在相互激发的活动中逐渐显露出来。因此，生存即是与他人的共在，生存与他人的关系是一种内在本

---

① 卡尔·雅斯贝斯：《雅斯贝斯哲学自传》，上海译文出版社 1989 年版，第 106 页。

② 卡尔·雅斯贝斯：《生存哲学》，上海译文出版社 1994 年版，第 61 页。

③ 卡尔·雅斯贝斯：《生存哲学》，上海译文出版社 1994 年版，第 71 页。

④ 卡尔·雅斯贝斯：《生存哲学》，上海译文出版社 1994 年版，第 71 页。

质性关联,交往的可能性是人之为人的根本问题。同时,历史的传承与延续也是通过人的交往行为来实现的,交往是实现历史性的内在机制。为了达到对生存历史性的理解,就必须阐明人为何交往、交往的形式、交往与生存的历史性关系等问题。

交往是世间的行为,离不开实存的人和经验的环境及事件,这对于生存的实现构成了经验的实在性。交往将人在世间的生成可能性推向极致后,自然会涌动起出世间的渴望,产生向超越开放的可能;离开交往,生存便不能向超越的存在做最后的飞跃。因此,在交往中,通向存在的道路既通向自身,又在自身之中通向超越。

交往与真理息息相关。在雅斯贝斯看来,"对所提出的一切重要的哲学问题都应从真理问题的观点去看"①。真理一词在他那里具有比通常的逻辑和认识论的用法更为广泛的意义。真理是"同存在结合着的东西。……不是指某个特定的真理,而是指真实性或真(Wahrsein)本身"②。真理所指的是包容一切的大全所敞开的不同样式的空间。因此,在雅斯贝斯看来,完全的、单一的、实体化的真理是不可能的,"真理离不开交往,它只能作为时间之流中通过交往形成的现实而存在"③,只能在交往的进程中形成多样性的真理。只有在交往中,作为真理的大全空间才能脱离其自在性,向企望它的人们敞开;不同类型的交往生成了不同样式的大全空间,也相应生成了不同的真理。在大全的空间中,每一层面的真理都有其特定的意义,但只有生存的交往才是"真的交往"(die wahre Kommunikation),才能孕育最本真的真理。

因此,真理不能离开交往,它只能作为一种通过交往而形成的实在显现于时间之中。真理是确证生存实现的一个重要的尺度,本章对交往中生存实现的考察也从真理的视角入手。

雅斯贝斯在《哲学》一书中将交往分成此在的交往(die Daseinkommunikation)和生存的交往(die existentielle Kommunikation)两种主要类型。此在交往是指我自身的大全的三种样式的交往,是有条件的、经验层面的交往;生存的交往才是生命境域中的真实交往,生存的实现在本质上产生于生存交往的进程中。当然,生存的交往也离不开此在的交往。生存交往是此在交往的一种生存意识的转换,此在交往是生存交往的外现。因此对生存

---

① 施太格缪勒:《当代哲学主流(上卷)》,商务印书馆1986年版,第242页。

② 卡尔·雅斯贝斯:《生存哲学》,上海译文出版社1994年版,第31页。

③ Karl Jaspers. *Reason and Existenz*. Milwaukee: Marquette University Press, 1997, p. 79.

交往的展开必须从此在的交往及其真理入手。

本章考察生存在交往中的实现，分为两个部分：此在的交往和生存的交往。首先，在此在的交往中，依次考察三种此在样式的交往的特征，然后分析其各自的局限。在生存的交往中，重点考察生存的本质性内容是如何在相互交往的激荡中生发充实的，最后考察交往的社会形式的三个方面。通过这些考察，本章分析了构成生存交往的内在机制，透过这些内在机制，生存自身才能得以逐步实现。

第二节　此在的交往

一、此在交往的三种样式

在雅斯贝斯看来，"人和动物的分野表明了交往是人的真正存在的普遍条件。人的全部的本质包括人是什么和他个人是什么，在某种意义上，都系之于交往。我们所是的大全在每一样式上都是交往，存在本身的大全只有在它变成言语或变得可表达从而具有可交流性时才为我们而存在"①。这一论断是从人与动物的比较中得出的，他认为动物通过重复的本能和遗传聚合共处，缺乏历史性的传承；但人在相互交往中以共同的目标、真理、超越为纽带，交往为永无宁息的可能性所推动。在这激荡的过程中，人能够表达自己，参与传统，并受传统的塑造，从而历史性地诞生了真正的人。

"交往是我们面临的基本任务。按照它在大全样式中的多种源泉阐明交往，是哲学研究的核心主题。"②雅斯贝斯首先探究了此在的交往，即展现于实存、一般意识、精神这三种不同大全样式中的交往。

作为实存样式的交往　实存是指人在时空中与他人他物共存的经验存在，它有不断保存和发展自身的绵延不绝的意愿，趋向于满足和幸福。为此，实存需要获取各种生存资料，抵抗来自自然界和其他物种的威胁，这些共同的利益纽带使他们在交往中结合起来。实存在交往中的相互理解建立在当下多数人的经验中，种的共同性最终决定了幸福和需要是什么，决定了交往的特质。在实存层面，交往的深度由外在威胁的大小及获取资料的难

① Karl Jaspers. *Reason and Existenz*. Milwaukee: Marquette University Press, 1997, p. 79.

② Karl Jaspers. *The Perennial Scope of Philosophy*. London: Routledge & K. Paul, 1950, p. 174-175.

度所决定，环境越恶劣，联合的意愿越坚决。在交往中，不是每个个体都能决定自己的行动，行动往往是在个体对共同体的顺从中而展开的。在生存中，交往协作并不牢固，个人和共同体间有不可避免的利益冲突，每当相互结合的需求松弛，困境得以缓和时，个人就趋向于打破共同体的约束，成员间的交往就会破裂，斗争就会取代合作。一般而言，在实存的层面，由于交往的基本动因是自我关切，人们难免把他人视为工具和控制对象。

作为一般意识样式的交往　一般意识跃出了实存杂多性的经验层面，达到了不同个体认知上的自我认同和相互认同。个体作为一般意识的交往，就是弥散于不同实存间的同一性意识的交往，是思维确定性上的交往。一般意识的交往通过知性的逻辑范畴和其他相互认同的论证方式，探究事物的属性和规律，从而达到对普遍有效性的确证和否定，交往通过令人信服的普遍正当的逻辑思维而形成意识一般的共同体。建立在一般意识基础之上的交往所形成的是非人格的共同体，在其中，每一个个体在形式上是独立的，但在内容上能够被其他个体所替换；正因为这种可替换性，一般意识的交往较之实存的交往更少经验的限制，而拥有更强大的自我扩展的能力。例如，旨在解决有关技术问题的专家们的学术交流就属于这种交往。

作为精神样式的交往　“精神交往源于一个整体性的理念，亦即源于公共实体的形成。”①精神层面的交往建立在诸如国家、社会、家庭等具有整体性的共同体的基础上。当实存和一般意识所形成的共同体发展到一定阶段时，就会产生有机的、具有内聚性的统一观念，这就好像是共同体首次产生了它的灵魂；相形之下，实存和一般意识的共同体是没有这种自我意识的。在精神的共同体形成后，作为精神的个体开始能够内在地、整体性地理解自己和共同体的关系，理解自己在共同体中的位置，同时认识到别人在共同体中也有其自身的位置。在这包容性的整体构架和秩序中，精神个体承认了每个人的存在。同时，精神的个体是天性、经验、知识、习俗等融为一体的自我，是自觉的整体性的自我，超出了实存的本能意识，也超出了一般意识的平面性思维。因此，精神层面个体间的交往是通过整体性的自我，通过共同体中共通的观念而得以展开和实现的。在精神共同体中，当这种交往不能为总体的观念内容所激发和维系时，交往就会有陷进琐碎、空虚和崩溃的可能。

此在层面不同样式的交往，形成不同形态的人与人之间的理解共同体。

---

① Karl Jaspers. *Reason and Existenz*. Milwaukee: Marquette University Press, 1997, p. 82.

实存交往形成了经验共同体，一般意识的交往形成了观念共同体，精神的交往形成了文化共同体。这几种共同体都是客观的，是交往的外在形式，它把处于偶然性中的、追逐各自目标的人们联结在一起。但是，这种联结并没有达到生存的深度，因此，这些共同体必须触及可能生存的共同体。生存共同体形成于生存的交往，生存的交往立足于生存个体自身。

不同的交往形成了人的不同的存在，也形成了相应的不同类型的真理。交往将真理现实化，"离开交往，真理就会固化为不真实的存在，交往的运动同时是对真理的保存和穷究"①。真理本身的根据为人们交往于其中的大全样式所决定，为交往的人、交往中所理解的内容所决定。在雅斯贝斯看来，"有目的的实用性、令人信服的确定性、圆满的确信是三种自身大全样式的各自真理。"②实存的真理源于群体中由习俗和需要所产生的有用性，它是个体的自我保存和发展的功能，被特定的目的限制在本能的共感和利益中。实存的交往是即时发生、偶然易逝的，实存的真理也是相对的、持续变化的，缺乏恒定性。当一般意识成为交往的媒介时，真理是可认知的、无历史性的正确性，每个人只要有正常的理解力就能够共通地把握这种正确性，因此真理的存在根据就是这种理解力本身。共通的理解力超越了经验的杂多，一般意识层面的真理因而跃出了当下的实用性，开始了对事物普遍性的关注。在将精神作为交往的中介时，人们通过对共同体中的统一性观念的认同而相互交往。真理是由全部生活经验凝聚形成的总体性的观念，是对共同体中总体性观念的领悟。当个人和共同体明晰地形成了这种内聚性的总体观念时，就仿佛产生了自己的灵魂。

上述三种此在的交往虽然尚未触及生存之境，但它们对于生存都是不可缺少的，它们是生存实现自身的世间力量，生存虚灵的存在意蕴寄寓其中。在此在交往中，生存以不同的方式遭遇世界上各种事物，通过实存的交往而存活和发展，通过一般意识的交往而认知对象世界，通过精神的交往而得以稳定地生活于自身所属的群体之中。离开这此在的交往，生存的实现就没有了现世的依靠；另一方面，生存的实现又为这三种此在的交往赋予意义，使之成为生存交往的显现。此在的交往因为各自的局限性，就有上升到生存交往的需要。

---

① Karl Jaspers. *Reason and Existenz*. Milwaukee: Marquette University Press, 1997, p. 79-80.

② Karl Jaspers. *Reason and Existenz*. Milwaukee: Marquette University Press, 1997, p. 83.

二、此在交往的局限

在三种此在的交往类型中,每一种都在大全的空间中有自身的位置和合理性,都有相应的真理因素。但在雅斯贝斯看来,它们都不是自足的,各有其边际,因而也不可绝对化,不可互相僭越,否则就会越出自身的位置,势必破坏大全秩序的整体和谐。

在实存层面,实存作为经验的个体趋向于获得自身的幸福,凡是周围世界中能够保全自身、促进自身持续发展的,自己就会感到满足,就是真的;实存作为本能的意识和灵魂,总想说明自己,表现自己。凡是使一个此在的内心得以适当显现的,使他的意识和他的无意识相配应的,就是真的;凡是对人的存活、满足和幸福有害、有妨碍、有抑制作用的,就是假的。实存间的交往以利益为纽带,因利益而聚散。人与人在根本上是利害关系,是相互疏离的。

在实存层面,真理来源于从行为和习俗中而来的有用性,是自我保存和发展的功能。但这种真理是相对性的。对于实存,"……一切,凡是存在的东西,都是作为可感觉的和可使用的东西而存在的,它们都是材料,都是手段,都是目的,而没有终极目的。……真理……存在于从实存的处境里此时此地产生出来呈现出来的东西之中。实存自身是按照他的物种的不同并且随着时间的演变而变化的,所以真理也只是本身不断变化的、相对的真理"①。这种相对性的真理关涉人的变易的利益和意愿,本身没有自足的根基,祸福相倚,流转变化。在生活中,往往没有永恒的幸福,一时的满足可能只是幸福的幻象。如果将实存层面绝对地正当化,存活和满足就成了整个生命的全部,当下的利益就成了行动的唯一准绳,人们的交往就会变异为争夺生存空间的弱肉强食的斗争;这时,优胜劣汰就会被奉为天理。

在一般意识层面,真理触及普遍有效性,认知上的确定性成为效准,真理的根据存在于理解力本身。"真理存在于这种逻辑分析所隐含的前提里"②,若将一般意识层面绝对化,存在和真理就等同于可认知的秩序和法则,人就等同于理解力上的确证性,就会成为一种可以自我重复的技术性功能,从而缺乏在生活世界中的活生生的历史性。当人们通过一般意识的交往而产生了丰富知识时,就容易产生一种误解,好像一个人本身无须成为什

① 卡尔·雅斯贝斯:《生存哲学》,上海译文出版社 1994 年版,第 35 页。

② 卡尔·雅斯贝斯:《生存哲学》,上海译文出版社 1994 年版,第 33 页。

么，真理就已经蕴涵在自身之中，凭着对世界的认知，人可以自由地支配万物。这种趋向在我们这个时代中已经显露出来，雅斯贝斯对此高度警惕，他说："技术、机器以及群众生活远没有穷尽人的存在。的确，这个生活世界的巨大工具和形式，作为人自己制造出来的手段，反过来作用于人，但它们并没有完全彻底地支配人的存在，它们影响了人，但人仍然同它们有区别，人不可能被归结为几个有限数量的原理。"①也因此，雅斯贝斯对现代技术性的生活秩序深感忧虑，在他看来，"人就是这样地被抛入了漂流不定的状态之中，失去了对于连接过去与未来的历史延续性的一切感觉，人不能保持其为人"②。"对我们说来最根本的真理，恰恰开始出现于'一般意识'的强制性不复存在的地方。"③一日千里的现代技术正构成一个全球性的、机制化的、非人性的封闭系统，并在其中切断了人类从千年历史深处生发的根基。

精神属于一个整体性的群体，呈现封闭自足的态势，是在自我满足和理解中被创造出来的一个文化世界。在这封闭的空间中有实际的生活内容，但它缺乏生命的意蕴。精神层面的真理是共同体中交往成员的观念的统一性，成员通过对总体的认识而融进统一性观念。"精神的真理是通过其对一个自身阐明而又自身封闭的整体的隶属性而成为真理的。这个整体不会作为对象而可认知；它只能在隶属性的运动中予以把握，实存和可认知性就是通过这种运动而进入整体的。在理解存在的时候，精神是跟着整体的种种观念走的。……凡是构成整体的东西就是真的。"④"精神的真理乃是一种确信。它要在现实中通过实存的东西和被思维的东西来验证自己，即是说，如果这类东西跟观念的整体配应得上并且从而证明那些观念是真的，那就是真理了。"⑤

在精神层面，确信是从共同体的总体观念中生发的；人在总体性的内容中、在整体中的位置而被承认、被认为是真实的。交往所形成的共同体以其观念的整体性而对个体占有绝对优势，个人和共同体不能真正地相互促发，整体不能无条件地含纳异己，缺乏开放和包容的力量。为了维护共同体的稳定，为了维持精神的统一性，共同体对于异端多采取排斥的态度，不能承受雅斯贝斯所看重的"例外者"的冲击力。这样，精神的共同体着眼于既定

---

① 卡尔·雅斯贝斯：《时代的精神状况》，上海译文出版社 2013 年版，第 52 页。

② 卡尔·雅斯贝斯：《时代的精神状况》，上海译文出版社 2013 年版，第 15 页。

③ 卡尔·雅斯贝斯：《生存哲学》，上海译文出版社 1994 年版，第 34 页。

④ 卡尔·雅斯贝斯：《生存哲学》，上海译文出版社 1994 年版，第 35 页。

⑤ 卡尔·雅斯贝斯：《生存哲学》，上海译文出版社 1994 年版，第 36 页。

的组织，而不能将人带入广阔的、无条件的交往中；且总体的精神观念一旦产生欺骗性意识，真正和谐的交往必遭破坏。因此，对精神的绝对化一定会画地为牢，遮蔽通向其他个体和共同体的交往之路，遮蔽通达超越存在的升华之路，反映在社会生活中，往往会酿致极端的民族主义、狂热的国家主义。

在非生存交往中，三种样式是有序的：从实存到精神，经验上的持存能力依次递减，而真理的力量则呈递增之势。上一序列有较高的真理性，但不能独立自存，需以下一序列的经验性为基础才可能真实。例如，高卓的道德原则必须践行于经验生活，从生活中历练出自身的力量，否则便会流于概念的抽象。下一序列则要通过上一序列才能升华自己，人必须突破自身经验性所产生的意识，层层求索真理的普遍性，以提升自己，实现人性的高贵和丰富。这样看来，在上述各此在样式中，经验持存能力和真理能力是各有偏颇的，二者的真正统一呼唤更高的存在。在雅斯贝斯看来，这需要生存意识来成全。

第三节　生存的交往

一、生存交往的源起

上述此在的每一种交往样式在大全中都各有其位置和正当性，人们都能够得在其中到特定的满足，但每一种满足都不是绝对的。在人们意识到它们的特殊性时，就会感受到它们的局限，即：不能突进交往可能性的最终基础和质地；不能抵达真理的根基；每一种交往都缺乏无限的整合能力和意愿；不能通过逐层提升，水到渠成地融成一和谐自足的整体。这些限度使我们明白，在此在的交往中，我们只是作为实存、作为一般意识、作为精神，即只是作为我的某一方面的特性进行交往——唯独不是作为我自己在交往。

"没有内容的直接接触是一个空壳。"[①]此在交往的不足引发了深深的匮乏感，但同时也萌动着一股绵绵的冲力，这冲力意欲突破经验自我的限度，寻求圆融和自足，寻求更深的整体性的满足感，这就是雅斯贝斯所称的生存的力量。生存是自我的终极地基，个体自身生发的内核，是人内在酝酿的可能性力量。

在生存的自由行动中，我的生存一方面占有了自身，一方面也进入了和

① Karl Jaspers. *Philosophy*, *vol*. 2. Chicago: The University of Chicago Press, 1970, p. 62.

其他生存的交往之中。在孤独中,我不可能成为我自身,只有在与他人的交流合作中,才能成为我自己。在这种生存交往中,我与他人相得益彰,他人同样也能够获得自我实现与占有。在交往中,自我实现就像是一种前所未有的创造,获得一种全新的丰富存在;反之,如果拒绝或缺少交往,生存的意蕴也将随之丧失。

在雅斯贝斯看来,生存的根基只能通过交往而深深地触及,生存的力量又在交往中激发壮大。在此在交往的深处是生存的交往。在生存的交往中,人既不趋同于他人,又不与他人相对立,而是在保持自己的自由时与他人心神相契,将己心昭示他人,同时映照他人之心;在心心相印中,彼此的生存和自由相得益彰,相互促发。

生存的交往是自由的产物。人之所以要交往,是由生存的自由本性决定的,人只有在交往中才能获得真实的自由,交往是人实现个人自由的必经之途。"除非对方是自由的并且想成为其自己,和他交往的我才是自由的我。"[①]"只有当自我自由选择自身,另外一个自我同意他的这种自由时,交往才有可能。"[②]自由是生存交往的必然条件。没有我的自由就没有他人的自由,没有他人的自由也就没有我的自由;我和他者必须是自由的,才能进入生存的交往,彼此的自由又只能在交往中才能获取和确证。自由是交往的可能性条件,又是交往所生成的结果。在客观上看来,这是不可理解的,但在生存的意义上,这是最确定的,能够得到真正的理解。

生存的交往是在历史性中发生的。在生存的交往中,我和交往的他者都是独一无二的个体,交往在两个本真的自我间产生。在交往时,我和他人将生命整体的自我存在,而不是经验的自我存在投于其中。这样,生存的交往就不像此在的交往,它不以普遍可传递的方式进行,不能通过确定的、有目的的计划而实现;生存的交往是历史性的,是在当下具体境况中发生的,不可模铸,不可复制,每一次都是唯一的、不可替换的。这种绝对的一次性对于生存的实现是必须的,"在这种从外在看来是绝对历史性的和不可认识的交往中,生成了自我的确定性,这是自我在相互创造中成为自己的唯一通道,自我通过立足于其历史性决断而避免将自己的存在孤立化,从而进入交往性的自我存在"[③]。显现于历史性的现象的是自我的独特的整体,是没有确定根据的非客观的整体。如果人们把交往看作相对的和偶然的,就会外

---

① Karl Jaspers. *Philosophy*, *vol*. 2. Chicago:The University of Chicago Press, 1970, p. 53.

② 汉斯·萨尼尔:《雅斯贝尔斯》,生活·读书·新知三联书店 1988 年版,第 161 页。

③ Karl Jaspers. *Philosophy*, *vol*. 2. Chicago: The University of Chicago Press, 1970, p. 54.

在地游离于它,从而注定不能在交往中真实地实现自身。

生存交往也是由理性促发的。在早期的《哲学》中,雅斯贝斯多从心理学的角度阐释交往的过程;在后期,他强调了生存中的理性因素,将理性规定为全体交往的意志,这使交往的空间更为阔大,使生存在大全中的充实成为可能。他的总体思路是从不可替代的个别的人出发,同时正视他人的存在,主张与他人对话交往;力图用理性灌注每一个生存,使其变成交往性的生存;借助于理性交往,开辟交互文化对话的一条新通道,并为这种对话提供一个共同的基础。

在生存的交往中,生存是基地,在它的深度中承载着展现于所有大全样式的要素;生存是普遍联系的纽带,在不息的涌动中突破任何固定的存在。理性从生存中拥有内容,从本真的交往中产生,它穿透了万物,在它的产生方式之中;实存、一般意识和精神都是理性的外在显现,理性与它们须臾不离,又促其运动和改变。

只有当一个人是理性的,他才是他自己;当他是可能的生存时,他就必然是理性的。理性促成了交往中的可能的生存,理性在它的思维中持续地导向他人,导向外物,导向超越。这些所导向的存在本身往往不是思想本身,而是非理性的甚至反理性的存在,并因此必然阻碍交往,但它们仍然是真实的,在交往中能够形成生存的本身要素。于是这就需要在理性的作用下改造它们,使之熔铸为合理性的存在,变成可交流的存在,也因此成为为我们的存在。在这理性形式的作用中,它们都本真地触及生存,生存内容因之而丰蕴;理性也作用于个体的自我,作用于个体的经验实在、一般意识、精神,理性是内蕴于它们的无穷的冲力,使个体有认识世界的强烈愿望,永无止境,不会自困于任何既定的范围。同时,生存本身是非理性的,而"交往要求理性的自我形式,也就是要求思考借以进行的形式和方法方面的知识,要求引导思考达到确认其本原的这一任务的知识。理性的自我意识一旦获得成功,思想就获得超过其自身的优越性,进行哲学思考的人就成了他思想的主人,而不是无意识地被束缚于思想的序列和形式的人"①。再者,只有通过理性,生存才能最终抵达超越,安憩于超越的包蕴之中,因为"只有通过最澄澈的理性,所有的存在才能使自身显现为透明,也才能经历绝对幽暗的震撼"②。

当思想进达到理性和生存时,获得的就是对不可认知的自我的内在可

---

① 卡尔·雅斯贝斯:《雅斯贝斯哲学自传》,上海译文出版社 1989 年版,第 90 页。

② Karl Jaspers. *Reason and Existenz*. Milwaukee: Marquette University Press, 1997, p. 93.

能性的领悟，而这只有通过理性的生存交往才能实现；而在生存交往中，他人作为可能的生存在理性中所实现的内容，同时也是交往的深度。

理性是追求无限统一的整体性交往意愿，本身不能被对象化，也不能被论证，它的起点和终点都隐而不现。只有这样的理性作用于交往时，交往才能是源始的和无限的。生存的交往不同于此在的交往，就在于它的源始性和无限性。离开了理性永不停息的助推，生存的交往就会在中途停顿，从而演化为纯粹为单纯的此在的交往。

所以，对于雅斯贝斯而言，生存的交往从此在的交往中涌出，它克服了此在交往的经验性和片面性，达到了在交往中双方自我存在的生成。在这一过程中，它同样是由自由、历史性和理性等要素所促发的。

二、生存交往的非客观性

雅斯贝斯认为，生存作为个体意义的源泉是非客观性的，生存的交往也同样是非客观性的，这是生存交往的主要特征。

这里的非客观性并不能简单地等同于主观性。一般而言，主观性更多地与人的个别性、私人性相关，与心理状态相关，而非客观性则没有这些特征，它意指生存及其交往是意义层面上的，是虚灵不实、非实体化的，但具有公共的可交流性。

非客观性使生存的交往超逸于经验存在和固定法则之上，进入真正自由的创造之中。非客观性能够含纳并转化经验的存在，使生存的实现既有超越性又有世间性，并使之融通为一。

生存交往是无法定义和表达的，不能通过抽象概念来把握，不能以任何客观标准来衡量。可以客观地观察和认识的东西乃是生存交往的物质结果。生存的意识只有在交往中才能认识到它们的真理。真正的交往始终阐明了人的存在中的某种东西，这种东西使他们认识到彼此的相遇并不是偶然的，而是他们是永恒地相互关联。

生存交往是历史性的交往，所产生的是自我的确定性，这在上文已有论述。没有自由就没有自我的确定性；没有自我的确定性，也就没有自由；自由就是形成确定性的自由，二者是一物之两面。在生存的交往过程中，个体获得一定程度的自我确定性后，生存交往的绝对自由不会允许对这确定性加以固定化，而是以此为基础，将之作为更深的自由的显现。这种内在的非确定性要求生存突破任何定态的客观性。

为了克服生存交往的客观性，必须正确地理解生存交往中所传递的信息。在此在交往中，信息是纯粹事实性的，有明确的意义；在生存交往中，所传达的信息则没有确定的、普遍性的意义，而只有个体性的意义，只有在个体的当下理解中，其内容才是真实的。如果对象性地对待生存的交往信息，仅在字面上或抽象地理解，生存交往的内容就会被客观化，必然会阻碍交往的进行。“生存的交往融化所有的东西，以产生新的融合。……当任一实在物作为条件被预设时，交往就会变成一堵墙，将我与他人从而最终将我与自身隔绝开来。”①所以，生存交往的中介不是客观的可知物，生存交往的意义只能在生存自身的存在中得到确证。为了防范对交往语言作实在性理解，就必须避免对交往语言作直接性的解读，这需要在思想的总体中把握单个概念的真实意义，通过上文所述的理性的非逻辑方式，在生存交往的具体境况中理解其含义；否则，生存的交往就会在客观性中蜕变为此在的交往。

生存交往的非客观性也意味着不能将交往者对象化、定格化。生存的交往发生在大全之中，在大全无限空间的背景下，任何固定物都呈现为相对性存在，交往的双方也不是生存状态的定格化，自身都没有固定现存的东西值得相互绝对地尊重。在生存的交往中，生存是在自我涌现中充实自我、实现自身的，人们无法预先完备地规划自我的实现，一切实现都在对自我既成状态突破的流程中生成。这意味着人在自我实现的过程中，敢于将自身一切固定的存在都置于质疑和拷问下；在无限的敞开中，在没有任何人生指南引导的情况下来实现自我。这意味着自身和交往对方都不能被视为现成的实体，“任何对独立个体的限定和固定都是与自我存在的生成方式背道而驰，对生存的生成确证与任何试图的客观化解释是不相容的”②。交往主体一旦被固定化、对象化，本真的交往就荡然无存，也就不再会有本质性的自我产生其中。

在雅斯贝斯看来，生存是通过交往而实现的，在生存的交往中，我和他人一道，向自己显现自己，从生存的可能性进入自我的创造，这种显现同时又是自身的实现。显然，这种自我实现不是从任何现存的实体客观性中产生的，好像是从虚无中生发的，是虚灵的。对于客观性思维，能够得以显现和实现的必定是已经实际存在着的事物，“无中生有”是不可思议的。但从生存的眼光来看，这却是生存最自然、最真实的展现方式，也是实现生存的唯一方式。

---

① Karl Jaspers. *Philosophy*, *vol*. 2. Chicago: The University of Chicago Press, 1970, p. 69-70.

② Karl Jaspers. *Philosophy*, *vol*. 2. Chicago: The University of Chicago Press, 1970, p. 66.

这种“无中生有”的方式意味着生存的实现不同于经验层面的实现。对于生存的实现，我是作为我自己而不是经验属性而存在着的，我在生存中显示自身，客观的经验存在的意义在自我显示中得以澄清。既然在大全的空间中，人们所知的都不是终极的，那么，任何对这些客观存在的认识都包含了其边际可以被突破的可能性，都意味着是另一种更广阔的实现的显现。所以生存的交往要求超逸于任何经验事物，否则便不能进入虚灵的意义空间，可能性生存就无从实现。

雅斯贝斯认为，生存的交往不同于人与人之间完全客观化的关系，它超越了通常的爱恨情仇，超越了情感和心理层面的理解；但是，这并不是说生存交往可以进入完全不受限制的关系中，而是说它受到生存的暂时条件的限制、具体化的限制。交往总是发生在日常生活的具体情境之中，发生在社会关系中，发生在社会和政治活动中。这些客观的联系乃是生存交往的物质基础，是它不可见的灵魂可见的表现。

生存交往的非客观性突破经验存在后，不是疏离和舍弃了经验存在，而是在生存的意义上对它加以把握。在生活中，人性的倾向是易于将直接的接触当作真正的交往，从经验的共处到性爱的引力，从外表的吸引到言辞的触动，都通过共感而亲近，通过反感而疏远。但生存交往的本性是虚灵的，是在突破实存事物时，一个自我抵达了另一个自我；交往是本质之光的辉映，是灵魂的融合。当然，在这世界上，“生存为了碰撞为一体，两颗心灵离不开行动和表达的实在性，因为本真的交往不是没有时空的、不遇到阻碍的透明的存在，它是经验现实中自我存在的运动”①。在雅斯贝斯看来，生存往往不能直接邂逅另一生存，而需要通过实体性的中介，因为生存本来就是世界中的生存，不能摆脱经验现实而完全虚灵地独立，生存也必然是在与世间事物打交道中而交往的。所以经验存在是我实现自身的机缘和显现，但它对我不再是不可摆脱的束缚，我的自由转换并扬弃了它的实在性。

实存不仅是生存实现的外在条件，更重要的是，它是生存实现的本质内容的确证，因而也是积极的因素。确实，在特定境况下，生存的接触是直接的，并且在与超越的交流中，生存能超逸出所有的经验存在而得到充实；但即便如此，对交往程度的衡量，也是在客观化内容的广度和深度中得到体现。“正是通过共享尘世生活的观念、任务和目的，生存的交往得以升

① Karl Jaspers. *Philosophy*, *vol*. 2. Chicago: The University of Chicago Press, 1970, p. 61.

华。"[①]心灵和物质、自我存在和世界都是互相关联的。离开了经验内容,生存的交往就没有现象的中介;离开生存的交往的非客观性,这些经验内容就是没有意义的、空洞的实在。

第四节 生存在交往中的实现

一、交往是生存实现的唯一通途

通过上文对此在的交往和生存的交往的分析,可以看到,生存源于此在交往的局限性,生存交往为自由所促发,在历史性中生发,为理性所推动,最终利用此在交往作为素材来实现自身。本节首先论述交往是生存实现的唯一通道,然后分析孤独是生存的交往和实现的准备和酝酿,爱的斗争是交往中生存实现的根本内容,生存的真理是生存实现的确证和开启超越之境的可能。

雅斯贝斯区分了此在的交往和生存的交往两种基本样式。在这两种样式中,生存的冲力不属于此在交往的样式;相反,此在交往的动力在根本上源于生存,因为生存是人的内在的生成性力量。但生存的交往不是独立自足的,"生存的交往需要另一种类型的交往,即此在的交往作为自己在其中能够显现的化身"[②]。生存的交往通过精神中的成员资格、一般意识的普遍性、经验实存的实在性而得到实现,同时也必须在成为自身的爱的斗争中突破它们,超越它们。在突破此在交往而达到生存交往后,生存交往呈现了与此在交往迥然不同的特质:"与通过力量、优越性和消灭而进行的实存的斗争不同,在没有强力意愿的生存斗争中,双方共进共退,共存共亡;与同一的、可替换的点状的一般意识的交往不同,生存的交往产生于不可替换的个体之间;较之于寻求整体性理念的精神共同体,生存的交往从来不忽略对我而言存在的例外,并且向超越敞开。在趋向本真真理的无止境的交往运动中,生存交往表露了经验层面斗争的不可避免和完备真理的不可能性。成为自己、成为真实就只有进行无条件的交往了。"[③]生存交往的独异性根本上在于它是自我生成的交往。

---

① Karl Jaspers. *Philosophy*, *vol*. 2. Chicago:The University of Chicago Press, 1970, p. 61.

② Karl Jaspers. *Philosophy*, *vol*. 2. Chicago:The University of Chicago Press, 1970, p. 47.

③ Karl Jaspers. *Reason and Existenz*. Milwaukee: Marquette University Press, 1997, p. 91-92.

如果说在此在的交往中，最基本的问题是人们怎样互相理解，怎样把握着同样的事物，以便能够达到事实上联合，那么此在的交往是一种交际，交际是作为实存的自我保全与扩展的一种功能。作为真正的交往，生存交往是个体第一次与他人一起实现自身存在的交往，它不能为经验事实所把握，不能为科学所穷尽，也不能成为心理学和社会学研究的对象。

在雅斯贝斯看来，现象的个体可以独立存在，但生存的自身存在并不意味着孤立的自我；相反，自身存在若离开他者是没有意义的，“如果我仅仅是我自己，我便必然会萎缩”①。对于雅斯贝斯而言，“真正的高贵不是在一种孤立的存在中找到的，它存在于独立的人的相互联结之中”②。在生存的意义上，人是共在的、交往性的，人只有在与他人的生存交往中才能达到他本源的自我。在真正生存意义的交往中，他者扬弃了自身的客观对象性，自己则扬弃了孤独的自身存在，双方在内在的激发中相互创造。在这过程中，生存从自身、从其他的生存之中汲取源泉活水，使自身得以源源不断地酝酿充实，他者的生存也同时在这一过程中得到本真地充实。在生存的交往中，不是现存存在者的相互作用，而是“自己的自我存在和别人的自我存在同处于‘爱的搏斗’之中。每一个生存都在为绝对的开放性而斗争。在这场没有胜利者的斗争中，出现了实存(生存)得以显现并实现自己的那种奇迹。只有在这种共同体中，也就是说通过别的实存(生存)并与别的实存(生存)一起，实存(生存)才能达到自己”③。如果人从生存的交往中抽身，真正交往的缺乏就等于自我存在的放弃，这样就既不忠实于自己，也不忠实于别人。生存交往是两个生存以各自不可混淆的、独异的自我存在相互介入的过程，这种交往始终处于自我存在与奉献之间的张力之中。

因此，作为个体的生存的自由存在于对他者自由的探求之中。我的生存要求他人的生存与我一起进入对立统一的二元关系中，即，我的自由并生于他人的自由；如果他人不自由，我的自由也终将失去。在生存的交往中，每一方都在其原初的存在深度中毫无保留地敞开心扉，赤诚相待，随时准备着看与被看、穿透与被穿透、塑造和被塑造，都尽可能放弃成见，虚怀若谷，以便可以自由地体验他人深刻的生存真理。

在生存交往过程中，双方的关系既切近又遥远。生存的气息弥漫在双方的空间中，使得他们心心相印，息息相通。在他们之间，虽然没有任何正

---

① Karl Jaspers. *Philosophy*, *vol*. 2. Chicago: The University of Chicago Press, 1970, p. 56.

② 卡尔·雅斯贝斯：《时代的精神状况》，上海译文出版社 2013 年版，第 218 页。

③ 施太格缪勒：《当代哲学主流(上卷)》，商务印书馆 1986 年版，第 258 页。

式的协议约束,却有比任何一种正式的协议都更强有力的忠诚在保证着团结。这样,“成为一个本真的人不再是孤立的个体面对世界的单打独斗的行为,而是朋友的高贵的礼物和馈赠;朋友点燃了我的自我的光亮,同时也通过我获得了他本人的自我”①。但这种可以触及对方心魂的切近关系并不使双方互相趋同,最终融为一体,而是保持为遥远的距离,这一距离不是空间上的,不是情感上的,而是个体生命空间上的。只有在这无限的空间中,个体的生存才不致在密切的交往中丧失其独异性、个别性;相反,这种成为自身的个体独异性会在相互激发的过程中变得更为鲜明。

萨拉蒙(K. Salamun)根据雅斯贝斯的论述认为,要成功地进行生存交往和自我生成,必须具备四个前提条件:独立地自我反思的勇气、人们彼此之间的坦诚以待、对他人无私友善的关怀、对他人在原则上的平等地位的承认。当然,交往的实现并非一厢情愿即可,还需要他人的积极回应。

作为真正的交往,生存交往是生存实现自身的唯一通途。“自身只有在交往中才能达到自身。”②“只要我们失去了交往,只要我们在交往中失败,我们就会失去我的真实存在的一部分。不仅在实存而且在生存的意义上,存在是存在的关联。”③这与海德格尔有所不同,海德格尔虽然认为与别人的共同存在是人的基本状态,但本然的生存不是在交往中,而是在绝对孤独之中通过先行决定才得以发生。

二、孤独与交往

生存只有在交往中才能实现自我,充盈自身,但这一事实并不意味着丧失生存的独异性,沦为大众化的人;相反,人只有以自身生存的历史一次性进入交往进程,才能起到相互唤醒、彼此创造的作用。因此,在雅斯贝斯看来,作为自身存在的生存个体必须首先是孤独的,孤独是人之间交往的唯一根源。谁想保持独立,并进入深邃而真实的交往,谁就不能不期待孤独。孤独与交往息息相关,互为因果。不进入交往,人就不能成为自身;不保持孤独,人就不能进入交往。这种表达在知性思维上颇为矛盾,玄虚难解,但在雅斯贝斯那里,真正的交往正是在这种寓孤独于交往的生存交往中,展示了非黑格尔意义上的超越辩证法:生存孤独(正题)—生存交往(反题)—超越

---

① Sebastian Samay. *Reason Revisited: the Philosophy of Karl Jaspers*. Notre Dame, Indiana: University of Notre Dame Press, 1971, p. 151.

② Karl Jaspers. *Philosophy, vol.* 2. Chicago: The University of Chicago Press, 1970, p. 57.

③ Karl Jaspers. *Philosophy, vol.* 2. Chicago: The University of Chicago Press, 1970, p. 53.

（消解）。换言之，生存交往是在通向超越存在的途中产生的，这种交往由于是建立在生存与超越者的垂直关系中的，在深深的孤独之中，能够同那些超乎孤独的生存发生深切的交往。由此可见，交往是真正的存在，它拥有存在的本体论意义。

在雅斯贝斯看来，所有真正的生存交往都是非客观性的，不能成为任何定态的存在，像赫拉克利特之流，瞬息万变，每一时刻都不可把捉、不可替代。这是因为生存的交往发生在两个独异的生存之间，构成了有张力的两极，两极的相互激发决定了生存交往是源源不断的质性的流变。在生存的交往中，无论交往的深浅，两极的极性都不可彻底消除，否则两个生存就会趋同为一，张力就会消除，质的流变就不复可能。

两极极性的产生和保持源于交往，也源于孤独。生存出于自身的孤独而产生交往的意愿和可能；在交往中，生存并没有摆脱孤独，“在交往克服了一种孤独后，新的孤独又生长起来，成为交往的基础”①。不进入交往，生存就不能成为自身；不保持孤独，生存就不能进入交往。生存的交往就是孤独和交往的辩证运动。

人在实现自我走向自身时，同时所遇到的是两种自我存在：立足于自身的自我存在，以及与别人关联的自我存在。自我和别人的个体性都不可绝对化。一个人如果不独立，不扎根于自身，而全然与别人相关联，那么在交往中就易于将自身弥散于他人之中。这样的交往就会流于表象，空乏其身，不能产生质的涌现；这种交往就只会使自我贫乏，不能生发出本质性的存在。但若人们将自己孤立起来，成为全然立足于自我的存在，那么就不能进入交往的过程中，自身的存在就不能在交往中得到萌发和充实，自我就放逐了自己，自身的存在就会萎缩成为点状的空洞存在。所以在雅斯贝斯看来，生存交往中的个体既是立足于自身的自我存在，又是与别人相关联的自我存在，二者融通为一，自我在独立中走向交往。

独立是生存交往的基础，独立意识产生于不可克服的孤独感，而真正的孤独只有在生存意识之中才会出现。生存在根本上是孤独的，因为每个生存个体都是独一无二的，每一生存个体都从自身的幽暗深处涌起，也只能在这自身的根基处才能得到栖息。生存又植根于超越，在面对超越时，每个生存都从对象世界中抽身，以其本己的存在孤独地领悟着超越的意蕴。所以

① Paul Arthur Schilpp (ed.). *The Philosophy of Karl Jaspers*. New York: Tudor Pub. Co., 1957, p. 211.

只有生存、只有生存的无条件性才会产生真正的孤独；在人的其他层面都是可替代的有条件存在，孤独无从涌起。

孤独源自生存的觉醒，在缺乏生存意识时，人们所感受到的就不是生存意义上的孤独，而是经验意义上的孤独，这种孤独或者是经验实存状态上的离群索居，或者是社会关系中的孤立无援，或者是心理上的寂寞无助。经验状态的孤独对于人的自我实现是消极的，他要么生活在自我封闭中，把他人和世界拒之门外；要么将自己弥散在没有存在意蕴的无边空虚中。那么，在这种缺乏生存意识充盈的情况下，无论是被共同体庇护还是驱逐，他都会缺乏家园感和实现的成就感，因为他还不是一个为自己的存在。甘愿寂寞，安顿于孤独，这是人的尊严的一个显著标志，这种态度与那种一味逃避孤独，不惜自欺和堕落的态度形成鲜明对照。

在一定程度上，雅斯贝斯与克尔凯郭尔的孤独概念有共通之处。按照克尔凯郭尔的观点，生存的自我实现植根于个体恒久的自我反思过程。当雅斯贝斯强调孤独的尊严时，他是在敦促每个人通过独立思考，根据自己的观念来行动，从而在保持自己的本质的连续性进程中生活。在日益大众化、机械化、平均化的现代社会里，雅斯贝斯诉诸孤独中的自我反思，意味着从本源上去观察生活，亦即通过自己的内心来把握现实，从而培养和争取人的独立性。这样看来，所谓孤独的尊严，不仅关涉生存个体的自我意识，也关涉雅斯贝斯本人的个体自由理念。

孤独源于生存，又成全了生存。"人不能离开孤独而成为自身。"①如果缺乏孤独感，人就不能从经验世界中超逸，不能从深邃的根基处汲取源泉，就不能走向真正的交往；缺乏孤独，人和人的共在就只是事务性的打交道，所产生和传递的内容就是同质性的，这样就谈不上真正的生存个体的诞生了。

没有孤独，就没有生存，孤独是成全生存的准备，孤独所表达的是生存的先天可能性。对于雅斯贝斯而言，"人在孤独中时还不是自己，孤独是可能生存的准备——生存只有在交往中才能变得真实"②。在交往中，孤独所产生的自我存在进入了与他人关联的自我存在，融为一体，生存在其中才真正实现。但在这过程中，交往并非与孤独不相关的另一极，交往奠基于孤独。

---

① Karl Jaspers. *Philosophy*, *vol*. 2. Chicago: The University of Chicago Press, 1970, p. 57.

② Karl Jaspers. *Philosophy*, *vol*. 2. Chicago: The University of Chicago Press, 1970, p. 56.

生存交往的前提是孤独。生存的交往在真正独立的两个个体之间发生，为了保持和发展自身，他们从各自的孤独中走出，孤独中所潜蕴的力量是他们交往的冲动，孤独在自身中的酝酿也产生了他们交往的内容。在交往中，通过分享对方的生存，他们并没有相互削平以适应对方，而是引发了更深的孤独感；生存两极的极性随着交往而更加强大，两极所激发的内容也更为丰厚深沉。所以对于雅斯贝斯而言，要想进入更深邃的交往，就要有自觉进入孤独的意愿和力量。否则，当生存放弃作为自我的孤独时，生存之间必需的、无法弥合的距离感就会丧失，从而将自己融化在别人身上。像没有积蓄的水缺乏势能一样，没有经过孤独历练的生存也必然缺乏进入交往的动力。因此，孤独先天地将人规定为个体，使个体进入生存的交往成为可能。

在另一方面，生存的交往则使生存个体联合起来，在荣辱与共的相互激发中，在下一节所要讨论的"爱的斗争"中真正产生了彼此的自我存在。这样，在孤独和交往之间就形成了一个永恒的张力。这种张力带来了生机勃勃的生存活力，缺乏这种张力，生存就会异化为无生命的实存。

对于雅斯贝斯而言，"在生存的交往中，热情的投入和静默的慎独都是不可少的"①，可能的生存只在这两极之间运动才能充实自身，这运动既没有起点也没有终点，只有无限生成的过程。人如果不能忍受孤独，那么生存就不能内敛酝酿，就会漂浮在生活的表面，或成为形式上的存在物；如果不能献身于交往，不能一次次地在交往中克服孤独，生存也会在自身中逐渐委顿，成为空洞的存在。

在这运动中，源自孤独的生存永远都是涌动不息的，交往所带来的平静只是暂时的、相对的，而且这平静只是在为新的更强、更深的涌动而积蓄能量。尽管这运动永无止境、无既定方向，而且可能的生存自身的目标和基础都不可见，但它能够从这运动中有所汲取，得到升华，以实现自己。

孤独和交往的圆融统一只有在生存的层面才能产生。在缺乏生存意识的人看来，孤独与交往是矛盾的两极，在相互作用中，一方必然要克服另一方。孤独的人的交往只是一群封闭的、表达着自我意愿的人的聚合，这种聚合远离了真正的交往，也远离了本真的真理。在非生存的人看来，真理是存在于共同体中的能够联结、凝聚所有成员的东西，是已被揭示的确定性存在，是客观固定的神启和权威，应该为所有成员忠诚地遵守。在这种共同体

① Karl Jaspers. *Philosophy*, *vol*. 2. Chicago: The University of Chicago Press, 1970, p . 58.

的交往中,人为了整体的存在,就必须放弃自己,自我的生成就实际上意味着成为无我。在这种交往中,孤独感虽然消失,但在这无生命的交往中,一同消失的还有本真的自我。

在生存的视域中,真理是交往中形成的存在,固定的确定性真理游离于自我的存在,人们与它没有本质性的关联,它还没有被生存的意蕴所包蕴渗透。只有在孤独中,在孤独所带来的生存的宁静中,人才能从对象世界中抽身,同时又能够将对象事物带回自己的生存境域,加以品味咀嚼,使之与本源相契接,使之成为为我的存在。在这过程中,客观的对象性存在转化为自己的存在,消退了它自在的客观性,使生存内蕴的充实成为可能。在交往中,这些生存内容得到激发和验证。所以,生存的交往过程本身是不可认知的,可认知的存在物在孤独的沉思中成为生存交往的中介。

三、爱的斗争

生存交往产生于两个孤独的生存个体之间,交往以孤独为前提,孤独为生存提供进入交往的冲力和内容。孤独源自个体生存的深处,使每个个体生存都成为独一无二的存在,交往的双方不可替代,有着质的差异。生存的交往的非客观性在扬弃了个体间经验上的差异后,使得这种本质性的差异更为突出。有着本质差异的生存双方进入交往,达到相互理解、相互创造,实现彼此的自我存在,这是个独特的角力的过程。这一过程不是沉默的冥合,不是殊死搏斗,也不是此在交往的同质性交流,而是爱的斗争(der liebende Kampf / love struggle)。爱的斗争是生存交往的本质内容,雅斯贝斯说:"在交往中,开放性过程乃是作为爱,同时是斗争的那种独一无二的斗争。"①

在雅斯贝斯看来,生存之爱是确证自己存在的爱,它与生活中的许多情感性的爱有着质的不同。在生活中,人们有时认为自己是在爱,甚至是在忘我地爱,但对于生存而言,还是隔了一层。例如强烈的情欲之爱,它确实能带来身心的愉悦,但它是有条件的,在其中,人不是作为生命整体而投入的;或者,在人们逃避孤单时,往往会紧紧地抓住别人,虚幻地把别人当作自己依赖的支柱,在这过程中诚然也能够产生依恋的感情,但这种关系是单向的、令人疲倦的,不能彼此促发;再者,人们有时会把施舍当作爱,但在施舍时,人们往往关注的是别人怎样看待自己的爱心,如果不能获得所期许的评

① Karl Jaspers. *Philosophy*, *vol*. 2. Chicago: The University of Chicago Press, 1970, p. 65.

价，施舍者就会感到很失落，所以这也不是真正的爱。

对于雅斯贝斯而言，真正的爱超越了本能和情感，是使生存得到充实的东西。“爱是交往性自我存在的丰沛的源泉，作为它的自我显现的运动，它能产生自我的存在。”[1]爱对于存在是敞开的。一方面，爱与本源的自我存在、与生存的真实性同时发生，自身存在与爱是同一的。但是，这种作为爱的自身存在并不是通过计划或有意识的努力而获取的；毋宁说，生存是在爱中被赠予自身的。另一方面，爱与理性紧密联系，为了使理性能够表现显露出来的存在，事先就必须有能够使存在完全显露出来的对于存在的内在关系，这种内在关系就只能存在于爱之中。爱还与生存的真理息息相关：“本然的真理是悟性意识一般不能达到的，相反，‘真理只对爱展示自己，真理是面对在爱中获得的决心产生的’。爱的这种对存在的开放性使我们看到了真正存在着的东西，而由于它‘展示出存在者本质的全部形态’，就向理性提供了积极的内容。凡是理性和爱无限制地活动的地方，它们就会结合在一起。只有‘作为爱的知识和作为知识的爱，才使真正的存在完成’。”[2]

生存的爱是绝对无条件的，因之是忠诚可靠的；而实存之间的爱是有条件的，因而也是可以被破坏的。“在爱中存在着绝对信任，当下充盈的爱不会误导人。爱的信任并不在于算计和回报。我爱的事实就像一个礼物，且这一事实也就是我的存在。在爱中我获致从不会错误的确定。……只有通过每天践履信任与诚实，我才能在关键的时刻——在这一时刻，爱使得这些前提显得并不存在——为爱的斗争作好准备。”[3]建立于“绝对信任”的“爱的斗争”也可以说是一种“成全”。对生存意识而言，爱一个人就是希望他成为一个真正的人。“爱是清澈的目力，它使我渴望洞悉所显现的东西。……只有爱它的人才能洞悉它的存在，而且本源地、无任何理由地、无条件地确认它的存在：他希望它存在。”[4]成全他人的自由乃是生存之爱的目的所在，这与中国古人所说的“君子成人之美”颇有意趣上的相通之处。这既是个体生存的责任，也是生存之间的相互成全。

按照雅斯贝斯的说法，“爱还不是交往，但爱却是交往借以实现自身的源泉”[5]。爱先于交往，是交往的前提，但爱又在交往中实现自身；离开生存

① Karl Jaspers. *Philosophy*, *vol.* 2. Chicago: The University of Chicago Press, 1970, p. 66.
② 施太格缪勒：《当代哲学主流（上卷）》，商务印书馆 1986 年版，第 258 页。
③ Karl Jaspers. *Philosophy*, *vol.* 2. Chicago: The University of Chicago Press, 1970, p. 243.
④ Karl Jaspers. *Philosophy*, *vol.* 2. Chicago: The University of Chicago Press, 1970, p. 242.
⑤ Karl Jaspers. *Philosophy*, *vol.* 2. Chicago: The University of Chicago Press, 1970, p. 64.

的交往,所有的爱都是不可靠的。尽管交往本身不能带来爱,但离开交往的经验,就不会有真爱。爱使我们感受到某种无条件的东西,我们在生存的交往中进入真正的"爱的斗争"。

在实存界的斗争中,每一方都视对方为不同于自己的存在,视对方为敌手,斗争的过程是你死我活、一分高低的;为了达到目的,甚至可以不择手段,斗争的结果必然是同化对方或者为对方所同化;在达到目的后,斗争就会停止。生存的交往则与之迥异,它是生存为了彼此的实现而进行的斗争,是为了生存真理的斗争。在这个意义上,它被称为爱的斗争,既是斗争又是爱,是爱和斗争在生存境域中的统一。爱的斗争远离了各种强力和胜负的谋划,尊重自己,也尊重别人的自我存在,其目标不是挫败或消灭对方,而是通向与他人共在的道路,实现彼此的自我存在。因此,"在交往的斗争中,有无与伦比的和谐的产生"①。爱是这种和谐的源泉,离开这种和谐,生存的本质性内容就不可能产生。和谐不是一团和气,它承担了风险,也承担了结果的责任;和谐是斗争中的和谐,最和谐的友谊、最亲密的朋友间有着最激烈的斗争,因为"通过一种有创造能力的搏斗,两个灵魂才能相互形成"②。另外,生存的统一植根于超越之中,而不是某一具体的目标,生存之爱是源源不绝、永不枯竭的。

生存之间的交往是一种爱的斗争,为了实现双方涌动于生命深处的自由。"作为实存,说话的是一个有目的的、对自己具有无限兴趣的生命,他把一切都置于对自己的实存有所促进的条件之下,他只在这个意义上表示同情和反感,他只出于这种兴趣才与人交往。"③相形之下,生存交往则与此大异其趣。"作为生存,说话的是一个自己在那里存在着的人。他面对着生存,这个不可替代者,面对着别的不可替代者。这种表述是出现于充满爱心的斗争中,斗争不是为了权力,而是为了启示,在这种斗争中一切武器都被放弃,但是大全的一切样态都表现出来了。"④一言以蔽之,实存之间的斗争意在以他人为实现自身的资具,而生存间的爱的斗争则旨在以自由成全自由。

生存交往中的爱是平等的。"每个战斗者都与他人一道深入自身,这不是个体针对其他生存的斗争,而是一场同时针对自身与他人的共同斗争,目

① Karl Jaspers. *Philosophy*, *vol*. 2. Chicago: The University of Chicago Press, 1970, p. 65.

② 让·华尔:《存在哲学》,生活·读书·新知三联书店 1987 年版,第 122 页。

③ 卡尔·雅斯贝斯:《生存哲学》,上海译文出版社 1994 年版,第 37 页。

④ 卡尔·雅斯贝斯:《生存哲学》,上海译文出版社 1994 年版,第 38 页。

的仅仅是真理。这样的斗争只会建立在完全公正的水平上，双方在知识、智力、思维、体力上诚然存在着差别，但在每个人都努力成为生存的过程中，这些差别被克服而平等性得以建立。”①生存是无条件的、非对象的，能够越出各种经验意义上的差别，生存之爱因此而可能达到平等。生存交往是两个个体生存以各自不可混淆的自我存在相互介入的过程，这意味着交往伙伴在精神上是完全平等的，尊重彼此的个人自由和特殊个性，任何时候都不能把自己的观念标准武断地强加于人。雅斯贝斯将其诉诸“忠诚”(Treue)的规范，诉诸平等要求。按照这样的规范和要求，尽管交往伙伴之间的社会地位、知识体系、个性禀赋殊异，但交往双方必须同等地承认对方的自由及其实现生存的机会。

在生存交往中，斗争中的爱的平等是人们实现自身的前提条件。“只有他人有意成为他自身时，我才能成为我自身；除非他自由，我才能自由；除非我确信他，我才能确信我自己；在交往中我不仅对自己负责，还必须对别人负责，似乎他就是我，我就是他；只有他中途遇到了我，我才能体会到这一点，因为我不能通过我自己的单独行动达到交往。……如果他的行动不能形成他的自我存在，我的行动也不能实现我的自我存在；作为屈从于我的奴隶，他又像我的主人一样阻止我成为我自己。只有相互的认识才能使我们俩都成为自身；只有在一起，我们才能达到每个人所要达到的目标。”②因此，生存交往中的爱的斗争绝不是以自我为中心的、盲目无理性的斗争，而是在生存意义的平等上相互信赖、相互创造，在相互确证中实现自身。倘若在这过程中掺杂进高低贵贱的意图，斗争的双方就不是以和谐，而是以优越和胜利为目标；生存之爱就会沦为经验之爱，不能促发生存的实现。

在平等的爱的斗争中，交往双方所有的言行都是光明磊落的，没有任何心机；彼此提出挑战性问题，以便将自身彻底向他人敞开，双方在共享中，在疑问和争论中，都是真诚坦荡的，全身心地投入其中；“在斗争中双方都敢于无所保留地展示自己，并将自身置于质问的境地。如果生存是可能的，它只能通过挑战自我放逐的斗争方式，在非客观性的自我生成中显现和实现。这种斗争方式，在某种程度上可以客观化，但不能为源自经验界的任何动机所理解。”③在这一过程中，每一方都绝对信任对方，又彻底地相互质疑；相互质疑带来了相互的确证，相互斗争带来了相互的认可，在最火热的斗争中

---

① Karl Jaspers. *Philosophy*, *vol*. 2. Chicago: The University of Chicago Press, 1970, p. 60.

② Karl Jaspers. *Philosophy*, *vol*. 2. Chicago: The University of Chicago Press, 1970, p. 52-53.

③ Karl Jaspers. *Philosophy*, *vol*. 2. Chicago: The University of Chicago Press, 1970, p. 60.

产生了生存交往的和谐。这种和谐是彼此真实的联结，是自我存在的和谐，而不是旁人可以看见和任意参与的客观经验过程。所以，这种爱的斗争最终一定是苏格拉底式的。

爱的斗争不是为了普遍有效性的正确，而是为生存的真理。爱的斗争把生存提高到真正存在的境界，它超越了感性的直观，在世界和人类实践中表现出来。在爱的斗争中，一个真实的生存和另一个真实的生存在彼此互爱中联系起来，同时，一切的事物都在存在的光辉之中敞亮。

在爱的斗争中，生存之爱的深度存在于从生存到生存的关联之中。“只有同自我的生存交往才能使我作出无条件的绝对决断。”①生存之爱不仅使我获得存在的确定性，而且在爱的斗争中使双方都摆脱实存的偏狭而探入存在的深处。“爱存在于生存交往的斗争，而堕落于无斗争的联合或无爱的争吵；爱存在于尊严，而堕落于对(偶像化了的)权威的依赖性的崇拜；爱存在于慈善的帮助，而堕落于随意的、悦己的怜悯；爱存在于对美的直观，而堕落于审美冷淡；爱存在于为爱所作的无限的且无对象的可能性准备，而堕落于迷醉。”②通过雅斯贝斯对生存之爱与实存之爱的分辨，不难看到，无条件的生存之爱只有在指向爱的斗争时才能得以实现。

生存间爱的交往并不限于生存的双方，而且包括了对一切事物、对世界和超越存在的爱。随着相互交往的内容的深化和扩展，交往本身愈加深厚，交往的形成需借助于客观的内容，而这些只有通过互爱的人才会变得现实起来。

四、生存交往中的真理

雅斯贝斯认为，真理是生存实现自我的必由之路。雅斯贝斯在《真理论》中提出，真理是一个依赖人的存在状态的东西；但是，人处在大全的不同样式中，就产生了不同的真理观，在实存、一般意识和精神样式下，都分别有其各自的真理形态。而真正的真理是关于存在自身的真理，达到这种真正的真理，需要从内在存在向超越存在的飞跃。我们没有现成的真理，而是不断走向真理。

在雅斯贝斯看来，生存的交往是爱的斗争，但这一过程所产生的内容却不是非理性的。在生存的交往中，借助于理性力量的表达和联结，无论是生存个体之间的交流还是共同体的交流，其内容都有真理的导向。真理对于

① Karl Jaspers. *Philosophy*, *vol.* 2. Chicago: The University of Chicago Press, 1970, p. 290.

② Karl Jaspers. *Philosophy*, *vol.* 2. Chicago: The University of Chicago Press, 1970, p. 243.

世界中的人具有最终意义。寻求真理，是人的尊严所系，只有通过真理，我们才能变得自由；而只有变得自由，才为我们无条件获得真理作好准备。雅斯贝斯认为，从事哲学思维的人志在为真理而生活，他对所思、所感和所为的一切都要发出质问，决不回避；在他看来，万事万物都应该是明亮的，他宁愿因真理而失败，也不愿在错觉中换取幸福。这一路向使得雅斯贝斯的交往哲学既有契接生活的现实性，又有虚灵高贵的超越性。

真理在此在的交往中和在生存的交往中是不同的。在此在交往的各样式中，真理在物体、逻辑、象征、语言中被实证地把握，它是由前提所组成的固定物，是外在于我们的有效性，其自身封闭，缺乏历史性，也缺乏与具体生命息息相关的灵性。人们能接受它，知性上能理解它，但不能生发它、创造它。真理在向人呈现时自身无法保持源始的生命感，不能贯通于大全的各个层面。此外，这种定性化的真理呈现价值上的平面化，容易沦为在场的固定之物，也容易作为偶像而为人们所膜拜。在现代社会，一般意识层面上的科学真理大行其道，所向披靡，使得很多人认为它就是唯一真理、全部真理、绝对真理。在雅斯贝斯看来，这种真理不能真正渗透进大全各样式的层级秩序，在社会政治生活中，也容易导致狂热和盲从，会破坏真正理性的交往秩序。所以这不是值得我们为之献身的真理，它的存在并不取决于我是什么样的人、在做什么事，尚未触及那使人真正成为人的东西；而与我的存在状况密切相关的，才是生存的真理，是哲学式的真理，因为我就是这种真理。

与此在交往不同，生存交往中的真理别有异致："生存，对真理的经验是在信念中。只有在超越实存的实用性、一般意识的知性确定性和精神的观念统一性时，人才能到达真理的深层，冲破经验世界，又带着对超越的经验回归生活世界。在生存的和理性的交往中，人在所有的意义上都是他自己，生存的真理证验自己是一种真正的现实意识。"① 在雅斯贝斯看来，生存的真理不是被给予的、可现成传递的在场真理，也不是一种不需交往就有效的真理，它无法像物体一样被占有。生存的真理是生成的，是人全身心地交往的结晶，是人的真理，是内蕴于生命的真理。生存的真理是虚灵无滞的，但通过大全诸样式的真理而成为现实存在，它是隐蔽其间而又高出其上的大象无形的真理。

---

① Karl Jaspers. *Philosophy of Existence*. Philadelphia: University of Pennsylvania Press, 1971, p. 31.

生存的真理产生于生存之间信念的对撞。在生活中，实存是可能生存的各种具体、分散的现象形态，但生存只是它自身及其伴随着自我存在的统一的交往性联系。处在交往之中的不同的生存是多样性的，生存的多样性既不是客观性的也不是主观性的，不能将之视为现存物，也不能视为统计学上的数量。与世间经验事物的多样性不同，生存的多样性是存在的多样性。它超出了知性的认知，只能作为可能性而被阐明，它是我们真正成为我们自己时的存在和存在间的纽带。当人们走进生存的循环时，这纽带就约束了我们，同时成全了我们。

因此，与作为客观存在而被发现的普遍有效性真理不同，当人们超越了主客二分，在源始的、存在的可能意义中所发现的是生存和其他生存联手所形成的真理。生存的真理作为存在本身的显现，既不需要在经验存在中模式化，也不需要将秉性各异的个体削平为同一个层面。生存的真理不是通过本体论知识而达到的，也不是通过某一普遍的信念而获取的，毋宁说，它是在不同的生存信念的撞击中才得以实现的。因此，哲学依据大全的样式，在真理存在的多样意义中确定真理。它寻求着，却并不拥有一种真理的意义和内容，因为真理对我们来说并非静止的确定性存在，而是永不停息的无限运动。

"生存的真理以自我的存在化解任何客观真理。"①生存真理植根于人对存在的感悟，类似于中国古语"心安是归处"，人只能在对自我生存的确定中安居。这种确定不是片刻的安顿，而是个无限的过程，因为生存个体在时空中能够不断地遭遇新的现实，而这些现实都异于自我的存在，都需要加以探求并内化，以达到与自我的等同。在生存交往所形成的真理中，个体没有弥散自己的存在，而是走向对自我的逐步确证。作为自我确证的生存真理是不断生成的、异质的、流动的，人不能知性地触及它，而需要本源的生命的感悟。客观性真理是面向所有人的，是可以陈述的显性的思想。它只有在为生存气息所浸润时，才能脱落其客观性，显露其本质内容。

生存的真理如月印万川，既是多样的，又是绝对的。交往总是发生于历史性境况之中，且永远不可臻于极致。生存的真理必然是多样的，但这种多样不是数上的多样性，不能被外在地看作是多方面的；但交往中的人在生活中需要断然地在特定境况中采取行动，这又需要真理的绝对性来保证，这种绝对性不是知性的普遍有效，而是生存的意义上而言的，源于生存的绝对性。

---

① Karl Jaspers. *Philosophy*, *vol.* 2. Chicago: The University of Chicago Press, 1970, p. 361.

此外，生存的交往并不带来生存者的联合。真正的生存交往尊重并保留个人之间以及他们的生存真理之间的区别。生存的真理就像他们具体化的个人一样，是缤纷多彩的。这些不同的生存真理不仅完全合理，而且必不可少，并且互相补充。它们的最终统一是不可能的，时间之流中的真理不会既完整又绝对，没有既持存又体系化的真理。真理始终只会作为过程和使命而存在，人始终是真理的唯一探索者。

在交往中，人既要遵从自己的真理，又要承认和含纳别人不同的真理，这在经验和知性思维上是很困难的，生活中交往的破裂也往往源于对真理多样性的偏执而不能融通。然而从生存的交往看来，这种困境是可以且必须走出的。生存的交往具有无限普遍的整体性意愿，它相信不同的真理，相信真理的可交流性，能包容世间万物。因此，生存的交往总是在无限的可能性中寻求彼此的可交流性，它有对自身的绝对的信心，一旦上路，决不半途而废。

在生存的无限交往所开启的空间中，在被本真的存在实体触及后，人的根基才能从自身深处无遮蔽地生成和呈现，人的行动才不会执守于任何硬性的教义，而是时刻倾听着生存真理的召唤。在这一过程中，真理的多样性像森林通过深厚的大地而根脉相连，彼此的差异和矛盾不再通过行为或思想上的强力来抹平和消除，而是通过触及生存和超越而联系，通过人对真理力量的信仰而融通。

雅斯贝斯的真理观不仅系于交往，而且与超越息息相关。超越使不同的生存个体具有互融互通的统一性，从而使真理的产生成为可能，也使生存的真理在世间具有价值上的永恒性。这一部分的内容在第五章的"生存与超越"一节中详细阐释。

第五节 生存实现的社会形式

一、交往与社会共同体

如果说在雅斯贝斯前期的生存哲学中，交往对真理的呈现多是理论上的阐释，那么在后期的交往哲学中，他更强调交往与社会共同体的关系、社会政治层面上交往对真理的自由敞开、对真理垄断的批判。

雅斯贝斯后期的交往哲学标志着一切理性者之间的团结一致和无限交流。他在 1946 年 6 月的《转折》杂志上发表了《论政治自由》一文，阐明民主理性交流的理念。他认为，民主就是一个有朝气的群体成员的自由参与和交流，自由氛围的关键特征就是对自由的信仰。汉娜·阿伦特在《雅斯贝斯：世界公民》一文中也强调，雅斯贝斯之所以称得上是世界公民，与其交往哲学息息相关。他的交往哲学倡导的是一种人类必不可少的“无止境交流”。雅斯贝斯认为，凡是进入无止境交流的人都必须放弃自己垄断真理的欲望，必须承认，无论是哪种真理都至多不过是局部真理。阿伦特认为，对理解所有不同的真理具有信心，对别人怀有善意的讲述和倾听也怀有信心，这是人类交流的首要条件。人类的未来只有两种可能性：一种是通过无止境的、不限制的交流而达致共识性的真理，走向和平；另一种则是人们因各自固守自己的所谓真理，仇视和排斥他者，进而引发战争，相互杀戮。排除犬儒主义和动机猜测，真诚而坦率地参与人际交流，这就是雅斯贝斯哲学的基础。只有真挚的相互信任才能保证理性的交流，也只有通过理性的交流，真理才会自然呈现。这种由交流而生发的真理才是唯一能真正联系人类的纽带。哲学面向个体，它建立了在真理意志中相互依赖的人们的自由的共同体，从事哲学思维的人需要进入这个共同体。这种共同体随时存在于世界中，然而不放弃其真理的自由性。

雅斯贝斯后期倡导世界哲学。世界哲学的前提条件就是不存在任何一种对所有人都具有约束力的真理；相反，这新的思维方式表明，人的生活的真理以及解释世界的真理是多义的、多重性的，因此，多元文化的交往是否可能、何以可能，完全取决于交往各方是否有开诚布公的态度，取决于是否放弃自身特殊的立场、观点、方法的绝对效应。因此，在世界哲学中，交往是通向所有形态的真理的道路。只有在世界哲学中，真理概念，即“真理是联结我们的东西”，才具有指导性并且在公众中富有影响力。

然而，让一种哲学信念和宗教信仰放弃其绝对真理而走向无条件的对话交往之路，所牵涉的困难往往是极大的。但是，交往是检验真理的标准，某一真理的说服力和有效性是在持续不断的交往过程中得到证实的。而且，交往是世界大同之路，如果没有无限交往的意愿，就没有哲学与宗教、宗教与宗教之间的真诚对话，就没有公开的“精神之战”，就没有真理。因此，只有在世界哲学的总体交往的理念中，才会出现世界范围内的开放性的文化交往。可能有人认为，生存是人的基础和本体，其他生存者也不例外，既然每一个人都把自身的生存看作终极的轴心，正常的思想交往何以实现？其实，这种怀疑源于对主体性视点与交互主体性视点的混淆不清。一个解决办法是坚定不移地划分主体（个人层面）与交互主体（集体层面）。如果哲学问题纯属个人问题，这个问题就没有普遍有效的解决办法。雅斯贝斯的生存哲学一再强调:哲学真理与个体是固结在一起的。也就是说,没有人的参与,没有现实的自由行动,没有生存的实现,就不能获得真理。问题在于,在这种情况下,如何重新发挥个别的人不可替代的作用,如何使人重新成为他自己,而不是仅仅在日常职务的轨道上机械地奔驰?在哲学—生存论的自我觉察中,个人一旦获得真正的个人确信和信仰确信,那么他就马上意识到世界哲学的真理要求,即真理是人与人之间的一种普遍联系。

二、生存共同体

在雅斯贝斯看来,生存的实现源于生存的交往,但生存的交往不仅是在个体生存之间产生的。在更广阔的视野中,它源于社会层面的共同体;也只有真正形成了共同体,生存的实现才有更坚实的保障。也可以说,生存共同体是生存的交往和实现的深化。

人们在交往中产生了各种不同的社会共同体并置身其中,而不同类型的共同体对人又有不同的意义。他认为,从总体上来说,共同体可以分为两大类:"所有的普遍的共同体"(die alle gemeinsame Gemeinschaft)和生存的共同体(existentielle Gemeinschaft)。只有在生存的共同体中才有自由人的联合,真正的人的联合,因为"人类存在的一个根本要求是每个个人相互了解地参加到生活整体中来"[①]。根据雅斯贝斯提出的生存的共同体,生存的实现能进入更广阔的世界。每一生存个体都生活在一定的共同体中,将个体生存的实现推而广之后,就越出了交往双方的范围,必然产生生存共同体。生存共同体是生存实现更深厚的、更广阔的外现。

雅斯贝斯比较了两种不同类型的共同体,所有的普遍的共同体是通过外在的纽带连接的,这些纽带包括共同的肤色、语言、共同的境况、共同的经验对象和知识层次等等,它们都是人的某种属性或者与人相关,但都还不是人的内在的本质性存在。因此,这种联合体是人游离于生存境域之外的共同体。当然,这些共同体对于人的生活和存在是必不可少的,也为人的相互理解创造了条件。但这种联合没有触及个体的本质独特性,不能唤起人的本真的存在;且在这种共同体中,为了共同的需要而往往发展了非本质的存在,从而漠视和疏离了自我的存在。

生存的共同体是在交往中形成的。生存的交往从潜能上说有无限的统一性,"人的生存的基本特征却又是想在人与人的交往中达到使一切人乃至

---

① 卡尔·雅斯贝斯:《雅斯贝斯哲学自传》,上海译文出版社1989年版,第113页。

最辽远的人也都联结起来的那个大一”①。在这大一的召唤下，“真正的哲学的方式是将所有的人都看作是我们应该交往的可能的伙伴，最深邃的真理是在所有的人都能够理解并形成一个整体的共同体时产生的。联合这一共同体的不是强力；不能靠表象的理解来充实，不能靠不可理解的顺从来实行，而要靠生存的交往。为了真理，要摆脱任何欺骗性的假设，真实的无穷尽的交往产生和克服了事实性的存在。在一个依靠规则确证我们存在的共同体中，需要人们都能理解的目标，在这样的共同体中，人们不能获得内在的存在感。只有生存的规则，才能使人们在不断扩展的交往中走得更切近，哪怕人们还不理解，但在其中也能相互尊重”②。

可见，生存共同体的秩序不是外在的规则，而是内在生存的大象无形的秩序，它让人回到生命的本源，使人作为生存而被激发，从而促成人的自我实现。在生存的共同体中，每个人都不是整体的一份子，而是一个独立和独特的个体，每个人在其中都作为目的而发展。生存共同体的纽带是爱的斗争，成员之间是无条件的爱的关系，这种爱不尽是情感之爱，还是超越性的生存之爱。在爱的斗争中，每个他者的个体和共同体自身对于我都不再是外在的，而是能够内融进我的本性中。在精神的共同体中，只有唯一的整体性观点是共同体的灵魂，个体自身是从属于它的。对于生存的共同体来说，个体已经不再是量上的组成部分，而就是共同体的灵魂，每一生存的个体都是共同体相容相摄的灵魂。在其中，人们不仅能够听到自己的存在的声音，而且能够听到其他人的真实存在的声音，我与他人结合于“一”之中。在生存共同体的统一性中，我是别人的自由的前提，别人是我的自由的前提；没有对方，就没有自我。生存的共同体真正体现了个体之间、个体与共同体之间的本质的和谐。这种和谐不仅体现在生存共同体的成员之间，而且是生存与实存、一般意识、精神以及世界和超越的和谐，因为在生存的交往中，实存、一般意识和精神都会受到检验和扬弃，成为生存的外现。当生存之间建立了超越性的自由和爱时，在生存感受到超越存在的时候，生存就在绝对必然性的体验中和世界融为一体，世界就成为生存的家园。

生存的共同体既是统一的，又是多元的，人们不能按照任何一种既定模式或观点体系去设计它。因为，虽然每一生存个体都在追寻生存的真理，但个人寻求真理的方式和自我实现的道路是多样的，没有既定的规划；而且，

① 卡尔·雅斯贝斯：《生存哲学》，上海译文出版社 1994 年版，第 71 页。

② Karl Jaspers. *Philosophy*, *vol.* 2. Chicago: The University of Chicago Press, 1970, p. 58.

由于外部世界及个体的多样性和复杂性，生存共同体必然总是处在不断的流变中，人们永远也不能设计出完整的、统一的生存共同体的理想模式。虽然缺乏终极的样式，但生存共同体却不会满足和听任于杂乱无章的多样性，而是要追求内在的统一性，并在其中建立起法则。在这里，生存的交往是至关重要的，只有在不同的生存相互把握后，生存共同体的多元性才有意义。真正的、本源的多元性只能是生存的。

雅斯贝斯在强调个体自由的同时，通过交往而激荡起生存的意蕴，通过交往而增强生存的现实性，让生存作为灵魂充溢于共同体之中。但作为共同体，生存自有它的经济、政治和社会的各种层面，也有它自身独立的运行规律，而对这些规律在不同层面的考察自有其位置和意义。

纵观雅斯贝斯一生，跟一般的德国人相比，他的人生体验渗透着文化和政治的因素，他对自我归属以及对文化认同感的意识更加自觉。在纳粹暴政的年代，在整个德意志民族生命发生大病痛的危难时刻，雅斯贝斯产生了对生命的深沉体验以及使欧洲历史传统薪火相传、继世不绝的使命感。

三、世界共同体

雅斯贝斯认为，我们今天的命运实际上包含在人类的共同命运中，我们的任务在于发现把所有人联系在一起的东西，我们必须承担起这样的任务。我们不能奢望找到所有的人在生活内容、方式和信仰等方面都认同的独一无二的意义；把所有人联系在一起的共同的东西，是世界性的政治共同体。今天是科学与技术的时代，一旦进入这个历史中，政治就不可避免地成为世界政治。雅斯贝斯设计了世界政治的前景，不是为了发布指令，而是为了通过启迪性的预测，引导政治意志越过民族国家，走向政治的世界统一。雅斯贝斯认为，这种世界统一必须具有自由交往的条件。

在雅斯贝斯看来，交往是人类走向大同的必经之路，生存共同体是人类未来的发展理想。饱受战争摧残的雅斯贝斯，没有在极端恶劣的境况中泯灭对人类的希望，而是展示了对人性所能够达到的最美好的愿景。对于他而言，最危险的境地孕育着最大的希望。尽管生存共同体不是社会规律的逻辑推演结果，也不具有经验层面的必然性，但它具有生存意义上的必然性。它是极致处的理想，如高悬的毫无纤尘的明镜，超出了人类所有现存共同体的层次。生存的共同体又不是一个客观对象，它像柔和的气息，能够弥漫无间，融进所有当下的现实共同体之中，提升它们的层次。生存共同体无限辽远，又分外切近，只要人们从生存的经验出发，它就会显现在人们的当下日常之中。

从历史上来看,人类总是在共同体中进行着交往和实践,在其中,不断地衍变出许多不同的共同体模式,许多理想的样式被设计出来:从理想国到上帝之城,从启蒙运动时期的理性王国到托马斯·摩尔的乌托邦。雅斯贝斯的生存共同体也是这一传统的继续,但与以往的理想样式有所不同,他是从全新的角度来探索社会理想的。

生存的本质是人的自由,生存共同体是人的本性,是自由的王国,这与以往哲人从理性、经济利益、社会公正的角度对社会设计是完全不同的。在生存的共同体中,人的自我得到充分的发展和完善,但这又不是跨进另一个彼岸世界中,而就是在当下的日常中实现。在雅斯贝斯看来,所有普遍的共同体都是生存共同体的外壳,是它实现的舞台;离开这一舞台,生存共同体的实现就是空中楼阁。可以说,生存共同体是普遍共同体的灵魂。当普遍的共同体获得了生存的灵魂时,它就既有经验的实在性,又有了内在的超越性,这就是生存逾出了个体,在更广大的社会空间中的真正实现。生存因此既有内在的鲜活灵魂,又有坚实的地基支撑。

因为雅斯贝斯是从生存的内核出发来构建它的生存共同体的,所以他所着眼的是人的超越性的自由,是人的本真的独特性和个性。显然,对于雅斯贝斯而言,这里有对当时酿致了人类深重灾难的德国极权制度的反思。二战期间,由于妻子的犹太人身份,雅斯贝斯屡遭纳粹迫害。1933 年,雅斯贝尔斯被排斥于大学的行政事务之外,1937 年被剥夺了教授职位,1938 年以后著作权也被剥夺了。从 1933 年到 1945 年,雅斯贝斯夫妇如临深渊,小心谨慎,留心盖世太保和纳粹当局,决心避免任何不能辩护的不当言行。在纳粹铁蹄下的他没有任何法律所保障的生活——他和妻子随时都有可能被屠戮。由此,他产生了"世界公民"的设想:"我从内心感到驱使我向往世界公民的动力在增强。首先作为一个人,然后在这个背景下才从属于一个国家,这是最根本的。我渴望有一个在国家之上、人们得以最后向之求助的法庭……所有国家的团结,能够建立起这种超国家的法庭。"①雅斯贝斯将他的政治思想确定在"世界公民"这一预想的立场上:在世上,不论在哪里,只要我感受到那种承认对人性——亦即对人的自由的权力——负有责任的政治思想的崇高精神,同时又感到为唯一伟大的理想而甘愿牺牲的力量和勇气,以及为这理想绝不动摇的誓言,我就在哪里得到希望。因此他说:"我的

① 卡尔·雅斯贝斯:《雅斯贝斯哲学自传》,上海译文出版社 1989 年版,第 80 页。

哲学使命是澄清政治的伦理前提及其实现条件，其次是令我的政治性思想以世界公民这一先行立场为取向。”①

雅斯贝斯目睹了纳粹政权的非理性的狂热，以及种族优越论背后禁闭的自我中心主义给人类带来的浩劫。他目睹了他的母国的专制机器中，个体生命、人的尊严和自由如何被国家机器一步步蚕食和绞杀。“极权主义意味着人与人的交往最彻底的破裂，而与此同时人不复成为他自己。很明显，有利于狂暴任性的交往的破裂，经常不仅是对个人存在和个人失去其自身的真实危险的威胁，而且在历史上一些大国中能找到选择这种做法的例子。”②在极权制度之下，人和人之间，恨取代了爱，猜疑取代了信任，破坏取代了合作。共同体越来越成为一种强力所控制的组织，个体在其中一步步走向沉沦和遮蔽，艰于呼吸，终至于枯萎。因此他认为，世界共同体超越于单一国家之上。“不干涉一个国家内部事务的原则是掩盖允许非正义行为的外衣，要求绝对主权也就是要求允许一个人依照他自己的主权意志进行罪恶的行动，因为有一个古老的原则宣称国王处在法律之外，他自己不用服从法律。要反对这样的君权，所有国家都有权采取行动，绝不能容忍在任何国家里的不人道和无法律的情况。因为，从长远看来，不管在哪里，每当这种罪恶发生时，每一个人都受到威胁。”③雅斯贝斯毕生念兹在兹的就是要避免人类这种不幸的命运。

雅斯贝斯后期越来越注重现实世界中的交往问题，这固然是其哲学兴趣使然，但与他本人经历也不无关系。对纳粹体制和战争的反思，促使他从早期的生存—超越者这一主导性理论继续前进，最终把目光转向全球范围内的理性共同体。他敏锐地意识到，随着现代科技的日新月异，信息和交通日渐便捷，全球化的时代已经降临，当下最迫切、最本质的问题是世界的统一和人类的统一，这种可能性是如此确定地呈现在我们面前。在他看来，这是一种全新的世界意识。“今天，真正的政治……是世界政治，或者倾向于世界政治的现实，它的内容是以世界秩序为目标。”④因此，他的后期交往哲学逐渐由生存个体间的交往转向了全球交往，即寻求世界理性共同体成为可能的条件，并以此为世界和人类的统一建构深层的理论基础。此时，交往已不单纯是先前的两个生存共同体之间的“爱的斗争”，不再单纯以两个人

---

① 汉斯·萨尼尔：《雅斯贝尔斯》，生活·读书·新知三联书店1988年版，第18页。
② 卡尔·雅斯贝斯：《雅斯贝斯哲学自传》，上海译文出版社1989年版，第102页。
③ 卡尔·雅斯贝斯：《雅斯贝斯哲学自传》，上海译文出版社1989年版，第80页。
④ 汉斯·萨尼尔：《雅斯贝尔斯》，生活·读书·新知三联书店1988年版，第192页。

的对话为前提,而是更为深广和复杂的公众对话,推动这种对话的是"公开的精神斗争",借助自由的论证,摒弃任何强力。交往的可能性在公众的自由中,也在思维方式的自由中。没有公众的自由,真理便始终隐而不现;没有思维方式的自由,真理就沦为教条或谣言,雅斯贝斯也将这种交往叫作"总体交往"(die totale Kommunikation)。较之于前期的生存共同体,总体交往的现实性和时代感更为强烈,更有针对性,具有全球性广度和理性的无限开放性两种优势。凭借全球性广度,总体交往能够关联全人类;凭借无坚不摧的理性力量,总体交往能深入当下世界的各种重大问题。总体交往理论力图将理性带进世界,把理性灌注于每个个体生存,从而使生存变为交往性的生存,最终为形成人类的精神—政治共同体铺平道路。这种政治共同体无疑也是世界的理性共同体,人类从理性的交往意愿出发达而到世界的终极的人类统一。就此而言,雅斯贝斯后期的交往哲学无疑具有深远的现实意义。

雅斯贝斯的世界共同体思想也促发了他晚期的世界哲学理想。他认为哲学必须适应"全球化"这一变化了的新的世界现实,作为世界哲学,哲学必须打开全球交往的思维空间,为不同文化之间的相互对话、理解和合作提供共同的思想基础。在此意义上,世界哲学是一种新的哲学思维,其主旨是超越不同价值、信仰和意识形态的差异,促进全球文化交往,为人类创造一种总的交往领域。因此,世界哲学不是传统的民族—区域哲学,而是未来世界公民的全球哲学。

第五章　生存实现的终极依归

——超越

虽然雅斯贝斯一直被视为存在主义哲学大家，但他自己终生都拒绝承认这一身份。在他看来，与当时盛行的强调自我意志和自我选择的存在主义哲学思潮不同，他的生存哲学虽然立足于个体，立足于作为个体原初可能性的生存，但每一个体生存及其自由选择并不是自足的，必须以超越存在为终极依归。即在生存哲学的体系中，超越才是终极性的存在，它高于每一个体生存；个体生存只有从超越中才能汲取意义的源泉。因此，阐述雅斯贝斯的超越论思想，对于廓清其生存哲学的理路和特质尤为必要。

在实践层面，雅斯贝斯认为，20 世纪是工具理性大行其道的技术时代，人们普遍地沉沦于群众秩序之中，日渐丧失了对超越存在的仰望，随着时代的重心倾向于机械化、大众化、平均化，个人的独立存在空间被急剧压缩，人类有陷入无底深渊的危险。在 21 世纪的今天，雅斯贝斯所洞察的危机不但没有缓解，反有加剧之势，面对这一历史情境，解读雅斯贝斯的超越论思想对于每个现代人都更具切己的现实意义。

在雅斯贝斯看来，人不是终极的存在，不能完全立足于自身，不能在自身中获得根本的平静，只有在超越那里，他才会获得真正的安宁。超越是生存的终极依据，每一个体生存都从中获得支撑和力量，获得归宿感。在前面对理性和交往的论述中，本书分别从生存的形式条件和实现过程对生存的实现作了阐述。生存的内容依靠理性的形式构架的作用而推展，在理性的作用下，生存进入交往的现实的、相互激发的过程，并因此而得到充实和丰蕴，但生存内容的根本意义不是从理性、自身或其他生存所获得的，而是源于超越。正是超越给予生存和理性、生存和生存的作用以内容和意义的支撑。

本章所要阐述的是超越对生存实现的终极支撑作用。生存在大全中的无限的实现潜能是由超越赋予的，离开超越，生存的实现就会是无源之水。本章先论述生存和超越的关系，哲学信仰导向超越，生存不是自足的，它是通向超越的通道；只有在临界境况中才能产生生存意识，才有对超越的渴望；超越是生存对自身的飞跃，超越庇护了生存的真理。然后，本章将分三个方面论述超越对生存的支撑作用。一是生存对超越密码的解读。超越是非对象的，本身匿而不现，但又像光芒一样辉映着世间万物，使万物透明起来，这样每一事物都因承其惠泽而自身成为超越的载体和象征，即密码。生存在对密码的解读中而将自身与最本源存在沟通起来，从而拥有根本的归宿感。二是超越与生存的自由。生存不是自足的，而超越是自足的，是绝对的必然性和现实性。没有超越的绝对确定性，自由也就没有实现自身的空间和意义。超越扬弃了自由，是自由的宁息。三是权威和生存。生存是在当下的境况中，通过自由的决断获得自身的确定性，但生存自身确定性是相对的，其力量来源于超越，来源于超越在世间显现的权威之中。权威是更强的确定性真理，权威的力量使个体生存从中获得源源不绝的确定感。也因此，在现代社会，需要重建崩塌的权威。

第一节　生存与超越

一、哲学信仰

在雅斯贝斯的哲学中，超越是属于生存的，超越被包括在生存的本质定义中："生存永远不能对象化，它是产生人的思想和行为的源泉，不能用概念对之作任何的界定；生存既相关于自身又相关于它的超越。"①这里首次提出超越概念，它意味着，人不是在经历生存后就简单地得出了超越的结论；而是说，超越是生存能经历到的最深的根基，是最深处的自我，或者说是自身的不可测的深度，人们只能在决断的行为中触及它。但是，"生存并不意味着就是一般性的存在本身"②。如果将超越存在限定在个体生存的深度中，就又是错误的。超越关联着生存，与生存息息相通，但又是一种不同于生存的东西。

雅斯贝斯对此有着这样的表达："存在(being)的显现具有两面性，一方面是不可思维、不可理解的作为超越的存在自身(being-in-itself)，它不能作为客观的原理而被完全地理性化；另一方面是作为生存自我的在场存在，它不能等同于对实存的意识。生存和超越同源共生而又彼此关联，它们的联

---

① Karl Jaspers. *Philosophy*, *vol*. 1. Chicago: The University of Chicago Press, 1969, p. 15.

② Karl Jaspers. *Philosophy*, *vol*. 2. Chicago: The University of Chicago Press, 1970, p. 26.

系也显现于实存之中。”①在第二种情况下，超越是作为不可测度的深度内蕴于生存之中，但它同时又是不可企及的“作为存在自身”。这种超越不能从任何论证中推出，而是哲学信仰的产物。雅斯贝斯在《哲学》第三卷中对此有过阐释，在 1948 年出版的《哲学信仰》中更系统地阐述了这一信仰，在 1962 年出版的《面对启示的哲学信仰》中，更赋予这一思想以成熟的形态。

雅斯贝斯认为，哲学史上对于存在问题的探讨主要有三种路径：走向世界，走向生存，走向超越。探讨世界带来世界定位，探讨生存带来生存的澄明，探讨超越带来趋向存在的完满。

在雅斯贝斯看来，由于实存世界的暂时性、有限性和不完满，哲学必须超越现存客观世界，任何作为人的研究对象的存在都没有圆满性，人必然经验到由此产生的焦虑和绝望，同时产生了超越现状的冲动，超越意识是在世界定位、生存澄明和形而上的追问中萌发的。与此相应的有三个生存的冲动：探索无限世界的冲动、澄明在世生存的冲动和寻求上帝的冲动。这三种现象都存在着“超出”意义上的超越。哲学的绵绵不绝的生命力就体现在这三种冲动中，任何一个方面的停息即意味着哲学的死亡。

雅斯贝斯主张哲学应有超越性，因此他不能认同同时代海德格尔思想的内在性，这是他用自己的生存概念取代海德格尔的此在概念的原因，也是他发挥康德的信念超越知识这一思想的由来。

生存的澄明中存在着超越的意向，每个人都有着对自我的认知，但同时有着大片的未知领域，无论思维如何去把握真实和想象的一切，永远是有限的和不完全的，需要用新的经验去修正、补充。人的生存的自由固然触及无条件的存在，但仍然被意志自由所限制。一旦寻求绝对自由，就会坠入深渊。只有超越才能给生存的自由提供无限扩展的可能性。在世界定位中也存在着超越意向，在我之外，未知的东西从四面八方环绕着我，这种未知的东西就是康德的物自体，一种自在的存在。物自体是不可认识的，它是人的意识的外部界限。

生存澄明和世界定位都是有局限的，它们趋向包罗万象，趋向总体，趋向绝对的超越，以寻求它们的实现、它们的完成、它们的补偿。雅斯贝斯说：“生存乃是自身存在，它跟自己发生关系并在其自身中与超越存在发生关系，它知道自身乃是由超越所赋予的，并以超越为根据。”②在雅斯贝斯的视

① Karl Jaspers. *Philosophy*, *vol*. 1. Chicago: The University of Chicago Press, 1969, p. 20.

② Karl Jaspers. *Philosophy*, *vol*. 3. Chicago: The University of Chicago Press, 1971, p. 145.

野中,生命像在非常严肃的场合中的一场游戏,在所有生命都必将终结的阴影下,它顽强地生长,渴望着超越。这种绝对的超越大象无形,甚至比世界的自在之物更不可知,任何经验都无法触及。

在雅斯贝斯的体系中,“超越”和“上帝”这两个术语经常有着相同的意涵。但是,雅斯贝斯所说的神既不是有神论的上帝,也不是泛神论的上帝。在他看来,这两种上帝观都有问题,因为它们类似于哲学上的本体论。在这种理路下,哲学的真理是被客观地建立的。康德已经批判了这种理路,康德之后,不应重蹈覆辙。我们既不能认为超越是一种个人化的、人格化的上帝,独立苍茫,也不能说超越如同上帝,是海纳百川、包容万物的存在。

一切哲学都是对世界的超越,在这个意义上,哲学与救赎有共通之处。哲学与宗教在信仰的对象上是有关系的,都朝向超越存在。缺乏对超越的信仰,就不可能有真正的哲学。对于人类理性而言,这种超越是不可思维的存在,是一个空空如也的深渊,既不能为任何范畴所规定,也不能表现为对象,超然于一切形态之上。用雅斯贝斯的话来说:“在超越者那里,一切可思维的东西都被当作无效的东西受到拒斥。超越者并非谓语所能规定的东西,并非表象所能客观化的东西,亦非推理所能获得的东西。尽管一切范畴都被用来说明超越者,但超越者既非质亦非量,既非关系亦非根据,既非一亦非多。”①

在雅斯贝斯看来,生存是个体性的,生存的自由只关乎个体,生存的真理也始终打上了个体的烙印,永远不能臻于完美,因此他拒绝任何放之四海而皆准的客观真理,完全不能赞同天启宗教中关于上帝的信仰,拒斥了任何形式的独断性的信仰和思想,而把各种宗教和思想看作是“永恒哲学”(philosophia perennis)的历史多样形态。他认为:“天启的客观性被当作某种历史上独一无二的事实,被凝固为某种终究可认识之物,它不再具备表现历史性超越的象征性特点,而是僵化成上帝的直接性言辞。”②基督教信仰是独断的,它把很多重大世界历史事件绝对化了。教会宣布自己是绝对权威后,必定导致人的谦恭和屈从,人的自由就成了问题,也带来了生存历史性的丧失;宗教信仰所带来的不可避免的偏见也使真正的生存交往不复可能。同时,生存哲学也不赞成无神论,无神的世界是荒凉冷漠的,无神的人生是没有根基的。

---

① Karl Jaspers. *Philosophy*, *vol*. 3. Chicago: The University of Chicago Press, 1971, p. 38.

② Karl Jaspers. *Philosophy*, *vol*. 1. Chicago: The University of Chicago Press, 1969, p. 294.

因此，生存哲学既不认同宗教的观点，也不赞同无神论，它在两极之间主张哲学式信仰。哲学信仰是非独断的，既不能制度化，也不能绝对化，只能存活在个体精神的广阔领域中。它无法一劳永逸地抵达真理，而只能在历史性过程中逐步展现真理。“信仰的内容虽然在其客观表现中采取了某种被知之物的形态，但它不是对所有人均有效，而只是靠人投入自身的存在才得以存在。要明确信仰，就要勇于面对这样一种情况而生活，即本质之物是无从证明的，而只有在信仰者经受考验的体会中，才会寻找到永远不具有客观有效性的证明。”①雅斯贝斯把哲学理解为某种以自身为起源的信仰。在这个意义上，哲学最核心的因素始终是哲学信仰。作为“哲学性”信仰者，人同超越者有着某种亲身性的、天然性的关联。这种关系虽然在实质上有别于宗教信仰，但同样是本源性的。

哲学信仰是一切哲学思维活动的起源，但哲学信仰不是世俗的宗教信仰，不是宗教信仰的替代品，而是从事哲学思维的人所固有的信仰。严格来说，哲学与宗教泾渭分明；但对于人的生存来说，宗教仍是有价值的，《圣经》不失为伟大的著作，可以成为哲学信仰的宝贵资源。他认为，《圣经》与《圣经》中的宗教是他进行哲学研究的基础之一，是贯彻始终的坐标，是无可替代的源泉。在《圣经》中，汇总了上千年来人类各种临界体验，可以看到人们最根本性的失败。这失败显示出人们对存在的体验与实现。他对宗教持尊重的态度，认为在宗教中也存在着某种核心因素，它是真理的一种形式。哲学和宗教，在这个意义上是融通的，正如他在哲学自传中所说：“宗教为了保持其真实性，就需要哲学的良心；哲学为了保持其丰富内容，就需要宗教这一机制。”②

虽然哲学信仰不同于宗教信仰，但是，两者的根据都是那深不可测的超越存在。从哲学思维角度抵达超越者(神)就是哲学信仰，而从宗教天启角度确认神(超越者)就是宗教信仰。哲学与宗教不可分离。但是对雅斯贝斯来说，二者终归不能混为一谈，哲学异于宗教，它不产生神话，也不能代替天启。他终其一生都孜孜以求建立一种不受科学的必然性支配，又有别于宗教信仰的哲学。他认为哲学应当从个体的生存境遇出发，呼吁自由，追寻意

---

① Karl Jaspers. *Philosophie*, *Bd. I*: *philosophische Weltorientierung*. 5. Aufl., München: Piper, 1991, S. 303. 转引自维尔纳·叔斯勒:《雅斯贝尔斯》,中国人民大学出版社 2008 年版,第 58—59 页。

② Karl Jaspers. *Philosophische Autobiographie*. 2. Aufl., erw. Neuausg., München: Piper, 1984, S. 122. 转引自维尔纳·叔斯勒:《雅斯贝尔斯》,中国人民大学出版社 2008 年版,第 23 页。

义，并以此作为一切现实的核心。哲学应当尊重理性，信赖科学，借鉴宗教，以便阐明生存，确认信仰的根据。因此，“哲学信仰是一切哲学思维活动不可缺少的起源”。[①]

二、生存是祈向超越的起点

雅斯贝斯认为，神圣的超越与个体的生存相契接，而且，只有在人眺望神圣的超越时，他才能真正把握住自己的生存。世界并非圆满自足，不是建立在自身之上，而是指向自身之外。如果世界就是存在的整体，那么就不会有超越的存在；但是，如果存在着超越，那么，世界就存在着某种指向它的东西。唯一能够领悟超越存在的乃是人的个体性生存。生存固然不等于超越，但生存对生命意义的探求必然导向超越。

超越如何与个体生存相关？雅斯贝斯认为，生存在于一己之身，无法达到自我实现的目的，生存的自由无法满足现状，而是有着源源不断的冲力去超越它所是的东西，而超越是完满的存在，在其中不存在贫乏和自由的局限。因此，在转向超越时，我才能触及存在本身，而生存是祈向超越的起点。

由于经验和理性能力有限，我们每个人的自身境况永远不能被完备地、客观地认知把握，每个人都不能认知自身存在的起源和终极目的。人们被当下的境况裹挟，未来也是不能推论预知的，并且死亡会随时终结人们的经验存在，因此人自身是无常的，“任何时候都可能是完成，而完成同时又是终结和没落”[②]。为了探求存在，人不能驻留于自身。若仅仅专注于人自身，就会把那些对于人来说至关重要的东西忽略了。人是不能在他自身基础之上被了解的，只有在人们眺望一个彼岸，才能由此把生存的真理指示出来。“我们越坚决地是我们自身，我们就越明确地经验到，我们之所以是我们，并不是我们自身的力量使然，相反，我们是被赐予我们的。”[③]在雅斯贝斯看来，生存本身内蕴着超越性，这是生存的本来结构。

在大自然中，所有的植物与动物都被一次性地规定了它们看似完满的物性，但因为人性的未完成状态，生存具有自我超越的潜能；生存存在于世间而穿透着世间，在扬弃世界实存的过程中，不断朝向着圆满的超越存在。

---

① Karl Jaspers. *Philosophy, vol.* 2. Chicago: The University of Chicago Press, 1970, p. 37.

② Karl Jaspers. *Philosophy of Existence*. Philadelphia: University of Pennsylvania Press, 1971, p. 73.

③ Karl Jaspers. *Philosophy of Existence*. Philadelphia: University of Pennsylvania Press, 1971, p. 68.

同时，也正因为作为不可替代的、独一无二的生存个体，我在实存世界中深刻地感受到生存与超越存在之间永远无法消弭的张力，我才被唤起永远无法满足的超越渴望。雅斯贝斯因此认为，我的渴望之苦并不在于缺乏经验现实，而在于缺乏超越存在。

在雅斯贝斯看来，人没有创造出自身，而是被抛掷进世界之中，于是人们需要寻求一种比在抽象推理中所形成的本体论更完备和更深邃的存在，对这种存在的寻求将会化解人们对生命的无常感。显然，在这里，对存在的寻求有着特定的价值意义，如果对存在的作用作本体论的论断，它就会偏离个体自身和他的具体境况，成为不关乎个体的抽象的存在。对于雅斯贝斯而言，这一问题需要一种特别的解决方式："我在探求存在中发现我自己，并且我通过世间的行为来实现这一点。"①人只有通过自由的决定、在具体的行为中才能寻求存在。人们在寻求存在时，寻求的当然是存在本身，而不是一个表象的存在。在康德的现象和物自体的区分中，所有的现象背后都有不可知的物自体的支撑。物自体不是知性思维所能够把握的，它存在于知性的极限之外。这一思路启示了雅斯贝斯，对于他而言，终极的存在无比丰蕴，不能为知性甚至理性所认知。只有在人们自身中、在人们的自由决断行为中才能被把握，才能获得实现。显然，在雅斯贝斯的体系中，这就是生存的任务。

同时也必须指出，在雅斯贝斯的体系中，这种存在虽然给人们以支撑，但它并不仅仅驻留在个体自身中，当然，也不仅存在于世界之中。"超越的存在异于我们，但我们植根于其中，与之有根本的关联。超越不是世界，但它通过世界而表达，如果世界就是所有的存在，超越就没有了。"②超越不是世界之中的存在，不是经验个体、一般意识和精神的对象，它只能从生存中祈向，为了阐明超越，我们首先需要对生存作一更清晰的了解。

雅斯贝斯认为，一旦试图去认知生存，生存就会被客观化为对象，而生存不是现象，不是存在的客观化，而毋宁说是一种在自由中形成自身的可能性存在。这种可能性存在的深度虽不能在认知中被确定，却可以在行动中被明晰地把握住。当人们获得这种确定性时，它的每一行为就不再是任意的和偶然的，而是自我个性的深度呈现。

雅斯贝斯的生存概念所强调的不仅是人的独特性，与普遍性、同一性相

---

① Karl Jaspers. *Philosophy*, *vol.* 1. Chicago: The University of Chicago Press, 1969, p. 3.

② Karl Jaspers. *The Perennial Scope of Philosophy*. London: Routledge & K. Paul, 1950, p. 17.

对抗,更重要的是要表达人的存在深度,用以对抗人的非本真、面具化的庸常生活状态。生存是历史性的,对未来的塑造并不意味着可以割断历史而任意地决定,而是意味着,在特定境况的决断中,个体逐渐发展起来。雅斯贝斯在这里阐述了其思想的一个最特别的原则:"决断让瞬息成为永恒。"[①]这种永恒不是脱离行动和现实境况的抽象存在,像数学定理一样。它意味着,人在时间之中,又超出于时间。永恒是人在时间中的无条件行动中实现的,在无条件的爱中实现的。雅斯贝斯认为永恒存在与生存的直接照面并不是在任何时候都可能的,它只发生在某一不可重复的历史瞬间,在历史的长河中,他分外称道那个可视为前后所有时代都为之旋转的"轴心时代"。

正是这种无条件性使雅斯贝斯在这里道出了永恒,这种永恒不是无时间性的,也不是经验存在上的持续性,它不能为人的知性所把握,而只在瞬间被神秘所照亮,它是"时间之中生存的历史性形态的深度"[②]。

雅斯贝斯这里所说的时间与康德的时间有所不同。对于康德而言,时间是一个主观性的先验直观形式,在时间之中,人们能够行动,但行动本身是无时间性的,能够在意识中经验地外现。在康德看来,短暂的、历史性的实存是建立在无时间性之上的,由本体的自我决定。但雅斯贝斯的"历史性的生存"虽然也是意识的现象,但在生存决定的深度中,它既是有时间的,又是永恒的。与康德不同,这种深度关系有无条件性,它不能被认知而由生命整体去经历。同样地,当下的永恒不可认知,却是可以经历的——从生存中去经历。

在生存所开启的哲学视野中,人的灵魂的救赎是从自我灵魂的自救开始的。当雅斯贝斯说"人是仰望上帝的存在"时,实际上他也是在告诉人们,"上帝"并不在生存个体的"仰望"之外。诚然,这里的上帝并不是传统宗教意义上的造物主,而毋宁说它是人在省悟到人性的局限并突破这一局限,向着虚灵的彼岸之境的一种投射。

三、临界境况与超越

雅斯贝斯对超越自身的阐述与生存的临界境况有关。临界状况是雅斯贝斯哲学中一个非常重要的概念,没有临界状况,就没有生存意识。

每个人都生活在一定的境况中,虽然他可以脱离特定的境况,但随之又

---

① Karl Jaspers. *Philosophy*, *vol*. 1. Chicago: The University of Chicago Press, 1969, p. 16.

② Karl Jaspers. *Philosophy*, *vol*. 1. Chicago: The University of Chicago Press, 1969, p. 17.

会进入另一种境况，任何人都无法摆脱这种置身于特定境况之中的事实。但是，也有一些境况是保持不变的，如不得不死去、不得不痛苦、不得不担责、不得不斗争。这类境况被雅斯贝斯称为“临界境况”。临界境况本身是不变化的，它们仅仅变化着自身的表现，对于我的此在来说，这些境遇是终极性的。它就像一堵墙，我们迎面撞上，无能为力。

这堵墙既是不可见的，也是不可控制的，它就是每个人自身的必然限制。由于人的有限性，他必然会在临界状况面前遭受挫折，这是生存的悲剧；但生存的悲剧并不全然是消极的，它同时意味着，人可能会因为挫折而惊醒，意识到界限的存在，在蓦然回首之时，从内心升腾起越过界限、祈向超越的意识，从而获得内在的自由。因此在人的有限行动中，必然与超越存在息息相关。因此，临界境况将人们从未经质疑的、习以为常的心态中拉了出来，动摇了人们对世界的实证性、封闭性的认知和栖息其中的安宁感，使人们置之死地而后生，唤醒人们趋向真正的存在。

以死亡为例。死亡作为人之必然归宿的客观事实，是一种普遍性的东西，尚不是临界境况；死亡如果只是带来了恐惧而没有其他意义，死亡也不成为临界境况。死亡不可为普遍性的认知而克服，也不可为任何理由的安慰所克服。雅斯贝斯反对面对死亡时追求不朽的努力和对不朽的诸种证明，认为这是对死亡的逃避，无法获得真实生存的明确性。生存体现在时间中，却不是时间性的，它只能形成于面对死亡的战栗。这种恐惧，不是对生命终结的恐惧，而是对生存虚无的恐惧。因此，有必要以无畏的态度面对死亡，获取生存存在的确定性，以抑制对生命的贪欲，泰然处之。面对死亡，凡是实质性地保存下来的，都是生存的内容；凡是脱落的，都是生存的假象。

这样，死亡作为一种临界境况，对一个人很可能是焦虑、恐惧和虚无主义绝望的根源；但同时，也很可能是突破此在的限定而趋向超越的难得机缘。死亡喻示着人的此在的边界，但它所毁灭的是现象而不是存在自身。因此，对于一个真正有自我反思能力的人来说，死亡是生存之镜。无可逃避的死亡意识能激荡起人的勇气和诚实。在死亡面前，人往往产生出英雄主义的高贵行为，如古人所称道的杀身成仁、舍生取义。这种行为从生命深处的觉醒生发，包含了一种对绝对确定性的经验，这种经验带给人内心深深的安宁，它超出了可知性，与超然出尘的存在相契接。在雅斯贝斯看来，这就是绝对意识的产生。所以，生存的自由行动虽然受限于特定的时空境况，但绝对经验能够在任何有自我确定性的生存个体中发生，在爱和信念中发生，生存的行为中一定包含着对绝对的经验。

如同死亡,受难也是临界境况的真实内容。在现代社会,人们往往把苦难当作可以克服的存在之物,认为随着科学的昌明、政治的进步,以后可以逐渐免除所有的痛苦和疾病。在雅斯贝斯看来,这是寻求虚幻之路。如果消极地回避苦难,用及时的行乐,用尘世的欢愉去浇灌苦难,苦难的价值就被舍弃了。只有在临界境况中,人们才能视苦难为不可避免的,将苦难当作自身所属之物,不以消极的忍耐达到安宁。这样,受难同死亡一样,唤醒了可能的生存。

在临界境况中,人虽然必定陷入纷乱的世间万物,死亡与存活、苦难与幸福,都是相对的,构成了现实的矛盾、对立的两极。但是,人们不能满足于生命的支离破碎,生存对超越存在的祈向能够化解这种对立。绝对经验让人们从中寻求统一。"如果有统一性的话,统一性只存在于超越存在中。世界中的统一性,是根据超越存在中的统一性而得到理解的。"①在超越中,统一性就好像是一切变化事物的枢纽,触及这种作为绝对统一性的超越,正是生存的使命。生存所触及的不可逾越的墙就是超越自身,它是超出了个体自身的超越性深度的绝对存在。

超越存在是绝对的实在(absolute reality)。在雅斯贝斯的世界探源中,所有的事件都能追寻到它的原因,自然规则意味着事件重复实现的可能性,通过自然规则,未来的事件能够作为可能性而被预知。但生存的可能性有着完全不同的意义,它是对特定决断的可能性的把握。在决断中,人们发现,即使遵从所有的自然规则,还有一些事件不能从规则中导引出,这时人们就会遭遇到绝对实在。这一思想现在能够用于对雅斯贝斯的超越概念的界定,即所有的经验实在都是特殊的,都可以看作是自然法则所支配的可能性,但人们在面对具体的选择时,会撞击到不能转换为可能性的实在,即绝对实在——超越。"超越的实在不是可能性的,因此它不是经验的。经验实在需要一种外在于它的东西,可能性与实在性的分离是经验实在的基本特征。对于超越,可能性的缺乏不是一种缺陷。超越的实在也不同于生存,它缺少决定的可能性。不是因为缺乏,相反,是因为决定的可能性是生存之不足的一种表现,因为生存是无常的存在。无论在哪里,只要触及超越,我就不会再转换为可能性。"②

对于雅斯贝斯,超越不仅不能作为可能性而存在,也不能分裂为并列的

① 卡尔·雅斯贝斯:《生存哲学》,上海译文出版社 1994 年版,第 72 页。

② Karl Jaspers. *Philosophy*, *vol*. 3. Chicago: The University of Chicago Press, 1971, p. 9.

各部分，它既是彼又是此，是彼和此的融合，是绝对的现实，是大一。“在雅斯贝斯这里，超越相当于克尔凯郭尔的‘完全他者’，区别只在于：雅斯贝斯的超越不再是某种启示的上帝，而是某种难以名状的东西；必须有这种难以名状的东西为背景，多种事物才能被显示。”①

从生存所抵达的超越是时间性和永恒的统一。超越在时间之流中显现，而不能从无时间性中寻求。无时间性作为自然科学的无生命对象而存在，是持存的有效性，可以存在于任何时间之中，而这种时间是量上的。超越的永恒固然也需要无时间性来表达，排斥时间，超越就会缺乏实在的显现，但对于生存，这种无时间性仅仅是外在的衡量和定位方式，它的定性的存在只给生存以短暂的平息。但很快，由于缺乏实在的无时间性是空洞的，生存又要时刻突破它，以寻求通向超越的真实之路。生存在它的时间性中所寻求的，在其运动中所超出的，正是永恒。

超越的永恒在时间中显现，含纳了所有的时间，而只有当人们在时间中看到的不再是无尽的生灭变化时，人们才能意识到这一点。生存是在当下的时刻，而不是在空洞的原子时间中，经验到事物的永恒存在的。这时，生存向超越的存在飞升着。

超越是世界中的超越，雅斯贝斯认为，从生存深处突进的超越不是遗弃世界，而是把世界上的一切事物都变成现象事物，把整个世界都变成现象世界。这里表现出康德思想的影响，这一点在徐崇温所编《存在主义哲学》中有论述。雅斯贝斯本人也承认，康德的非客观性的超越对他启发很大。在他看来，超越有真假之分，假的超越为我们展示了彼岸的客体，而真的超越则没有任何客观目标，也没有主观目的。过去人们常常在诸如物质、单子、上帝之中去思考彼岸的物自体，他认为这是假的超越；而康德改变了超越的方向，确定了对物自体客观认识的不可能性。康德的先验方法所达到的不是另一个实存的彼岸世界，而是通过他所指的超越，世界就成了只是向我们显现的那个世界，我也就成了只是显示我自己的那个我，从而使所有的存在都变成了现象，使主体和客体都变成了现象，从而非客观化了。雅斯贝斯汲取了康德思想的实质，他认为正是这种把一切非客观化，使之现象化的结果，使人从根本上悟出了在世存在的意义。“我得到了一种影响转变的内在震颤，由此而使我对任何客观事物的态度发生了变化——尽管最初只是形

① Paul Arthur Schilpp (ed.), *The Philosophy of Karl Jaspers*. New York: Tudor Pub. Co., 1957, p. 69.

式上的变化。”①

根据这种非客观化的思维特性，因为生存，超越存在不再是孤悬于彼岸的抽象超绝的实体，上帝也只是人类意识的终极关怀，而不是生硬的实体；但另一方面，超越存在对生存也永远是彼岸的境域，似乎可望而不可即。生存与超越存在之间构成了亲切而紧张的张力，这蕴含着生存哲学最耐人寻味的意趣。

四、生存向超越的飞跃

在雅斯贝斯看来，作为经验实存的人必然受着自然规律的制约；但作为生存，人是无拘无束地实现自身的自由存在，超然于自然规律之上。生存是自我创造的，是意义的起源，但生存本身不是上帝，不是自足圆满的。“生存若完全立足于自身，那么绝对的真理就存在于生存的短暂性中，这也就带来了它的绝望。生存将自身意识为一个绝对的自足整体时，它就会坠入空虚。如果它要成为真实的，就必须依靠能够充实自身的他者。无论何时，只要它不能实现为自身，它就不是自身。它对自身的把握就好像它被赠予了自身。它知道只有自身立足于超越时，才能证实其可能性。如果它视自身为本真的存在，就会失去自身生成的开放性。”②

在雅斯贝斯看来，在这可能的自足性的消解中，存在着生存的最终实现。人作为经验存在、意识，乃至作为生存都必定要沉没，归于虚空。“如果生存不空虚，他就不能仅仅是实存。”③沉没的是世间的自我，获取的是超越中的永恒。而且，“离开了超越，生存就会变成贫瘠的、无爱的、恶魔般的自大狂”④。在这个意义上，超越是生存的终极归宿，它荫庇了生存，包容了生存。

人的生存如何进达超越？雅斯贝斯认为，在对临界境况的体验中，人置之死地而后生，能够真切地感受到超越的存在。在临界境况中，万物皆流，一切都是相对的、有限的，归于虚无，没有整体、本质和绝对的存在。任何尘世的经验和智慧都不能克服这种边缘经验的可怕，但边缘状态唤醒了人性中最根本的东西，人在内心深处意识到自己可能的生存，意识到彼岸世界的存在。人把自身意识为自由的存在，感受为他自身。人可以在瞬间作出决

① Karl Jaspers. *Philosophy*, *vol*. 1. Chicago: The University of Chicago Press, 1969, p. 81.

② Karl Jaspers. *Philosophy*, *vol*. 3. Chicago: The University of Chicago Press, 1971, p. 4.

③ Karl Jaspers. *Philosophy*, *vol*. 3. Chicago: The University of Chicago Press, 1971, p. 82.

④ Karl Jaspers. *Reason and Existenz*. Milwaukee: Marquette University Press, 1997, p. 67.

断，也可能优柔寡断。其时，他不知道自己究竟渴望什么，开始随心所欲起来，并且不知所措。在无法作出决断之时，人意识到他自身不可避免地处在漂浮之中。在这种充满斗争、苦难、罪过和死亡的状态中，人们睁开眼睛，变成了自己。可以说，经验临界境况和经验生存是一回事，临界境况是通向超越的必经之途。

生存必有超越，这是由生存的内在结构所决定的："生存知道它自己是被超越存在所给予的，并以超越存在为根据。"[①]与萨特、海德格尔所强调的自我的筹划和创造不同，雅斯贝斯生存论思想的一个鲜明特点就是把生存与超越存在联系起来：生存是眺望超越的生存，自由也是面对超越的自由，生存同自身发生关系的同时必然就同超越存在发生着关系。与超越息息相通时，人才能突破各种经验层面的制约，挣脱必然性的锁链而体验到真正的自由。这时，他就会意识到，真正的自由和自我存在都是超越存在赠予的，而不是自我的创造。这是雅斯贝斯的哲学信仰，它唤起了对生存的存在之源的确信。所以，生存和超越的关系是辩证的：一方面，只有在生存的眼睛中，超越存在才不会变成迷信和偶像，而能够呈现为虚灵而真实的存在；另一方面，"生存不能自我创造，它关联超越并由此首先成为世界上的一种独立成因"[②]。生存只有将自身系之于超越时，才是真实的生存。生存与超越既是殊异的，又是互融共生的。

从生存到超越，是通过飞跃而达到的。生存虽然息息相通于超越，但超越是绝对完满的，生存是个体的、有限的。从生存到超越，不是循序渐进的，而是一种超越性的飞跃。实际上，在雅斯贝斯的哲学体系中，对经验存在、一般意识、精神和世界的阐明，所施行的也是一种超越活动，超出确定性的对象，达到对无视界的大全的认识。但是，在这里，出发点仍然是可以作为对象而加以认识的东西。而生存对超越的飞跃有所不同，它是从更根本的意义上来展示超越存在。也就是说，人们不是通过逐步地超越可能把握的个别对象来察觉超越存在，而是只有把全部的内在性完全扬弃，才能达致目的。超越存在是一种全新的现实，它绝对真实，但没有经验上的真实感；它支撑着所有其他的对象事物，但本身却不能被当作对象而加以把握。

为了向超越飞跃，生存就不能把世间的内在存在看作存在自身，而必须在世间事物客观性的退隐中来洞见超越的存在。世界上的事物往往让人觉

① 卡尔·雅斯贝斯：《生存哲学》，上海译文出版社 1994 年版，第 24 页。

② Karl Jaspers. *Reason and Existenz*. Milwaukee: Marquette University Press, 1997, p. 67.

得它就是存在自身，乃是因为只有它们才是可知的。通常人们认为只有可知事物才有确定性，内在的事物虽然具有客观的确定性，但缺乏深邃的统一性，缺乏真正的现实感，始终停留在以虚无为归宿的实存之间的斗争中，这种斗争根本上是无希望的，不可能达到完满和统一。“事实上，统一性是不能被当作直接所与、不能被当作知识内容、不能被当作观念，也不能被当作意图来理解的。任何把存在理解为一种仅只是内在存在的道路，都反而导致支离破碎、分崩离析、互不协调、永不圆满。”①在内在的存在中，任何事物都在时间中流变，它自己根本不能自觉，不能获得根本的统一性。在认识的存在对象升起时，超越的存在也就随之没落了。只有在生存跃升到超越时，才会有真正的统一。“在超越中，真实的统一性就好像是世界上一切变化无常的统一性的枢纽。”②缺乏这种统一性，万事万物就散乱无序，缺乏根基。这种执一御万的能力，如同中国文化中“吾道一以贯之”的大道，也如同勃朗宁的诗：“上帝在上，万物各得其所。”

因此，生存向超越的飞跃不是否定、抛弃这个现实世界，飞向另一个遥远的彼岸世界；飞跃完全是在这个世界自身中发生的，是在纷繁的万物中渗透进自身的绝对的统一性。在这个世界中，生存个体在自身特定的时空境况中，视历史性为唯一的实现方式，在有意义的行动中澄明自己。在行动中和从行动而产生的现实那里，倾听遥远而切近的超越之音。

超越是对一切经验实存的突破，本身乃是最高的现实。当生存个体在自己的生命深处经验到这一点时，刹那间，他的存在意识就会产生质的飞跃，他看待世界的眼光彻底改变，整个世界就会充盈着超越的灿烂光芒。超越存在，此时虽然仍然隐而不彰，但却是作为现实的力量而在当下的万物中存在着的。不过，超越存在的含义是隐晦的，言说是间接的，必须由生存去解读它。

因此，对于生存来说，超越存在是人在内在的飞跃中所产生的存在意识的转换，它是虚灵不实的，不能等同于任何对象性事物；但超越存在又是一切，普照一切事物。此时，事物就作为显现超越存在的载体而成为有意义的真实存在，这种事物又可视为超越存在的密码，这是本章第二节的主题。

五、生存的真理与超越

在前文对生存的交往与真理的论述中，我们知道，生存的交往通向共通

① 卡尔·雅斯贝斯：《生存哲学》，上海译文出版社 1994 年版，第 71—72 页。

② 卡尔·雅斯贝斯：《生存哲学》，上海译文出版社 1994 年版，第 72 页。

的真理，这真理离不开生存，生存是意义的生发点；真理离不开理性，理性联结了不同的生存个体，也明晰地表达了真理。除此之外，真理也离不开超越存在。超越是真理的意义源泉。没有超越，人间的真理得不到根本的保证。

在雅斯贝斯的交往体系中，个体的生存在交往中只能主宰自身，选择自身的开放性，而不能选择他人的开放性。从个体生存中所生发的内容虽然经过了理性的熔铸，从而得以明晰地表达，但它终归是个体性的，带有浓厚的个体特质。而交往又是在交互的开放中发生，彼此能够沟通和理解，产生共通的生存真理。这种共通真理的存在的确是一种奇迹，但这奇迹不是由生存自身所赋予的，也不是理性所赋予的，而是来源于一个更加隐蔽之地，这就是超越存在。

在此在的交往中，人之间的相互作用遵循着经验上或社会性的必然性；但在生存的交往中，人超越了世间的法则，遵循的是超越性法则。超越性能够保证生存跨越其间际性，抵达共通的背景，从而使根本的交往成为可能，使生存真理的产生成为可能。这时，交往的可能和内容、交往形成的真理从根本上来说是超越所赠予的。

雅斯贝斯认为，实存可以自我创造，但生存不能自我创造，尽管我对自身作为生存直接地负有责任，但生存是隐秘的超越存在对我的赠予。超越的赠予完全不同于经验界的给定，后者只在事实上是既定的，缺乏可能性筹划的空间，但超越的赠予则与生存的行为息息相关。生存和超越是互相生发、寄托的。赠予的同时就呼唤着接受的行动，接受的行动又进一步促发了赠予的慷慨。

生存真理的内在价值是超越所赋予的。生存的交往发生于三种大全样式中，倘若各种真理最终都完全依靠交往而实现，在雅斯贝斯看来，这样的真理就是没有根基的，因为交往中的真理是立足于生存自身的。“在我们所是大全的每一种样态中，真理都是与一个非真理对立着，而且最后总出现一种特殊的不满足，追求另外的、更深的真理。”[①]雅斯贝斯看来，真理若完全在世间生成，就必然会在世间毁灭，因为它是内在的，有强烈的主观性，不可避免地具有不完满性，这样的真理没有永恒的价值。雅斯贝斯深受东方天道思想影响，他认为要真正实现对世间真理的终极拯救，就不能完全依靠交往，而需要深沉而隐秘地拥抱超越。

“在经验和知性层面的规则失效时，超越开始显现，超越高于单个生存

① 卡尔·雅斯贝斯：《生存哲学》，上海译文出版社 1994 年版，第 38 页。

和思想;生存,通过形而上的生命冲动指向超越……历史性个体的真理为超越的存在所庇护,它的主观性在对超越实体的确证中得到消解。”[①]真理在生存中激发,在生存的交往中形成,但必须依靠超越而得到绝对性的保证,所以雅斯贝斯后期一再强调超越在世间的现象显现是密码,而真理就是对密码的解读。这样的真理才既是具体多样的,又是永恒不变的。

超越不是一种经验的存在,也不是一个既定的、封闭的世界图景。它不能为我们所知,但能为我们所信。它确实存在着,而且是最真实的存在,只有整体生命的参与才能真切地被触及。面对超越,交往就为超越的终极完满所浸润,交往的有限性就作为真理在世间的现象呈现而化解,得到实现的真理、个体灵魂和宇宙已经超时间地一体化。

存在的真理不离弃大全的各样式,又不安于其中,即世间而出世间。生存的真理在超越的荫护下,楔入了宁静的渊薮。在这宁静中,越出一切分歧的和谐与圆融总能在刹那间闪现,纵是惊鸿一瞥,对于专注它的人而言,一个全新世界已悄然开启。

生存的真理需要交往才能抵达,但真理的极致境域是不可交往的,一旦交往,它就成为它自身永远所不是的大全样式。人对超越的经历是绝对历史性的,入时间而又出时间。人能够在这经历中有所言说,但不能对其本身有所言说。这终极的超越存在在思维中,就像在交往中,静默无语。

第二节　生存与超越的密码

一、密码是超越在世界的显现

如同在一般意识中,“实验”是主观与客观的中介,在生存意识中,生存与超越存在之间也有其中介,雅斯贝斯称之为“密码”(Chiffre/cipher)。之所以称之为密码,当然是就其隐藏了“超越存在”的消息而言的。解读密码,就意味着谛听那虚灵的超越存在的消息;而能够解读密码的主体,是生存,即有着切己生命体验的自我。当然,密码并不是生存与超越存在之外的另一种存在,它融合着通向神性的人性和归于人性的神性,因为生存与超越存在的存在而存在。

---

① Paul Arthur Schilpp (ed.). *The Philosophy of Karl Jaspers*. New York: Tudor Pub. Co., 1957, p. 111.

如果超越存在被描绘为偶像，它就不再是超越存在；超越存在本身位于所有密码的彼岸。只有借助于密码，我们才能理解超越存在的语言，这是哲学活动的真理。正像语言一样，密码也来源于传承。人们不是发明密码，而是去解读它们。任何合理的体系都不能捕捉密码，任何辩证秩序都不能掌握密码之间的斗争。但是，哲学思维本身却能够产生密码，能够表达这种密码的生存含义。

雅斯贝斯认为，人借助先验性的超越存在感知到自身的自由，但是这种超越却是抽象的，人在所处的自由中把它感受为真实的时候，就要借助密码使它显现。哲学的功能就是为体验超越开辟道路，最重要的功能就是阅读“密码”。密码语言是先验实在的符号语言，即在这个世界中，一切都可以是密码，大地、天空、动物、植物、人、人的意识，都可以作为密码而存在，超越在万事万物中表现了自身。一旦变成密码，本来不透明的实在就变得透明了：它们门户大开，沐浴着超越存在的光芒。阅读密码完全是一种个人行为，如果我缺乏生存的灵敏度，那么，我就永远不可能倾听到源自超越的语言。

在雅斯贝斯看来，超越不是经验的，也不能为一般意识所感知，但它是真正无所不在、遍及万物的。“我们能够在世界实存中倾听超越之音。”①超越能够通过经验世界而得到呈现，在不同的对象实体中，超越的存在总是作为背景而被经验到。当人们面对大海的惊涛骇浪时，人们总是能够感受到它所内蕴的庄严崇高。或者，在欣赏梵高的风景画时，人们不仅看到光与色，还震撼于其中表达的某种更深的、更难以捉摸的东西，好像风景画中蕴含的是绝对存在的光芒。当然，这种超越之光也能够在其他画中得到表达，所以超越存在有种种不同的表现形式，这取决于表现它的经验实存。但另一方面，经验实存只是显现了超越的光芒，并不意味着它承载着全部的超越存在。与之同理，密码所显现给人们的也不是超越自身，因为经验实存是对象性的，而超越是非对象的、不可知的存在自身，二者不能完全契合对应。这样的实存是超越的一种代码实体，这就是雅斯贝斯后期的“密码”概念。

雅斯贝斯说：“对哲学来说密码就是超越的现实在世界里的形象。”②通常所谓世界存在的万事万物，都可以含纳超越存在的消息而充任密码。密码是客观的，它总是以具体的形态而存在；密码是主观的，人根据自身的表象方式、思维方式和理解力来创造密码。在主客观的分裂中，密码既是客观

---

① Karl Jaspers. *Philosophy*, *vol*. 3. Chicago: The University of Chicago Press, 1971, p. 114.

② 卡尔·雅斯贝斯:《生存哲学》，上海译文出版社 1994 年版，第 82 页。

的,又是主观的。因此,密码是一身而二任,一方面作为具体事物自身而存在,另一方面作为超越存在的载体而存在。密码是超越在世界中的形象,世间万物都可以充当密码。超越的密码不像诸如数学符号等世界上的其他符号,它没有最终确定的、有意指的内容。然而,人们在对密码的经验中,对世界的存在产生了根基性的直觉洞察,在这一过程中,人们瞬间感受到了比自身更丰富的存在。当生存在谛听超越存在的密码时,超越的隐匿力量就无形地发挥出来了,生存和世间事物的存在都好像起了变化:"不仅变得透明,而且变成必然,它变成无理由根据的必然,所以不再与可能对立。"①在这之中,超越的绝对必然性就内化成为自我的必然性,必然与自由也在根本上得到融通。

密码是超越在世界中书写的语言,承载着源自超越存在的丰蕴信息。生存在对密码的领悟中,自然感受到超越的力量,生存对密码不能以任何别的方式加以解读参透。在雅斯贝斯看来,"它最有决定意义的语言,乃是通过我的自由自身所表示出来的语言"②。生存的自由最直接地在无形之中抵达密码的核心,瞬间从密码中契通超越的存在。

"只有在生存的绝对意识中,超越的直接语言才会真正地、实质性地呈现,它会被一个个体在历史性的时刻倾听。"③只有这时,个体和超越间暗藏的通道才会打开。对超越的这种经验是质性的,瞬息万变。"一开始对密码的阅读缺乏方法,没有选择,也没有计划性,所获得的就像是一个存在的源泉所馈赠的礼物。作为对超越在世间的确证,它寻求从可能性生存的根基处发出的光芒,它的内容不是知识的累积,而是透明的实存的历史性的真理。"④无疑,这与一般意识层面的真理是迥异的。在一般意识中,真理诉诸人的知性,是可以被普遍地传达的。

密码作为超越存在的一种语言,尽管在形式上是我们所创造的,但它却从超越存在那里向我们渗透进来。为了触及超越,除了对密码的源始经验,有时也需要寻求一种第二性的、更普遍的语言来表达,使超越存在相对客观地持存、在场。这种超越的直接性语言是可交往的,它将源始的密码转换为特定的形象,例如神话传说、宗教启示、艺术作品和哲学思想。它们都是从原初的言说中抽取而来,成为可明晰传达的语言。把超越存在当作一个自

---

① 卡尔·雅斯贝斯:《生存哲学》,上海译文出版社 1994 年版,第 79—80 页。

② 卡尔·雅斯贝斯:《生存哲学》,上海译文出版社 1994 年版,第 76—77 页。

③ Karl Jaspers. *Philosophy*, *vol*. 3. Chicago: The University of Chicago Press, 1971, p. 113.

④ Karl Jaspers. *Philosophy*, *vol*. 3. Chicago: The University of Chicago Press, 1971, p. 114.

我或世界一样的经验存在来解释，虽然永远不能获得关于超越的真知识，但自身构成了一个"密码的原本"。这些密码较之世间万事万物的密码，更具有确定性乃至恒定性，但所有这些密码形态都是从不可企及的超越存在那里获得其自身的分量和确定性的，都构成了"将超越带进在场"的这种类型的实在，虽然这是不可论证的。当然，第二种密码类型有相对稳定和固定的客观形式，有因其客观性而具有的普遍性内容，人们对它的解读容易受到误导，往往习惯于对其本身的固有内容作直接的解读，而不能更进一层，触及更深邃的存在。这样显然会使超越的存在不经意地从指间滑落，从而使人丧失对生存真理的启悟。只有通过我们在前文所述的"普遍和特殊的倒置"的方法才能解决这个问题：将这种密码语言的形式的普遍性和内蕴的特殊性加以转换，用个体的生存意识突破语言客观形式的规范，间接地阅读，其中的超越意蕴才有可能为生存意识敏感地经验到。

至此，我们可以看到，密码对于生存既是显现的，又是隐匿的。既然超越存在总是以客观形式为外衣的密码而被生存经验到，而生存总是呈现为历史性的个体，那么密码和生存之间就没有普遍的可交流性。不是每一个密码对每一生存个体都是可理解的，密码是否可理解取决于密码和生存自身。例如，某一个民族的神话传说对于该民族的成员来说，显然是真正的密码，能够为他们所经验到；但对于异族成员，这些神话传说却往往是陌生的，不能为其所解读，而成为只有字面意义的文本。同样，宗教教义和哲学体系也是历史性的密码，离开了特定的时代背景，其意义也许会失落在岁月之中。再如，梵高的油画名满天下，但它能否作为超越的密码而内蕴形而上学的意义，也取决于特定的个体，取决于该个体的天赋和审美教育。所以，密码确实不仅没有给出有关超越存在的知识，而且由于特定个体生存的差异，它甚至也没有给出关于超越存在的普遍的、直接的经验，这是我们必须认识到的。

密码显示的是超越的统一性和个别性。密码自身作为世间事物千差万别，生存的经验存在也各有不同，而超越存在的特征又呈现为绝对的统一，超越存在的统一性就必然分化散落在这些世间万物的差异性之中。这种矛盾对于超越存在的表达而言不是消极的，而是建设性的。雅斯贝斯认为："一个没有限定的超越存在将是空洞的，就好像不存在一样。"①超越是无限的，但它在单个密码的经验形态中得到了自身的限定，在这外在形式上的限

---

① Karl Jaspers. *Philosophy*, *vol*. 3. Chicago: The University of Chicago Press, 1971, p. 136.

定中，每个密码都保持和显现了超越的一个方面、一个维度，但这并不意味着个别的密码将超越分解为不同的部分，而是在每一密码中，超越仍然具有其本然的统一性，统一性实际上表现在个别性中，唯有如此，密码才能成为超越的现象。在经验实存层面，个体总是以某一方面的共通而相互关联，但生存与超越的关联则不是这样。超越是唯一的，同时又是多面的，密码的差异性不能单单归于生存个体的殊异性，还属于超越自身，尽管超越自身是绝对的统一。在对密码的解读中，超越的各个方面不是分离于生存对它的经验，生存所触及的也不仅是超越的一方面，同时还是其统一性，超越和生存相分离的思想是雅斯贝斯所不能接受的。

我们生活在密码的世界中，这种世界能够向我们展示本真的存在，但本真不是直接显露出来的，而是停留于无限变化的意义中。就对超越存在的解读而言，密码的意义是确定的，同时也是模糊的。就确定性这一方面而言，生存通过密码抵达超越，特定的生存对密码的解读却不是普遍性的，而是发生在当下的历史性时刻中。这种在具体境况中对密码的解读虽然是不可知的，也不可普遍地传递，但其意义对于生存来说是明确的，生存在它的生命整体性的参与中获得这种明确性。这时，不仅个体的生存，而且澄明特定生存的超越自身，都是确定的。在这种意义上，我们说密码的含义是不含糊的。但这种确定性不同于一般意识层面的确定性。密码一旦被视为一个单纯的对象物，它的意义诚然是确定的、固定自足的，但此时它已丧失其超越性，不能再传递出有关超越的任何消息。就密码意义的不确定性而言，当不同的生存个体通过同一密码，以不同的方式接触唯一的超越存在时，密码所显示的意义就必然是不明晰的，而是见仁见智；甚至可能的是，同一个生存个体在其生活的不同阶段，对密码的经验和解释也是不同的。

在这种意义上，如同前面的确定性，不确定性同样是密码的本性。任何一个密码的含义都不是最终确定的，或能够被证明为自身完备的，而是多义的、隐晦的，其意义呈现为无限阐释的可能。否则，这种绝对性就会使密码坠入生存的经验领域。因此，在密码的解读中，这两种特性都是真实存在的，在形式逻辑上是矛盾的，但在生存逻辑中，却是不可分离、圆融统一的。

作为超越的世间现象，无论是以什么形态出现的密码，都包含着自身的完整性、统一性和确定性。“在密码中，同时与他人的关联中，我变得趋向完整和统一，尽管有远近之分，但每一密码都体现了超越的独立的方面。”①生

① Karl Jaspers. *Philosophy*, *vol*. 3. Chicago: The University of Chicago Press, 1971, p. 114.

存哲学中对密码的经验,意味着要突破经验之网和认知上的有效性,利用一般意识而又超出一般意识,然后进入不可知的、完整的存在之境,生存个体可以从中汲取源自超越的无穷的力量。

雅斯贝斯的密码思想有其时代的背景。海德格尔比他更早地发表了自己的生存思想。海德格尔说语言是存在的家园,人在语言中显示自身,在语言中领悟自身的存在。不过在海德格尔那里,语言更多是内在性的精神家园;而雅斯贝斯承认语言作为超越的密码的作用,且语言是生存交往的重要工具,但他更重视超越的问题。因此,在雅斯贝斯看来,直接地倾听语言本身是难以达到生存自身的完整确定性的,人不仅要倾听自己和他人的语言,而且要倾听超越存在的声音——这是他的解读密码思想的由来。在雅斯贝斯这里,密码使得语言从内在的领域扩展到超越的领域。密码是超越书写在世间的符号,而不是人们通常的语言,因此它的内容是人所陌生的,需要在生存意识中去专门解读。这里就蕴涵着一种思想,即生存不是人的内在所固有的,不是一成不变的,而是可能性的,而对人的可能性的发掘同时又是超越的馈赠。雅斯贝斯不同意海德格尔把此在(Dasein)理解为人的本源性的存在,而用更有超越性的生存(Existenz)来指称人的本真存在,其原因应该是,在雅斯贝斯看来,此在总是具体的、个体性的存在,没有超越性意味,也缺乏源自超越自身的力量,在自身中不能区分出非本真与本真的状态;只有依靠生存,通过生存对超越密码的解读,才能开启超越之门,使每一个体生存得到充实,达致澄明。另外,海德格尔注重在诗歌和艺术语言中倾听存在之音,而在雅斯贝斯这里,从根本上来说,任何事物都可以成为超越存在的语言,超越存在,遍及一切。"我欲仁,斯仁至矣。"在雅斯贝斯看来,这能够使得虚灵不实的超越存在更好地在场,使得超越存在与生存、与世界更彻底地融通、统一起来。但显然,这同时也使得人们对超越存在的领悟更趋于玄虚莫测。

二、生存对密码的解读

超越存在作为生存的终极基地,本身隐而不现,直接的对象式思维和科学认知对此是无能为力的,人们所能够直接把握的是世界上的客观事物,对超越的存在只有通过对象性的密码才能把握。但生存对密码的把握需要特定的方式:"与理解一个独立于我的物体大不一样,除非我是我自己,否则解读密码完全不可能。”[①]因为“密码的存在和如何显现依赖于生存而不是任何科学”[②]。世间的种种现象必须经过生存意识的转化,才能作为密码而解读。换言之,在实存那里被把握在一般意识中的表象,经由生存意识的转换后,就是领悟超越存在的密码。实存视野中的世界存在是没有价值维度的,生存视野中的世界存在则含纳了超越存在所赋予的价值。有价值意蕴的密码并非独立自成的,当生存关联于超越存在时,由种种现象充任的密码才可能显现;而只有当生存解读这些密码时,它们也才真正称得上是隐含着超越存在奥妙的密码。

就超越的密码而言,只有当我是一个健全的生存个体时,超越的声音才能被我听到。当生存的自我存在弱化时,超越之光就会随之黯淡下来。而如果人们在生存的触角上是麻木的,那么所有的事物对他们来说都仅仅是经验的现象,这样当然就不会再有密码可言,人们也不能在密码对象中感受到超越了。尽管超越自身还恒在,但面向人的显现会消失于无形。

生存的自我存在是确证密码真理的尺度。超越是隐匿的,所有的事物又都可以成为超越的密码。这样一来,对密码的解读看上去就有很大的偶然性和任意性,但作为对超越的终极真理的显现,密码自身必须具有真理性,必定是在某种意义上可确证的。在雅斯贝斯的世界探源的思想中,人们通过感知和逻辑的必然性来确证经验事物的真理性;在生存的阐明中,人们通过与自身及别人的交往,通过在具体境况中无条件的决断来确定自己的存在,通过对自己的内在生命的升华的经历来确证自己。但是对于密码中的存在真理,没有其他任何尺度,只有通过自我的存在才可以直接确证。

自我的存在是通过密码中的超越性内容来成全的,对密码的源始经验会在当下唤起可能的生存去参与,这种经验不是一种可普遍传达的普遍经验,也不是任意的直接性生活经验。生存的经验需要自由去唤取;在自由中,个体生存与密码中的超越性内容相呼应、相契接。

这种自由是生存的自由,因而并不是每个人都可以直接把握的。“人只有能够确证存在,被存在所充盈,超越的实在性只有变成个体的实在性,内在生命为超越所赋予时,他才能够倾听超越的声音。”[③]所以,超越存在没有通向每个人的固定之路,只有当一个人成为完整的自我时,他才能以自己丰富而纯粹的人性去领受超越的神性;当一个人疏离自己的本心时,所有事物

① Karl Jaspers. *Philosophy*, *vol*. 3. Chicago: The University of Chicago Press, 1971, p. 131.
② Karl Jaspers. *Philosophy*, *vol*. 3. Chicago: The University of Chicago Press, 1971, p. 149.
③ Karl Jaspers. *Philosophy*, *vol*. 3. Chicago: The University of Chicago Press, 1971, p. 133.

对于他都是外在的，和他没有本性上的关联，因而在存在的意义上，所有的事物对他而言都是黯淡无光的。

在雅斯贝斯看来，只有在生活中不断解读密码，触及超越存在，生存才会拥有真正的存在感，才会进入安宁和平静之域，但生存对超越密码的参透不是一劳永逸的。“我在解读超越密码中所掌握的东西因此是我努力倾听的存在。”①雅斯贝斯之所以称之为“斗争”，主要是因为自我存在的有限性和不确定性。每一个体生存虽然都具有自身的单纯性，但它同时蕴涵于经验的实存中，人往往因此易于在经验事物的多样性中迷失自我，所以，自我的完整和确定时刻面临着弥散和解体的威胁，需要不息的斗争。当然，在根本上，生存自我的整体性必须在与超越的关联中才能获取，所以雅斯贝斯说：“生存和隐蔽的超越间的张力是生存的生命力，真理在这种生命中被寻求，被感受，在命运的问答中被明确。但是，只要经验存在持续，真理就会被笼罩在阴影中。这张力是本真的自我存在的表现，但它同时是一种苦恼。为了逃避它，人们需要更趋近神灵，化解这种张力，知道它是什么，能够守持住什么，能够为了什么放弃。如此，它就会将密码作为可能的真理并将之绝对化为存在。”②

雅斯贝斯在这里又看到了另一种危险，即在对密码的解读中，生存的自我存在往往会迷失于对密码的客观化和绝对化中。

密码是指向超越存在的符号和暗号，哲学在探索存在的过程中把密码作为可能的踪迹。但是，这种把握不同于经验知觉，也不同于理性认知。任何客观的认知，就如同公开的崇拜、仪式和教义宣传，只会使我们疏离而不是亲近那隐蔽的神灵。我只能个人地接近神，唯一的上帝只对我个人来展现自身；就是说，上帝是作为我自己的上帝，而不是世界的上帝来呈现自身。因此，我的生存将上升为我的超越。

超越作为非对象性的隐蔽存在，既广大又精微，不能对象化；对密码的解读只能发生在生存的活动中，发生在非强力的、虚灵的生存自由中。只有在无为而无不为的悠游中，对密码的解读才能深深契接无形的超越之境，生存自我的可能性才得以实现。在这大象无形的过程中，生存随时都在变化着，但看上去没有任何可见事件的发生。这样，因为缺乏固定物的执守，人们往往会漠视这种虚灵之境，或者滑落到经验实存中，寻求直接的接触、客

① Karl Jaspers. *Philosophy*, *vol*. 3. Chicago: The University of Chicago Press, 1971, p. 133.

② Karl Jaspers. *Philosophy*, *vol*. 3. Chicago: The University of Chicago Press, 1971, p. 144.

观的保证和确定的庇护，比如膜拜人格化的神灵和狂热崇拜某个领域等。就非生存的心理状态而言，只有固定的权威才是真实的，才能切实地保证超越的在场。但在雅斯贝斯看来，这种固定的权威并不是真正的权威，因为超越的神性已然褪去，生存无法与之息息相通。如此，在对这种固定权威的顺从中，自我的存在就会定格进而降格，从而丧失澄明自身的可能。生存的自我存在既是确定的，又是开放的。它是一股涌流，冲击着任何定格化的客观存在，突破密码的客观性而洞见无形无象的超越存在。

在对密码的解读中，对密码客观外衣的突破需要借助于雅斯贝斯所称的"生存想象"。"生存想象的关键是用来把握充盈着自由的所有存在的。"[①]生存通过想象，将自身超逸出密码的经验存在，只有这样，生存才能把握密码的实在性。密码的实在性既是给定的，又是创造的。之所以是给定的，是因为它不是发明的，不是源自空洞的主观性，而是在实存中自我言说；之所以是创造的，是因为它不是对任何人都普遍有效的认知对象。密码的实在性不是将实存转换为固定的科学对象式的现存物，那样会损失自由，迷失超越之路。密码的实在性存在于生存的基础以及它对存在的想象性图景之中。密码作为存在的声音是客观的，作为自我的镜子则是主观的，因此，人们对密码不是认知，而是沉浸其中，栖息其间，生存的全部真理都显示在它的具体性中，生存的实现都发生在解读密码的历史性时刻中。"自我的根基系于显现为密码的存在。"[②]在本性上，这存在只有在不被普遍化、作为唯一性而存在时，才显示给人们。沉浸于一个密码是解读者的自由的机会，在这机会中，人们确信自己拥有这种存在感。其时，生存的存在和自由的存在会融通为一，以至在生存想象的最深处，它既不是生存的存在，也不是自由的存在，而是二者的根基。

前面所述的第二种密码语言是一种可交往的密码模式，密码本身固有的内容是经验上的实证性和有效的合理性，是可解释的，也是客观的。但它不是透明的，对它的解释不是对存在的理解，而是在解释中，人们能够触及一种不可思议的存在。通过这种存在，人真正成为自身。如果人们将作为媒介的整体性理解当成存在本身，那就不能成为密码的样式，这种理解就会从超越中滑落。"但若这种全面理解的语言被破坏，从而代之以简单的给予，无可置疑地作为不可理解性而被接受和行动，那么这种向不可理解性的

① Karl Jaspers. *Philosophy*, *vol*. 3. Chicago: The University of Chicago Press, 1971, p. 134.

② Karl Jaspers. *Philosophy*, *vol*. 3. Chicago: The University of Chicago Press, 1971, p. 134.

转向也是一种沉沦。"[①]这里再次展现了雅斯贝斯典型的思维方式——将可能性推向极致从而开启另一种可能性。就是说，超越自身是不可知的，但这种不可知性是不能被直接给予和接受的；必须通过抵达可知性的边际去触及其不可知性，通过理解力达到可知性，通过生存的想象看到理解力的边际。

生存没有想象就没有自身的明晰，就会局限于狭隘、实证的存在；生存的想象，使人们在历史性当下的密码解读中有一种完成感、在世间的实现感。想象让生存在存在中觅得宁静。在想象中，密码纯净了世界，使之更美好，所有的世间事物都成了超越的现象；在生存的视野中，所有的事物都有其自性，为着本身目的而存在。事物的存在对于人们不再是有用性，不再是实际目的，不再是因果联系。无论它是什么，作为现象它都是完美的，因为它们是显现超越的密码。

三、生存、世界和超越在密码中的统一

生存是寓于个体之内的存在的声音，离开生存，纯粹的超越是空洞的，不能显示出它的世间实在性，也就仿佛不存在，因此对超越存在的经验需要从生存中生发。

生存是内在的确定性，不能为任何一般意识所能触及，而只能通过密码为超越的存在触及。当超越性存在与生存相关联时，它不是作为超越存在自身显现的，因为超越和生存不具备直接的同一性。超越是以密码的形式而楔入生存的；它不是以密码本来的客观性而呈现，而是突破了所有的客观性来表达。从内在的生存来看，超越是不可驻留、稍纵即逝的；从超越性上来说，它恒久地存在于密码的语言中。如同在一般意识中，经验是主客观的媒介一样，在生存和超越之间，密码是媒介。

"密码将超越带向生存意识时，既不将超越对象化，也不将生存主体化。"[②]密码作为内在的超越的结果，首先成全了生存，正像我们已经揭示的那样，它在与超越的关联中，赋予了生存的源起以完整性；其次，密码也挽救了超越。这可以与康德相比较。康德的超验界常常会引起后人的非议，即认为物自体是多余的，因为在本体界和现象界之间存在着无法逾越的鸿沟，超越既然不可认识，也就相当于不存在。针对这种困难，康德用实践理性去

---

① Karl Jaspers. *Philosophy*, *vol*. 3. Chicago: The University of Chicago Press, 1971, p. 135.

② Karl Jaspers. *Philosophy*, *vol*. 3. Chicago: The University of Chicago Press, 1971, p. 120.

填平理论理性所造成的鸿沟,即用道德行为代替意识去接近超越。雅斯贝斯沿着这条思路走下去,但他提出了与道德理念有所区别的密码概念。密码作为生存和超越的中介,不仅代表生存说话,而且代表超越向生存诉说。虽然密码表现在内在性的世界中,但它的本质是超越的。随着生存在内在中倾听到超越,密码的外衣,即其客观形式,也就消逝了,留下的就是生存所感受到的超越性。因此,对于雅斯贝斯来说,密码存在和超越存在在源起上是一致的。这样,密码作为超越的体现,就挽救了自康德以来备受攻击的超越存在的思想,而超越性也就成为雅斯贝斯思想的一个显著特色。当然,超越对生存的支配也不等同于康德的绝对命令的作用,超越的"律令"不再具有普遍有效性,而是历史地起作用。生存首先要获取具体行动的内容,以便在生存的源泉中发现这种内容的绝对必然性;离开生存的具体行动内容,任何道德规范都仅仅是僵死的道德说教。无条件性对于雅斯贝斯而言,始终都是在主体的一边,而不是在规范的普遍性一边。

如果在解读密码时视超越为认知对象,或者不用生存意识而用感知器官去解读生存,则存在的领域就会蜕化为一般意识的领域。在这种情况下,密码在当下显现超越的功能就会失效,人们所面对的超越就是一个异在的、遥远的彼岸世界,而此岸世界就是经验的实存物。两个世界对象式地互相直面,像陌生人一样。这一分离就会裂出一个深渊,永远地隔开双方。世界就成为实存的世界,它的全部存在就是经验生存、一般意识和精神所面对的世界,在其中,我们拥有对这外在事物的无限的经验,但不再有任何神性能够附着其上、内蕴其中,这个世界就会成为唯一的世界——一个没有整体感的弥散的世界;另一方面,一旦生存意识丧失,与之相偶而生的超越意识就会随之丧失。技术时代就是超越意识丧失的时代。在雅斯贝斯看来,是否有超越意识的支配,生活是迥然不同的。在古典时代,人们相信超验王国的存在,而世间则是被决定的,生活环境被认为本质上不可改变,人们在生活中随遇而安;世界成为人的安全港湾,生活其中,人们有安定的家园感。而在今天,存在的基础仿佛已经被动摇,人们生活其中的是被历史决定的、瞬息万变的世界。"我们生活在运动、流变和过程之中。变化着的认识造成了生活的变化;反之,变化着的生活也造成了认识者意识的变化。这一运动、流动和过程把我们投入了无休止的征服和创造、丧失与获得的漩涡之中。我们在其中痛苦地周旋,大半是屈服于潮流的力量,只能偶尔在有限的范围内尽自己的努力。"[①]

密码不仅将超越带进世界，而且"通过显现将世界带向超越"[②]。当生存从超越中确证自己时，他发现自身必须在与经验世界的融合中来实现。超越不是世界，但它通过世界得到表达。"经验实存，对于雅斯贝斯来说，是密码显示自身的领域，在这里，超越闯进了我们的存在之表。"[③]在这二者的融合中，经验实存内蕴着超越。这可从两个方面来看：一者，实存物作为超越的密码，本身已经蕴含着超越；再者，在生存通过密码而获得了超越的意识后，世界在生存看来，就是被透明化了(Transparenz)。透明是雅斯贝斯的一个重要概念，它意味着经验的实在本身是不通透的，但被超越之光映照后，就会脱落其自身固有的经验上的实在性，而呈现为透明的存在。这种透明意味着世界万物，包括个体的实存，都是用以觉察超越存在的不可或缺的密码媒介，它标志着世界是超越存在的象征。

从经验上来看，超越存在是空无；但从透明化的密码来看，世界存在本身是无根基的，是过渡性的存在，它的意义是被创造的。世界万物对于人来说都是超越言说的场所，各种事物都是从大全的空茫中显现出的一种有根据的语言。这样，尽管对象自身是没有根基的，但透过密码语言，能够透视其背后的隐匿存在，对象事物获得了存在的根本意义，获得了存在的真理。在这一过程中，超越既不是实存物，也不是纯粹的彼岸存在。在真正的超越中所发生的，是对这一世界的最可能的确证，它通过密码的语言而实现，因为"在这语言中，生存倾听到了超越的声音，生存眼中的世界改变了。而在二者的分裂中，就没有对世界的真实的确证，因为一种不透明的实存是不能在自身中自足的"[④]。

这样，只有在生存对密码的辩证运动的解读中，超越才能摆脱其非对象性，作为一个内在的超越，在实存中向人们呈现在场；在生存中，人们触及超越的存在，每一个体、经验世界都会脱离其纯粹的客观性，而为超越之光所映照。这样，生存、世界和超越才能圆融无碍地贯通。作为个体的生存，不仅自身领受到超越的馈赠，而且在世间万物之中与超越融通，使得生存自身、生存的实现拥有深广丰厚的内蕴。

---

① 卡尔·雅斯贝斯：《时代的精神状况上海》，上海译文出版社 2013 年版，第 2—3 页。

② Paul Arthur Schilpp (ed). *The Philosophy of Karl Jaspers*. New York: Tudor Pub. Co., 1957, p. 111.

③ Karl Jaspers. *Reason and Existenz*. Milwaukee: Marquette University Press, 1997, p. 159.

④ Karl Jaspers. *Philosophy*, *vol*. 3. Chicago: The University of Chicago Press, 1971, p. 120.

第三节 超越与生存的自由

与萨特、海德格尔不同，雅斯贝斯思想的一个鲜明特征是把生存与超越联系起来，同自身发生关系也就是同超越发生关系；并且，当人们体验到真正的自由时，就会意识到：我们之所以是我们，并不是我们自身的力量使然，而是超越所赐予的。超越是自由和必然的统一，人在把握着自身时，把握了超越，自由的自我是超越的呈现。

在雅斯贝斯的体系中，作为生存的人是自由抉择的主体，但人只有在与超越的关系中才能保持作为独立生存的自由。自由与超越是不可分割地联系在一起的，没有对超越的确信就没有自由的实现；同样，没有自由的实现也就没有对超越的经验。自由与超越在形式上是矛盾对立的，但在生存的意义上是圆融统一的，是有着内在强大张力的整体。

一、自由与罪责

在雅斯贝斯的哲学中，自由既不存在于经验世界，也不存在于超越界。作为生存本性的自由，是指生存实现自身的可能性。没有自由，生存就会成为定格的存在，没有成长和实现的过程。显然，自由是生存的积极因素。但雅斯贝斯的独异之处在于，他同时认为生存的自由本身即意味着罪责(Schuld/guilt)。所谓罪责，是指人的存在是不完满的，总感到有所欠缺，感到负疚，在这同时也感到他必然对自身有责任："我承认我是有罪责的，我为自己的行为担当，因为我知道我是自由的，因为我知道我必须接受我的所作所为。"①只有我承认自己的罪责并为之担当时，自由才能实现；否定罪责也就否定了自由本身。

在雅斯贝斯看来，自由状态总是意味着罪责，因为人是有限的存在，只具有有限的能力。当一个人自由时，他就感受到他的自由的界限，并且认识到自己的无能。自由选择来自人性的有限与不完满。只要是人，都是有限的、不完满的。这也决定了人在世界中有着诸多的不自由，但他却意识到了应该自由并向往自由。人的自由与人对自身的有限的意识分不开，而人的有限与人在世存在的基本境况有关。人总要依赖他人他物，不能离开世界而存在。

① Karl Jaspers. *Philosophy*, *vol*. 2. Chicago: The University of Chicago Press, 1970, p. 171.

在雅斯贝斯看来，生存的本性是对经验实在的不断超越，生存的自我实现是永无止境的。在这个意义上，自由原则上与罪责联系在一起。自由的罪责感是不可界定的，它不是指与人的某一特定选择或行为相联系的具体罪责，而是一切特殊罪责的基础，是与生存自由有着根本联系的罪责。这种“源自自由状态的罪责”①源于人在内心深处对自身的不满足感，这种感觉不因人在社会中的位置高低或拥有知识的多寡而改变，它是挥之不去、无计消除的，因为生存总是在经验世界中、在时间之流中实现的，没有绝对的圆满。在生活中，“人通过与绝对的和无限而不是有限的东西的比较而意识到自身的有限”②。只要人们感受到自由，就会同时感受到对自己的行为没有绝对的信心，也就意识到自由是有界限的。这种感受是无处不在、无时不在的。唯其如此，人们才有超越自我、寻求归依的冲动。何处寻求？超越存在虽不可认知，却可为人的抉择行为所触及。人一旦对此有所意识，便可通过自由的选择来扬弃自身的有限性；于是，被扬弃的有限便不再是不可克服的。“通过绝对与无限的在场，人的有限不再仅仅保持于他的实存的无意识材料之中。在超越存在的光照下，有限变成了他创造的自然存在中自我意识的基本特性。因此，人虽不能克服自身的有限，但委实能够突破有限。”③基于此，雅斯贝斯将生存哲学的一个颇令人费解的命题表述为：“正如人不能在世界之中把他的实存归结为他的自我意志，人的自我乃是超越存在赠予他的一件自由的礼物。如果他不丧失自身，就必须一次次地被给予自身。”④

作为罪责的自由，是世间生存抉择的可能性。抉择行为本身不是自足的，它处在升华和被抛的张力之中，既有可能趋向善，也有可能趋向恶。因为可能的生存在实现自身时，是通过同时处在经验和自由领域中产生的相互作用而展开的，个性的自由必然系之于自然本性，自由受到本能欲望和经验事物的牵引时，就会产生被抛意识。究其根源，自由和自然在本性上是不相容的，经验实存的一面总是客观的、明晰的和普遍有效的，但自由的一面则是非客观的、不确定的和个体性的。自由不寻求普遍的有效性，而是指向无条件的有效性。它们一方离不开另一方，一方又干扰了另一方，产生了一种在时间之流中不息的斗争。因此，生存不能在任何特定的自由状态中得

---

① Karl Jaspers. *Philosophy*, *vol*. 2. Chicago: The University of Chicago Press, 1970, p. 174.

② Karl Jaspers. *The Perennial Scope of Philosophy*. London: Routledge & K. Paul, 1950, p. 65.

③ Karl Jaspers. *The Perennial Scope of Philosophy*. London: Routledge & K. Paul, 1950, p. 65.

④ Karl Jaspers. *The Perennial Scope of Philosophy*. London: Routledge & K. Paul, 1950, p. 66.

到满足，如果想要通过某一现存状态而获得完美的自由，将是虚妄不实的，因为那样它就不是一种历史性的现象，就不再是一种与自身幽暗根基相联系的自由的我。

当人们以升华意识去对待自由时，自由就成为向善的积极因素，人对自身的自由选择、自由信仰就充满着自信，这时的自由才真正意味着人的起源和生成。但即使从升华意识去理解自由时，它本身也不是自足的，它会带来自我封闭的危险。若不能得到超乎生存的更高力量的提升，它就会有为自由而自由的倾向，这种任意性若无限发展就有趋恶的可能，会构成对生存本身的本质威胁。

对于雅斯贝斯来说，人作为自由的自我抉择的主体，是不能通过心理学、人类学或社会学的研究加以澄明的。同时，人只有在同真正超越存在的关系中才能保持作为独立自存的自由。现代人企图抛弃自由、抛弃信仰，但在雅斯贝斯看来，人如果没有信仰就根本无法生存。人有信仰才有希望开放自由之门，决定不信仰只是为了掩盖知识的界限。问题不在于选择或不选择信仰，而在于自由的信仰与暴力的信仰之间决定哪一个。

所以，在雅斯贝斯的视野中，生存的自由远不是自足的，仅有自由是一种缺陷，人不能完全立足于自身之上。“无论如何，我的自由会使我有罪责感，我不能成为完满的存在。”①

当生存在自由中实现自身时，它必然在这过程中洞察到不同于自身的其他存在。“严格的无条件性使我意识到，不仅人的实存不是自我创造的，而是特定命运无望的牺牲品，而且，我的自由也不能单独地让我拥有自己，在某种方式上，无条件的意愿的实现只能关联于它的超越。”②超越是人的自然本性和生存自由得以统一的根本原因。只有在对超越的归依中，存在之光才能化解这二者之间的张力；只有在超越中，自由才能超出自身，走向更深邃的实现。

总之，按照雅斯贝斯的观点，自由不是客观认识的对象，而是主体的信仰内容。人是自由抉择的主体，但人只有在与超越存在的关系中才能保持作为独立生存的自由。归根到底，人不是“被判定为自由”，而是被赠予了自由。因此，萨特等把人置于虚无之中并且把人解释为从无到有的自我创造，这在雅斯贝斯看来是不真实的。自由必有超越，对超越的确信与对自由的

---

① Karl Jaspers. *Philosophy*, *vol*. 3. Chicago: The University of Chicago Press, 1971, p. 194.

② Karl Jaspers. *Philosophy*, *vol*. 3. Chicago: The University of Chicago Press, 1971, p. 5.

确信是不可分割的。没有对超越的确信就没有自由的实现，没有自由的实现也就没有对超越的经验。自由与人的有限意识是不可分割的，自由不是占有而是获取。人的自由的实现不在于逃避或解除有限性，而在于突破和超越有限性。人的自由之路就是不断打破此在的不自由，由此在跃向生存，由必然跃向自由，由瞬间跃向永恒。自由与责任是不可分割的，自由本质上包含着道德向度。自由既对超越者负责，也对人类存在负责。因此，每一个人都应对自己的抉择行为负责，也应对某种无限存在的意志负责。

二、超越是自由的扬弃

作为生存本身可能性，自由既不属于经验界，也不属于超越界，而是处在二者之中。在生存哲学中，超越作为大全的一种非对象性存在模式，是人的终极归依。它是绝对圆满的存在，其中已然没有选择的可能，自由也不复存在；而经验界的存在物是现存的，具有客观有效性和必然性，对其对象性认识还不是生存意义上的自由。这样一来，只有介于经验界和超越界之间的生存个体才是自由的。人在经验界的具体境况中，面临着无数不定的选择，但终极的超越又隐而不现，不能提供直接的答案。经验界和超越界之间的无限空间，于是就成为生存自由的广阔舞台。

在雅斯贝斯看来，正如世界是相对于作为实存、一般意识、精神存在的我们而存在，超越存在则是相对于作为生存的我们而存在。对于前者，超越存在仅仅是空洞的可能性，虚而不实。归根结底，超越存在只向生存显示自身，而且，“对生存来说，超越存在是它可在其中抛锚的对象。在我真正成为自身之时，我便不再是通过我自身。我并没有创造出自己。在我真正地是我自身之处，我知道我已经被赠予我自身。我愈坚决地意识到我的自由，通过我自身，也就愈坚决地意识到超越存在。只有通过我是我自身的力量，我才顾念超越存在，只有伴随对超越存在的顾念，我才是生存”①。因此，雅斯贝斯反复强调生存与超越存在的关联。当生存仅仅是自身时，它是封闭的。雅斯贝斯对生存的根本的、彻底的自我理解是：它不仅仅是自身，而是面对着神性的存在，但又不能将自身作为神性而了解。“生存可能性只能从绝对的实在中生发。”②这种绝对实在就是超越，它不需要任何他者而成为自身，

---

① Karl Jaspers. *Basic Philosophical Writings*. Atlantic Highlands: N. J. Humanities Press, 1994, p. 175.

② Paul Arthur Schilpp (ed.). *The Philosophy of Karl Jaspers*. New York: Tudor Pub. Co., 1957, p. 300.

它扬弃了任何自由，正因如此，它能够化解生存自由的局限。

就像超越存在于生存的极深处，超越对自由的扬弃也显现于生存自由的极致处：在我们最高的自由行动中，我们并不感到是在选择自己。当我们达到可以被叫作自由的极点时，就不再会有一种选择的感觉，相反，只有别无所求的感觉。所以，在选择之上，还有非选择，它高于选择。在我们的最高的行动之中，我们有这样的感觉：我们不再是独立地行动，我们为某种不再完全属于我们自己的力量所推动。在这个时候，我们体验并感觉到，通过选择，我们已经达到这样一个领域，那里不再有任何可能去选择。

"在雅斯贝斯的哲学中，这是一种方式，处于极点的自由以这种方式向着超越的领域显现前进，那个领域不再有可能性，也不再有自由。"[①]这种表达在知性思维上是矛盾的，但在生存实践中是水到渠成的。在极致处的超越层面，个体的选择不是自我的任性挥洒，而是有着坐标定位和价值导向。这根本上来自超越存在的圆满，超越存在以其永恒的规律性规范制约着自由的选择。这种思路类似于中国道家的"人法地，地法天，天法道，道法自然"。

这样，与萨特等把人置于虚无之中，并且把人解释为从无到有的自我创造不同，在雅斯贝斯看来，自由的作用并不是最根本的，必须奠基于超越之上："带着对存在本身的决断的强烈感觉，人们在突破经验实存时把握自由然而我不可以自由为最终目的，因为自由仅仅是在时间中实现着可能性生存，而不是存在自身。在超越中，自由安宁下来，因为不再有选择了。超越中既无自由，也无不自由。"[②]

超越不再是自由的。"如果我将超越设想为自由，我就将它设想为在特定的境况中屈从于特定的条件，从而使之限定。"[③]超越，对于雅斯贝斯而言，不是作为自由选择的可能性而呈现，而是一种绝对实在和必然性的存在，在其中，自由已然消失，但这不是因为超越的缺陷，而是因为它臻于完满。自由之所以消失，"恰恰是因为有高于存在（生存）的超越的领域。自由是通向自我否定，自我超越的运动，由此，超越才可以表现它自身。自由消失，则超越显现"[④]。我们知道，在对经验实存的认知中，人们往往从它的实现条件来理解其可能性，认识帮助人们改变它的具体形态以适用自己的目的。与之迥异，生存在寻求自我的存在时，是依靠自由选择的可能性来实现

---

① 让·华尔：《存在哲学》，生活·读书·新知三联书店 1987 年版，第 95 页。

② Karl Jaspers. *Philosophy*, *vol.* 3. Chicago: The University of Chicago Press, 1971, p. 6.

③ Karl Jaspers. *Philosophy*, *vol.* 3. Chicago: The University of Chicago Press, 1971, p. 57.

④ 让·华尔：《存在哲学》，生活·读书·新知三联书店 1987 年版，第 94 页。

的。这种可能性并不提供具体的目的、对象或计划，但它构筑了本质性的空间，从中人们能够唤取自我的实现。然而，对于超越存在，却不能将之转换为可能性。超越没有经验的可能性，也缺乏任何可构思的可能性，但这并不构成它的局限。实在性和可能性的分化是经验实在的缺陷，经验实在之外总有一个它在。超越存在也没有生存的可能性，因为它缺乏决断，当然这也不是在缺陷的意义上而言，而是相反，因为决断的可能性恰恰表现了生存总是处在经验实存中这一缺陷。因此，在这个意义上，超越不再有选择自身的可能性，它是生存最终的依归，是绝对的现实性。

超越的绝对现实性不能等同于世界的客观性，而是越出了经验层面的客观性，达到了存在的现实性。因此，超越对自由和生存可能性的扬弃，不是走向其反面的不自由，而是走向自由和必然最深处的统一。“在超越的宁静中，自由不是他者，而就是我的内在姿势和存在整体的和谐。”①

在超越这一极致境域中，自由已然消失，而呈现为最高的实在性和必然性。在这个意义上，雅斯贝斯认为自由不是最根本的，而超越因其绝对现实性能够成为生存及其自由的终极归依。

在政治领域，真正的权威也是对任性的自由的扬弃。雅斯贝斯哲学拒斥任何形式的绝对自由。真正的自由受到他人和社会的约束，依赖于社会、经济、政治条件，通过公认的法律来实现。任何法律都拥有某种权威，而权威势必与自由处于紧张对峙之中。正如生存必有超越一样，政治自由也必有权威。相对于政治自由来说，合法性权威就是用以限制“任意”的权力。政治领域中，自由容易蜕变为任意，权威容易蜕变为暴力。任意属于自由的一部分，没有任意就没有自由。然而，任意一旦变为恣意妄为，就会摧毁自由。法治国家的特点在于，依靠众所周知的权威——法律——来对付任意。权威并不拥有限制或扩大某一阶级自由的权力，相反，权威仅仅用以限制任意行为。在法治国家中，任何阶级都不能要求绝对权威，因为要求这类唯一不二的权威将导致“危险的绝对化”，以致终止交往，消灭自由。

三、超越对自由的包蕴

雅斯贝斯认为，生存的确定性不是科学意义上的客观一致性，而是人以其整个存在参与而获得的内在确定性，是人在历史境况中所获得的生存真理。但另一方面，人不是自足的存在，不能完全立足于自身，他无法从自身

① Karl Jaspers. *Philosophy*, *vol*. 3. Chicago: The University of Chicago Press, 1971, p. 190.

中获取这种确定性和整体感。在生活中，只要人们感受到自由，就会感受到对自己的行为没有绝对的信心，也就感受到自由的界限。这样，他就必须寻求越出自身的更深广的根基。在生存哲学中，这一根基就是超越。超越及其历史性显现——权威——是与自由并立共存的重要一极。

在雅斯贝斯的生存哲学中，人作为生存在根本上是自由的，但这种自由又是被超越存在所赠予的。人被超越存在一次次地赠予自身的过程，其实正是人通过一次次的自由选择行为，不断地突破有限的、不完满的人性而走向无限的完满的神性的过程。自由并不在人的自由选择之外。在雅斯贝斯看来，生存只在瞬间即永恒的当下决断中实现自我，正因为人只能生存于不可重复的当下，并对当下抉择的一切后果责无旁贷，因而人并不能够超然物外，在任何一个什么地方让渡其自由的选择。

自由意味着人在本性上应该自由，在能力上能够自由。"超越存在的帮助只在如下情形中向人显示它自身：人能够是他自身。他能够依靠自身而生存，他被超越存在伸出的无形的手所牵引。只有他是自由的，他才能感觉到这只手的在场。"①超越存在以圆融完满的神性烛照着人的自由，而且只指引那些向往自由且敢于追求自由的人。因此，雅斯贝斯对超越存在的悬设是从生存生发，以生存的自由为致思的中心，超越存在不再是实体化的信仰，不再是让人匍匐的神的戒令。自由的生存出于自身的内在需求而需要神性的引导，这种引导旨在成全人的自由，完全不同于神向没有自由选择的实存之人所颁布的训令。这是因为，"超越存在的引导所提供的是非客观的确定性，它与人完全达致的自由相一致，并且只以主观确定性的自由的方式来运作"②。

超越是自由的深厚根基，使生存有自由的可能。如果没有超越，也就不会有真正的抉择；缺少超越的无形力量的制约，生存的自由就会沦为主观的任意性，个体在选择时就没有企望，也就不会有罪责感。但如果超越不是匿而不现，而是作为一个现存的律令在场时，生存的意愿就会异化成为被动的顺从，也不会产生真正的自由。超越使人成为可能的生存，使人在世界的种种境况中选择自由和独立，不盲从于任何权威。只有面对超越，立足于自身的生存才能在内在中经历必然性。没有超越，人的自由就只是一种暂时性的世间现象，有毁灭自身的危险。在世间，人们有时会因迷失自我而失去自

① Karl Jaspers. *The Perennial Scope of Philosophy*. London: Routledge & K. Paul, 1950, p. 66.
② Karl Jaspers. *The Perennial Scope of Philosophy*. London: Routledge & K. Paul, 1950, p. 72.

由，但自由只能在超越中扬弃其效用。

超越使自由选择的根基成为可能。在第二章对作为决断的自由的论述中，我们知道，自由不是任性，而是自我的内在必然性、自我存在的确定性。超越对自由的作用体现在它是这种自我确定性的根基。在雅斯贝斯看来，自由是生存实现的源泉，这种自由意味着人不能直接地依靠外在的权威，不能依靠任何教义和道德律令来直接塑造自身，而是需要在自身的意愿中实现自身。但这一过程不可一蹴而就，而是需要在生命的历程中逐渐实现；实现不是无中生有，而是建立在个体的历史性地基之上。这地基就是自我的确定感，人们能够在这地基之上作出自由的选择，同时能够在自由中包容自然的和道德的种种必然性。在这地基上，我感到自己是独立的个体，但不是自我创造的，而是由超越的力量无形地形成的。“我知道我在根本上是独立的，而这来自我和超越关联的核心处，超越使我愿意面对这一根基，让我成为一个自由的人，因为我不能通过其他任何途径而成为我自己。”①在这一确定性的支撑下，个体为自己的一切负责，为自己的意愿、行动和源始的存在负责，甚至必须为自己的经验实存负责，因为经验实存在某种程度上是自我实现的外在显现。

因此，当人回转到内在本质性自我时，返回到自我选择的幽暗源泉时，他会发现，无论他在多大程度上成为自身，他都并不仅仅是自己。“超越不是我的自由，但它存在于我们的自由中。”②一方面是自我创造了自身，另一方面自我又是被赠予的，这并不矛盾，因为超越是自由和必然的统一，人在把握着自身时，就把握了超越，自由的自我是超越的呈现。

超越的赠予完全不同于经验的给定，后者只在事实上是既定的，缺乏可能性筹划的空间，但超越的赠予是隐秘的，与生存的自由行为息息相关。只有通过选择的行为，生存才能抵达自由的超越性根基。生存和超越是互相生发和寄托的。赠予的同时就呼唤着自由的接受行为，接受行为又进一步促发了赠予的慷慨。

超越以其绝对现实性庇护了不能自足的自由。超越自身不等同于任何他者，超越让我们将任何事物都置于其上。在自由中，超越有显现和被经验的可能性。对超越的经验发生在自由的不完满之中，真实的自由发生在时间之流中，永远是未完成的，在它最深刻的实现之中，人们面临的恰是最深

① Karl Jaspers. *Philosophy*, *vol*. 2. Chicago: The University of Chicago Press, 1970, p. 173.

② Karl Jaspers. *Philosophy*, *vol*. 2. Chicago: The University of Chicago Press, 1970, p. 174.

的深渊。“正是在(自由)实现的失败中,在因自由而感到罪责的失败中,我将自身与超越联系起来。”①

这一点可从临界境况中看出。例如斗争、死亡、罪责等境况,从经验的眼光看来,它们是纯粹否定性的,是世间现实走向无边空无的分野;从生存的眼光看来,它们却展现了个体自由选择的无限空间。但从经验世界向自由世界的飞跃,是个体最初的自由,它源于单独个体的决断。在这一空间仅仅作为个体自由选择的场所时,它依然不是充盈的,只有触及超越,临界处境才会为超越的绝对现实性所拥抱,作为世间现实和空无之分的界限就会随之消失,世间的现实和空无都为超越的绝对现实所充实、所庇护。就像死亡,从现象上看来,它是经验存在的终结,但对于生存而言,经验存在自身是虚幻的,是可能生存在世间的体现。在面对死亡的自由选择中,存在的深度得以彰显;但是,“只有通过本质性的毁灭,超越的永恒才能够进入时间之流的现象”②。面向超越时,死亡已经不复是个体生命的终结,也不再是可能生存的筹划,而是“生死俱道”,化为永恒了。

因此,在雅斯贝斯看来,“超越使我成为可能的生存,换言之,它使我在短暂的实存中变得自由”③。当人们在各种境况中努力打破必然性的束缚,决断真正的自我时,他们就将体验到真正的自我之中某种超越的存在。为了不至丧失自身,人需要经常接受超越的赠予,生存的自由只有在超越中才有意义可言。

这样,在雅斯贝斯的体系中就有两种自由:自身创造的自由和被超越赠予的自由。对他来说,只有后一种自由才是根本性的自由。这种自由是不可理解的,它源于有限性向自由的飞跃,源于经验世界向生存的飞跃。自由选择处于所有知性思维的彼岸,没有任何合乎理性的论证。从知性立场上看,自由是不可思议的,自由的起源是无解的。人们对自由的所有知性追问最终都会陷入绝境。这种自由的生存论分析澄明了知性和理性的限度,知性和理性都无法彻底把握自由。雅斯贝斯的独到之处是,通过超越性的思维方式,让人意识到了知性的困境会导致对超越存在的信仰。人由于意识到了理解的边际,便超然于世界和自我之上,确信有一只“权威之手”在引导我们。因此,超越存在是自由必不可少的条件。“唯有与超越存在相关联并借助于超越存在,自由才是可能的。”何谓超越存在?“超越存在是这样一种

---

① Karl Jaspers. *Philosophy*, *vol*. 2. Chicago: The University of Chicago Press, 1970, p. 173.

② Karl Jaspers. *Philosophy*, *vol*. 3. Chicago: The University of Chicago Press, 1971, p. 197.

③ Karl Jaspers. *Philosophy*, *vol*. 2. Chicago: The University of Chicago Press, 1970, p. 174.

力量：由于它我才是我自己；我之所以变得自由，是由于它。超越存在的决定性语言是通过我的自由自身而说话的。”①

第四节　权威与生存

一、权威是超越的历史显现

雅斯贝斯认为，从文明的开端就产生了权威。权威以图腾、符号、秩序、法律和宗教的形式，以历史的形态围绕着我们。从理性上讲，权威的起源无法获得充分的证实，我们每一代人都参与到权威的建立中，权威又把我们带到我们自身。当我们意识到权威的时候，已经生活于其中了。权威矗立在我们面前，意蕴无穷，难以理解。人的成熟过程就是权威的力量内化于自身的过程。每个人的一生，都是在借助权威，不断重建自身。

权威作为源自历史深处的指引来到我们身边，其最初的形式是敬畏，如中国传统文化中对自然神和祖先神的崇拜。对权威的信仰是“一种天生的传承，自古以来，父母就生于这种传承并传给了我们，而我们反过来又希望保留这种传承，并留给我们的后代。如果我们追溯其起源，它不断地退入虚无之中，留在黑暗中，就像某种无法理解的东西，因此充满了神秘”②。远古的历史和神圣的存在，维持了权威，它使我们意识到我们得以厕身其中的秩序之所在。

在雅斯贝斯看来，超越是自由的终极依归，没有超越，也就没有生存的自由，但超越本身是大象无形、隐而不现的。“对于我们来说是达到绝对存在的唯一方式是历史性。”③超越对生存的支撑作用更多的时候是通过超越的历史性显现——权威——的力量而实现的。权威是超越的世俗力量，是超越的具体存在，对生存有着直接的辩证作用。

权威的存在源于生存的有限性。生存寻求的是自我的确定性，这种确定性是人在历史境况中所获得的生存真理，它不是科学上的普遍客观一致性，而是以人的整个生命存在的参与而获得的内在确定性。在生活中，人们应该秉持自身的真理，视真理为生命，并通过生存的自由来确证这一真理。

---

① Karl Jaspers. *Philosophy of Existence*. Philadelphia: University of Pennsylvania Press, 1971, p. 71.

② Karl Jaspers. *Philosophy and the World*. Chicago: Henry Regnery Company, 1963, p. 37.

③ Karl Jaspers. *Philosophy*, *vol.* 2. Chicago: The University of Chicago Press, 1970, p. 110.

在本书第三章中,我们已经知道,在超越的绝对真理面前,个体历史性的存在真理是有其限度的,孤立的个体生存无法凭借自身获得这种确定性和整体感,个体必须寻求超出他自身的向导。这时,权威就作为一个具体的向导应运而生。在雅斯贝斯的生存理论中,权威是与生存相对的重要一极。

在雅斯贝斯看来,权威是一种整合性的力量,上通超越,下接生存。“权威是这样一种真理形态,在这种形态中,真理既不仅仅是普遍知识,不仅仅是外来的命令和要求,也不仅仅是关于一个整体的观念,而倒同时是它们三者。而且因此,权威固然是外面来的要求和强制,但它同时又是从内心里说的话。权威永远是建立在超验界上的主张或要求,就连当时根据超验界而发布命令的那个人也要听从这种要求。”①雅斯贝斯认为,权威是一种历史性进程中的综合真理,是真理的统一,以历史性的形态作为普遍和整体力量而出现在人们面前。因此,权威对于遵从它的生存个体而言,具有威严和严整的规范。

但权威不等于专制,权威的力量不是暴力。暴力是人为的,“真正权威的基地是超越”②。如同前文所说的密码是超越的显现一样,权威也是一种密码,也是超越存在在世间的显现。但权威是一种特殊的密码,它比其他万事万物的密码更显见,能够传达更确定、更丰富的关于超越的信息,因而也对更多的人有规范和引导的作用。在雅斯贝斯看来,这意味着以下几点。

首先,所有的权威都是关乎人、关乎社会的,与生存在根基处息息相通。真正的权威不是依靠强力,而是通过对生存真理的呼求来树立的。这一真理能越出有差异的个体来融合所有的人,它是世间的力量,但并非世间的真理构成了权威真正的内核。

其次,权威不是自我封闭的、定格的真理,对某一具体形态的真理的绝对化和定型化并不能成为引导生存的力量,不能成为权威的基础。这种绝对化的真理,虽然在某种程度上也具有统一性的特征,但它建立在人的经验层面之上,是被假定为可以科学研究的对象。真正的权威并不将人视为完全建立在必然性基础之上的有条件的存在。在对生存自由的呼唤中,真正的权威唤起的是越出各种经验条件的人性维度,它让人回归于他和所有存在的源泉,回归自己得以实现的可能性的源泉。正是权威的力量促成了这种回归。

最后,在超越的视界中,所有现实的权威都不是绝对的。人的生活总是

① 卡尔·雅斯贝斯:《生存哲学》,上海译文出版社 1994 年版,第 45 页。

② Karl Jaspers. *The Perennial Scope of Philosophy*. London: Routledge & K. Paul, 1950, p. 104.

变动不居的，人的意向和自我实现是时涨时落的，知识及其运用永远都不是静止的。这使得新的挑战总是不断出现，个体面对挑战时的决断也需要不断调整变化，没有任何一种真理能将之完全囊括其中，而绝对的世间权威要倾向于包含所有尚未发生的真理可能性，显然这是不可能的。真实的权威永远都不能自成一体，而是呈现为无限开放的态势。超越作为权威永恒的背景和基地，使之具有永不枯竭的源头活水。

"权威，作为对真理的统一，必须反映人类存在的根本的、普遍的差异，这一差异才导向了真理的综合，但这种统一必须被不断地寻求。"[①]每一个时代的人们都是走在这条路上，人们不能一劳永逸地在某个计划中实现自身。在时间之流中，这种对统一性的探求不会停息，没有终极目的地，没有真理的最终完成。因此，权威作为超越的世间显现，作为个体生存真理的价值导向，是具有历史性的。没有任何一种权威是绝对的、唯一的，可以放之四海而皆准的，人们必须警惕对权威的偶像崇拜。

雅斯贝斯的权威理论也有其深刻的时代背景。他认为，20 世纪的科技时代似乎将人类过去几千年中在工作方法、生活方式、思想和信仰方面的一切一扫而空。基督教千年而下一向是西方传统价值观的支柱，然而在现代，它对众多的人来说已变得站不住脚，几乎所有声称独占真理的教义都无人相信。大多数基督徒实际上也像非基督徒一样生活。人道主义也不被完全信任，伟大的精神力量已不再能支撑生活，对科学的依赖也已出现裂缝。这一切都导致信仰价值的失落和虚无主义的出现。然而，人类是不能够忍受虚无主义的，在普遍缺乏信仰的情况下，就会产生对盲目信仰的屈服。纳粹主义的兴起，从某种意义上说，也是群众逃避虚无主义的一种表现。总之，在雅斯贝斯看来，现时代很可能使轴心时代以来的全部文化传统失落，从荷马到歌德的历史都被遗忘，西方世界正经历着一场深刻的价值危机，这场危机是信念的危机、理想的危机、科学的危机、人的危机，是文化的全面危机。这一切的危机都与传统的断裂有关，与权威的失落有关。在根源的意义上，生存个体是需要权威来确证的。

二、权威对生存的确证

雅斯贝斯权威思想的特点在于他区分了权威的影响力与强力作用，将生存的自由与权威相关联。

---

① Karl Jaspers. *The Perennial Scope of Philosophy*. London: Routledge & K. Paul, 1950, p. 105.

雅斯贝斯一直在寻求真正权威的作用。从外在看来,权威是一种影响力。在人们对权威的遵从中,生存的信念被权威激发,而不是权威通过外在的强力作用于生存。强力所运用的往往是心理学和社会学意义上的力量,如教会对信徒的控制、专制政权对民众的控制,这时的权威就不是真正的权威。在强力的作用下,人被看作可操纵的对象,强力所利用的要么是人的心理、物理上的需要、欲望和弱点,要么是社会心理上的趋向依赖和安稳的倾向,要么是人渴望拯救的意愿。但无论在哪一种情况下,人都被看作是有条件的。

对于雅斯贝斯而言,真正的权威与自由的生存密切相关,人作为生存是无条件的。生存不是一个可观察、可解释、可支配的对象,它不能被认知,但可以被唤起,"权威的终极根基在超越,如果权威就是神本身,如果权威的声音只有在对它的顺从中才能出现,那么问题产生了,神在哪里说,说得清晰吗?"[①]因此,在权威中,任何强力的运用都丝毫不能唤起生存的自由,而只能挫败甚至扼杀生存的可能性及其实现。真正的权威有世间的影响力,但这种影响力源自背后超越的意蕴,是柔性的,是春风化雨、润物无声的。所以,权威"仅仅有影响力就往往会成为暴力,但离开世间的影响力,权威也就无从显现"[②]。权威有影响力,缺乏影响力就没有权威可言;但权威的影响力不是强力,坚定而不强制。

因此,雅斯贝斯意识到,当权威作为一种世俗力量而发挥影响力时,就不仅仅是通常的世俗力量了。根本的区别在于,权威中有对生存自由的关注,有引领生存祈向超越的趋势。权威和生存当然是不同的,但二者在世间生活中相互关联,呈现为有张力的存在。

实际上,没人能够真正摆脱权威的影响。当人们在迁流不居的生活境况中无从决断时,就需要倾听权威的声音。从自我尚未觉醒的童年起,权威就开始引导人们去实现真理,赋予人们以存在的确定感,特别是在传统的伦理规范和宗教信念方面。如果否认这种传统,人虽然也会拥有知识、语言和思维,但却始终被遗弃于空洞的可能性领域,最终无从实现自我,就像孔子所说的"不知礼,无以立"。可以说,对于每个人,如果缺乏真正权威的引导,他就不可能有自由。当然,没有自由也就没有真正的权威,权威的内容只有通过自由的呼吸才能融进人自身。"权威的种种内容一旦成了他自己的内

---

① Karl Jaspers. *Philosophy and the World*. Chicago: Henry Regnery Company, 1963, p. 48.

② Karl Jaspers. *Von der Wahrheit*. München: R. Piper and Co Verlag, 1947, S. 770.

容，就变得生动活泼起来。如果它们没有成为他自己的，那它们就继续是外来物。”①一个人只有立足于自身的自由，世界上才会有对他而言的权威。不能唤起自由的权威必然是赝品，它只能依靠强力而实行；强力越多，真理越少，并且权威最终一定会坍塌。

雅斯贝斯认为，权威是人在自由行动中奠定自我确定性的根基，而自我的确定性也在把握外部经验世界中得到确证。在生活中，我们每个人都处在自然规律和道德准则的必然性制约中，倘若人仅是经验的存在，就有被挤压的危险。但是，完全立足于自身的自由必然是脆弱的，外在必然性是实现生存所必需的世间条件，自由只有在面临且能够含纳这些条件时，才能得到坚定的持守。但人们往往不能理解的是，身处各种经验规则的制约中，人的意义和自由是如何产生的。实际上，生存对外在必然性的把握是通过自由的气息来接纳、浸润，并通过自我的确定性来熔铸整合的。在这一进程中，自由提供了根本意义的支撑，外在的必然性于是不再是外在的、偶然的，而是作为一种素材进入自我领域之中，通过自由的把握而脱落其客观性，并内化为自我的确定性，成为孕育性因素。如果离开了这些素材，生存的内在确定性也就没有了世间实现的机缘和原料，因为生存本身就是在经验中得到实现的；否则，当它的内在确定性与生活经验不统一时，就不能真正实现自我。因此，植根于超越中的权威是人的经验存在和生存自由得以统一的根源，在自由与权威的相摩相荡中，在熔铸外在世界必然性的进程中，自我的确定性得到坚实的确证。当自我的存在愈加充实而坚定时，它就有着更强大的力量以汲取权威中的超越意蕴，含纳外在世界的必然性。如此循环，逐步深化，就使得自我的存在更加坚实，自由的决断更加独立。

我们知道，生存的自我实现也是一种追求真理的过程。真理为理性所寻求，为人的历史性信念所参与，在人的独特的个性中实现，这样的真理必然受制于历史性和个体性的限制。面对自身的有限性，人们若减弱对自己良心的自由诉求，就会逐渐丧失真理之于生存的确定感。权威作为社会性的秩序、制度和文化传统的结晶，以其无所不包的普遍性渗透进人的行为和生存真理的历史性。就这一普遍性来看，个体生存的真理具有任意的杂多性，需要普遍性的规范和提升。所以在雅斯贝斯看来，自由的决断固然是生存实现自我的必然和独立的条件，但权威是超越的真理降临于人生舞台的一条主要通道。在考虑权威和生存之间的张力时，首要的问题是权威对生

① 卡尔·雅斯贝斯：《生存哲学》，上海译文出版社 1994 年版，第 46 页。

存的重要性，而生存对权威是相对次要的，这种主从关系必须厘清，正如雅斯贝斯对我们的时代的评判："生存的自由看上去好像空洞，这种空洞渴望一种依靠来引导。"①

在雅斯贝斯看来，权威的实在性立足于生存的实现。生存实现的舞台是现实生活，生存能否实现取决于生存对具体现实把握的程度。但人的生活情境是变动不居的，对现实的认识是有限的，当人们不能把握自身的境况、不知道如何决断时，就需要求助于权威的资源，内在地感受到权威的确定性，以使生存能够在现实中践履这种确定性，内化为自己人格形成的确定性和完整性。当一个人完全沉浸于自己的一己世界，要将自我的实现完全奠基于个体自我之上时，是不需要真理的引导的。在当今的技术时代，这种倾向已经越来越明显。在雅斯贝斯看来，在过去数千年的历史中任何神都未能做到的事，今天的人都已经做到了。人们意欲通过自己的成就来探明存在的本质，但所遭遇的却是无边的空虚。技术摧毁了西方从古希腊以来所形成的精神道统，成了一个彻底的虚无主义时代。

在这个时代，人们相信技术，相信物质，漠视传统，漠视传统权威，甚至认为权威会妨碍个体自由的挥洒，压抑了人性的舒展。但在雅斯贝斯看来，除非遵从权威，否则自由是空的；除非能激发自由，否则权威是假的。在知性思维中，人们往往把自由从权威中分离出来，认为二者有各自的地位，每一方都可以离开对方而存在。但是，自由与权威是相生相伴的。权威的内涵只有通过生存、通过生存的自由才能融进人自身，否则就是异在之物，无助于人的成长。生存的自由和权威之间呈现出必要的张力，"离开了一方，对方也不可能变得真实、纯粹和深邃。当自由成为放任，当权威成为暴力时，它们就会成为敌人；到了敌意的程度，它们都会失去其本性。离开权威，失去许可，个人就不知道怎么行动，一意孤行，无所适从；离开自由，权威就会释放出暴力和恐怖"②。

因此，在雅斯贝斯看来，个体生存的实现过程不能独立于真正的、非强力的权威。当人们疏离权威而确证自己时，生存的实现就会沦为任性的冲动，缺乏升华自我的力量。权威历经久远的时间考验，能够提供厚重而强大的确证性力量，通过意义的引导、行为的规范，防止非理性泛滥，防止生存实现误入歧途。当然，只有一个人能立足自身的源头活水时，这世界上才会有

① Karl Jaspers. *Philosophy and the World*. Chicago: Henry Regnery Company, 1963, p. 45.

② Karl Jaspers. *Philosophy and the World*. Chicago: Henry Regnery Company, 1963, p. 38.

对他而言的权威。就像没有真正的权威就没有自由，没有自由也就没有真正的权威。不能唤起人的自由的权威是赝品，它只能依靠强力而实行，并且最终一定会坍塌。超越性的权威，在生存的自由中脱落其外在性，并通过自由的信念和行为，将自身的力量灌注于每一个体的生存实现进程中。

三、重建崩塌的权威

雅斯贝斯晚年反复强调，权威必须建基于对生存自由的信念之上，这种信念是权威的灵魂，因此必须廓清权威与强力之间的本质性差异。"在理想的状态下，权威是强大的，但不是强力性的；是持久的，但不是强迫性的。"① 所有的强力都有效用的边际，不可能持存，一旦依靠或使用强力，必然会带来权威的降格。

权威作为社会制度、伦理规范和文化传统，有着稳定的普遍性，而每一个体的自由和生存真理则具有任意的杂多性，需要借助于权威的普遍性力量来规范和提升。当权威的深厚力量渗透进人的行为和生存真理时，就可以防范非理性的任意选择，防止生存的自由沦为主观的任意性。因此，在雅斯贝斯看来，自由的决断固然是生存澄明的必要条件，但权威是超越的真理降临人生舞台的一条通道，在考虑权威和自由的张力关系时，首要的是坚持权威对自由的引导和充实作用。

没有强力的权威与没有权威的强力永远是对立的两极，水火不容。真正的权威意味着拒绝一切强力，强力永远只会从根本上损害权威；与权威相伴而生的是自由——生存意义上的自由；自由与权威，彼此从对方那里源源不断地汲取着滋养。因此，真正热爱自由的人必然从内心尊重权威，也只有尊重权威的人才配得上拥有真正的自由。

然而，雅斯贝斯认为，在他所处的 20 世纪，一个致命的事实是：权威必须靠权力来护卫，当权者为了自己的私利而滥用权威，摧毁真理。

中世纪结束后，伴随着人性的解放和技术的进步，欧洲人获得了前所未有的自由，但很多人似乎并不知道如何适应这全新的自由。重建崩塌的权威，长路漫漫。这首要的前提是要认识到什么才是真正有效的权威。然而，在欧洲很多国家，对神的崇拜转向了对政治强人的崇拜，专制成为新的权威，渗透到社会的每个角落，支配着所有人的言行甚至潜意识。人们满足于盲目的服从，习惯于没有思想的生活，在解放的名义下追求奴役，甚至为暴

---

① Karl Jaspers. *Philosophy and the World*. Chicago: Henry Regnery Company, 1963, p. 39.

力和狂热而兴奋不已。

“权威过去曾是通过互相信任而达到的互相连接的形式,它规范着不确定的因素,它使个人同存在的意识相联系。在19世纪中,这一形式最终被批判的火焰所销熔。在一方面,是现代生活呈现玩世不恭的特征。人们以轻蔑的态度看待种种粗鄙和琐屑的现象,这类现象无处不有,无论在重大事情中,还是在细小的事情中。另一方面,对义务的恪守以及自我牺牲的忠诚都已经消失。”①科学让我们的头脑清醒,我们意识到这个世界已经成为无神的世界。自尼采以来,人们一直在谈论“上帝死了”。然而,对于绝大多数人而言,诸神隐退的世界让他们六神无主,不堪忍受,他们不能立足于自身而生存。任何取代上帝的人间偶像,很快就能占据其心灵的空间。在这个时代,看上去所有的人都在渴望自由,追求自由,并真诚地认为自己是自由的。然而,人的自由因缺乏生命的底蕴,缺乏久远的历史感,而变得空洞起来。这种空洞,激发了人们心中对有所依赖和被领导的渴望,而不是进入一种自我负责的自由选择中去,就好像一个人只希望被别人牵着走路。所以雅斯贝斯说:“我们的意志不可能重建任何的权威,因为这样做的努力只会导致建立一种强权的统治。”②权威由自我所确证,但不能由自我来生发。

这样,现时代的一个基本特征是:所有人都呼唤自由,即使是专制政权也不得不打着自由的旗帜,但是,如果出现真正的自由,许多人并不能甘之如饴地享受,甚至不能容忍;相反,他们把自己献祭出去,涌向那些以自由的名义剥夺他们的自由的人身边。雅斯贝斯认为,现时代的特点是试图建立一个纯粹世俗的权威,把权力交给政治强人而不是上帝;但是,任何纯粹的世俗权威都不值得深信,与没有超越的权威相对应的是没有超越所引导的服从。“世俗权威是通过对精神贫乏的民众的命令人为创造出来的,只有被动的服从,没有由衷的敬意。”③

二战后,民族国家不断涌现。国家作为现存的实在发展到登峰造极的程度,成为世间的最高权威。无疑,现代生活秩序必须借助于国家的力量才能维系,但对个体而言,国家并不是最高存在;对于人的自我实现来说,仅有作为整体的国家是不够的。如果国家成为强制性生活秩序的组织者,把可能性的个体生存引向误区,个人必然对国家抱有紧张的疏离感。

当历史传统中形成的权威分崩离析,不再能够提供个体生存的庇护时;

---

① 卡尔·雅斯贝斯:《时代的精神状况》,上海译文出版社2013年版,第64—65页。

② 卡尔·雅斯贝斯:《时代的精神状况》,上海译文出版社2013年版,第65页。

③ Karl Jaspers. *Philosophy and the World*. Chicago: Henry Regnery Company, 1963, p. 48.

当人们被尘世生活的有限性所禁锢，被世间的喧嚣所淹没时；当人们无法穿透自身与超越之间的隐蔽关系，无法为自己解开存在的面纱时——人们怎样才能找到回归之路？

雅斯贝斯认为，为了维护真正的、令人信服的权威，必须坚持以下两点。

首先，让权威在时间的流动中保持其历史性。任何固化的行为都是对权威的限制且必然致其衰落。权威不可能是超时间的绝对存在，它的每一次整合成型都只是相对的静态，必须被再次打破；真正的权威必须保持为运动的态势，在自我的审视和重新发现中保持张力，通过更彻底地了解自己而改变自身。

每一代人都离不开权威，因为自由本身并非圆融自足，而是与权威息息相关。可以断言，权威不能被人为地制造出来，生存的困惑不可能从权威中得到直接的教义般的回答。在历史进程中，过去的权威形态不可能一成不变；新起的权威源于过去，但需要随时革新，否则将被遗弃在历史的长河中。无论怎样推陈出新，一切权威最终都必须建立在超越之上。如果权威本身就是高高在上的神祇，如果权威的声音只能在顺从与屈服中被听取，它就是让自己与上帝等量齐观。显然，任何人和组织都不能代表上帝来宣示终极真理。

其次，世界上没有单一的权威。一花一世界，权威在历史性中保持形式的参差多样。真正的权威，对其他的权威形态保持着彻底的开放，随时准备自由地交流。而虚假的权威只会顾盼自雄，自视拥有世间唯一的真理，只想传播自己，将自己的真理灌输给他人，与别人不可能形成真正的交流，而交流一旦中断，往往诉诸强力。

海德格尔曾经感叹，现代人已被连根拔起。现代人的背景已被粉碎，根基无从安放，所有的一切似乎都缩减到没有过去或将来的纯粹当下，人成为没有视野和历史的纯粹实存。那么，在这种境况下，人类的历史性还能持存吗？还找到一种在永恒权威中得到庇护的感觉吗？

雅斯贝斯认为，只有让信仰、生活方式和创新精神以各种形式自由地参与交流和竞争，才能为我们的时代拯救权威，这同时也在拯救自由。真正的权威促进自由，虚假的权威破坏自由；真正的权威促进交流，虚假的权威敌视交流。

在这充满不确定的世界，我们要看到巨大的危险，也要看到其中的机会。真正的机会，在于人类的责任，在于每个人的责任。今天，和以往一样，我们肩负着实现各种可能的重任，决定着自己的未来。让热爱的生命与永恒的神性相契接,在自由和权威的张力中,分享永恒的当下,实现真正的自我,这是每个人都可以也应该做到的。

综上,雅斯贝斯生存哲学最显著的特点是将生存与超越联系起来,让生存面对超越,让终极性的超越荫庇每一个体的存在。这一思想秉承了东方天道思想和希腊源头哲学的精神,它深信人在世间不是最高的存在;人必须领受另一种更高存在的神圣馈赠,才能获得更深的栖居感。在人的精神无家可归的技术时代,无疑,这一思想仍然有着天启般的醒世意义。

结　语

在雅斯贝斯看来，哲学是一项有关人的事业，一切现实的东西之所以为现实，纯然是因为人自身。在哲学活动中，人，为的是要见到现实并且自己成为现实。

雅斯贝斯认为，人按照自身的四种存在方式，有四种向度实现其自身，分别是单纯生命力的向度、一般意识的向度、精神的向度和生存的向度。只有作为生存存在时，人才能达到对自己和实在的真正的觉醒意识，才能超越对事物的客观性理解，才能烛照存在的真意。生存在走向实现自身的历程中，不断增强对世界的内在整体性把握，从而拥有了真正的现实。

在雅斯贝斯的思想体系中，生存的实现，是在自身自由和历史性的基础上，通过理性、交往和超越三个环节的共同作用而成就的。

这一阐述从大全理论入手。大全是存在的无限空间，生存在大全中获得充实自身的无限可能性，生存实现的目的就在于让生存意识充塞天地，弥漫于无限的大全空间，渗透进大全中的各种存在事物。在大全的背景下，生存才有实现自身的可能性和意义。生存为了实现自身，必须有自身的内在机制，这就是生存的自由和历史性。自由是生存实现的动力源泉，历史性是生存实现的相对确定性，只有在这条件之上，生存才能含纳、酝酿万物。在自由为生存实现提供内在动力的基础上，理性提供了外在的动力和工具。与具有无限联结和表达作用的理性相作用后，生存就会走出自身个体性的狭隘天地，进入交往，通过交往而进入世界，在彼此的激发中创造出本质性的生存内容，形成生存实现的普遍性力量和丰厚的内容。但交往并没有终极的根基，生存交往不能为交往产生的真理提供绝对性的保证，生存真理呼唤超越。只有在超越中，生存的一切才有归依感；生存的实现从超越中，从超越在世界的密码中，从超越所显现的权威中，获得终极的庇护。生存实现及其目的植根于超越。

因此，在雅斯贝斯的视野中，超越是绝对的实在，与生存有着根本的内在关系，是生存实现的终极归宿。但在雅斯贝斯看来，现代人已经生活在分裂的世界和思维中，已经丧失了人类原初浑然的直觉和智慧，不能再与超越作直接的沟通;对超越的触及因此不能直线式地一蹴而就,而必须经历一条曲折的、漫长的路——这就是理性和交往之路。尽管超越本身作为绝对的存在,既不是理性的,也不是交往性的,理性和交往本身也不能产生任何超越性的绝对内容,但只有充分地经历理性和交往的环节,将它们的可能性推向极致后,超越之门才会在遥远的尽头向生存敞开,超越才能与生存相契通。就像人们常说的,一知半解的知识使人否定上帝,完全的知识使人皈依上帝。在这一漫长的道路中,因为超越的在场,生存的实现有出世间的精神;因为理性和交往,生存进入了丰富的世界,生存的实现因而蕴含了世间的内容。

在雅斯贝斯的思想中,生存的实现应该大致包含两个维度:一是生存通过理性和交往的过渡作用,最终触及超越存在并从中汲取自身存在的意蕴;二是超越因其绝对的现实性而使生存自身的这种充实成为可能,但生存所领悟的意义不可仅仅驻留于一己之身,而是必须在其他方面践行于世间生活,在世界事物中渗透,如此,生存才能拥有真正实在的确定性。也就是说,生存必须获取形而上的意义,确证于形而下的领域,且相容相摄,上下融通,这样才是实现自身的真义。本书对生存实现的展开着重于前者超越性一面,而对于超越性意义在经验世界中的渗透和确证,涉及雅斯贝斯对时代问题的诸多思考,本书讨论了雅斯贝斯有关民主政治和世界共同体的思想,尽可能地予以说明。

雅斯贝斯曾说:"我是否在青年时代将自己托付于一位伟大的哲学家,以及托付于哪一位伟大哲学家,这是一个哲学命运的问题。"在青春年代,遇见雅斯贝斯,是我一生的幸运,他让我对生命有了最初的觉悟,也让我稍稍地懂得:"哲学的道路是漫长和艰苦的;只有少数人,也许,真正走过它,但它的确是切实可行的。"

参考文献

一、中文文献：

1. 雅斯贝斯:《智慧之路》,周行之译,台湾志文出版社 1977 年版。

2. 卡尔·雅斯贝斯《哲学浅论》,张康译,台湾东大图书公司 1983 年版。

3. 卡尔·雅斯贝斯:《悲剧的超越》,亦春译,工人出版社 1988 年版。

4. 卡尔·雅斯贝尔斯:《存在与超越》,余灵灵、徐信华译,上海三联书店 1988 年版。

5. 卡尔·雅斯贝尔斯:《智慧之路》,柯锦华、范进译,中国国际广播出版社 1988 年版。

6. 卡尔·雅斯贝斯:《历史的起源与目标》,魏楚雄、俞新天译,华夏出版社 1989 年版。

7. 卡尔·雅斯贝斯:《雅斯贝斯哲学自传》,王立权译,上海译文出版社 1989 年版。

8. 卡尔·雅斯贝斯:《生存哲学》,王玖兴译,上海译文出版社 1994 年版。

9. 卡尔·雅斯贝尔斯:《尼采其人其说》,鲁路译,社会科学文献出版社 2001 年版。

10. 雅斯贝斯:《卡尔· 雅斯贝斯文集》,朱更生译,青海人民出版社 2003 年版。

11. 卡尔·雅斯贝尔斯:《大哲学家》,李雪涛主译,社会科学文献出版社 2005 年版。

12. 卡尔·雅斯贝斯等:《哲学与信仰:雅斯贝尔斯哲学研究》,鲁路译,人民出版社 2010 年版。

13. 卡尔·雅斯贝尔斯:《哲学思维学堂》,梦海译,同济大学出版社 2012 年版。

14. 卡尔·雅斯贝斯:《时代的精神状况》,王德峰译,上海译文出版社 2013 年版。

15.《德国哲学》编委会:《德国哲学》第五辑,北京大学出版社 1988 年版。

16. E. 希尔斯:《论传统》,傅铿、吕乐译,上海人民出版社 1991 年版。

17. 恩斯特·卡西尔:《人论》,甘阳译,上海译文出版社 1985 年版。

18. 方朝辉:《重建价值主体——卡尔·雅斯贝斯对西方自由观的扬弃》,中央广播电视大学出版社 1993 年版。

19. 湖北大学哲学研究所《德国哲学论丛》编委会编:《德国哲学论丛 1998》,中国人民大学出版社 1999 年版。

20. 赫伯特·马尔库塞:《单向度的人——发达工业社会意识形态研究》,刘继译,上海译文出版社 1989 年版。

21. 海德格尔著,孙周兴选编:《海德格尔选集》,上海三联书店 1996 年版。

22. 海德格尔:《存在与时间》,陈嘉映、王庆节译,生活·读书·新知三联书店 1999 年版。

23. 汉斯·萨尼尔:《雅斯贝尔斯》,张继武、倪梁康译,生活·读书·新知三联书店 1988 年版。

24. 金寿铁:《心灵的界限——雅斯贝尔斯精神病理学研究》,吉林人民出版社 2000 年版。

25. 金寿铁:《敞开的视域——雅斯贝尔斯哲学研究》,吉林人民出版社 2001 年版。

26. 康德:《纯粹理性批判》,邓晓芒译,人民出版社 2004 年版。

27. 康德:《道德形而上学原理》,苗力田译,上海人民出版社 1986 年版。

28. 鲁路:《自由与超越——雅斯培尔斯对生存的阐明》,中央编译出版社 1997 年版。

29. 让-保尔·萨特:《存在与虚无》,陈宣良等译,生活·读书·新知三联书店 1987 年版。

30. 让-保尔·萨特:《存在主义是一种人道主义》,周煦良、汤永宽译,上海译文出版社 1988 年版。

31. 让·华尔:《存在哲学》,翁绍军译,生活·读书·新知三联书店 1987 年版。

32. 苏国勋:《理性化及其限制——韦伯思想引论》,上海人民出版社,1988 年版。

33. 施太格缪勒:《当代哲学主流上卷》,王炳文、燕宏远、张金言译,商务印书馆 1986 年版。

34. 孙秀昌:《生存·密码·超越——祈向超越之维的雅斯贝斯生存美学》,人民出版社 2010 年版。

35. 维尔纳·叔斯勒:《雅斯贝尔斯》,鲁路译,中国人民大学出版社 2008 年版。

36. W. 考夫曼:《存在主义》,陈鼓应、孟祥森、刘崎译,商务印书馆 1987 年版。

37. 王克千、樊莘森:《存在主义述评》,上海人民出版社 1981 年版。

38. 威廉·巴雷特:《非理性的人——存在主义哲学研究》,杨照明、艾平译,商务印书馆 1995 年版。

39. 徐崇温主编:《存在主义哲学》,中国社会科学出版社 1986 年版。

40. 夏基松、段小光:《存在主义哲学评述》,江苏人民出版社 1987 年版。

41. 熊伟主编:《存在主义哲学资料选集上卷》,商务印书馆 1997 年版。

42. 杨俊:《哲学:生存之爱——雅斯贝尔斯元哲学研究》,中国书籍出版社 2012 年版。

43. 中国科学院哲学研究所西方哲学史组编:《存在主义哲学》,商务印书馆 1963 年版。

44. 周启杰:《历史:一种反思性的文化存在》,黑龙江人民出版社 2005 年版。

45. 张汝伦:《德国哲学十论》复旦大学出版社 2004 年版。

46. 邹诗鹏:《生存论研究》,上海人民出版社 2005 年版。

二、外文文献

1. Karl Jaspers. *Man in the Modern Age*, translated by Eden and Cedar Paul. London: G. Routledge & Sons, 1933.

2. Karl Jaspers. *Von der Wahrheit*. München: R. Piper and Co ver lag, 1947.

3. Karl Jaspers. *The Perennial Scope of Philosophy*, translated by Ralph Manheim. London: Routledge & K. Paul, 1950.

4. Karl Jaspers. *Philosophy and the World: Selected Essays and Lectures*, translated by E. B. Ashton. Chicago: Henry Regnery Company, 1963.

5. Karl Jaspers. *Philosophy* (vol. 1,2,3), translated by E. B. Ashton. Chicago: The University of Chicago Press, 1969-1971.

6. Karl Jaspers. *Philosophy of Existence*, translated by Richard F. Grabau. Philadelphia: University of Pennsylvania Press, 1971.

7. Karl Jaspers. *Reason and Anti-Reason in Our Time*, translated by Stanley Godman. Hamden, Conn.: Archon Books, 1971.

8. Karl Jaspers. *Basic Philosophical Writings*. Atlantic Highland: N. J. Humanties Press, 1994.

9. Karl Jaspers. *Reason and Existenz*. Milwaukee: Marquette University Press, 1997.

10. Karl Jaspers. *Way to Wisdom: An Introduction to Philosophy*, translated by Ralph Manheim. 2. ed., New Haven: Yale University Press, 2003.

11. Chris Thornhill. *Karl Jaspers: Politics and Metaphysics*. London and New York: Routledge, 2002.

12. Edith Ehrlich, Leonard H. Ehrlich, George B. Pepper (eds.). *Karl Jaspers: Basic Philosophical Writings*. London: Ohio University Press, 1986.

13. Elisabeth Young-Bruehl. *Freedom and Karl Jaspers's Philosophy*. New Haven and London: Yale University Press, 1981.

14. Harold John Blackham. *Six Existentialist Thinkers*. London: Routledge & K. Paul Ltd, 1952.

15. Leonard H. Ehrlich. *Karl Jaspers: Philosophy as Faith*. Amherst: The University of Massachusetts Press, 1975.

16. Leonard H. Ehrlich, Richard Wisser (eds.). *Karl Jaspers Today: Philosophy at the Threshold of the Future*. Washington. D. C: University Press of America, 1988.

17. Matthias Bormuth. *Life Conduct in Modern Times: Karl Jaspers and Psychoanalysis*, translated by Susan Nurmi-Schomers. Dordrecht: Springer, 2006.

18. Paul Arthur Schilpp (ed.). *The Philosophy of Karl Jaspers*. New York: Tudor Pub. Co., 1957.

19. Sebastian Samay. *Reason Revisited: The Philosophy of Karl Jaspers*. American ed., Notre Dame: University of Notre Dame Press, 1971.